Karin Köhler, Frauenselbstverteidigung

Ein Kurs in 12 Doppelstunden

JJVB - FRAUENSELBSTVERTEIDIGUNG

Karin Köhler, Stop heißt stop! Kursbuch Frauenselbstverteidigung

Herausgeber: © 1996 Ju-Jutsu-Verband Bayern, 80992 München

Titelgestaltung u. Gesamtlayout: Imagine Industriegrafik, 90530 Wendelstein

Fotos: Holger Heubeck, Herzogenaurach

Redaktion: Rainer Riedel, Seligenporten

Druck u. Weiterverarbeitung: Druckservice Haider, Roth

ISBN 3-9805167-0-9

Zur Autorin selbst:

Karin Köhler wurde 1964 in Würzburg geboren. Bereits als Kind bestand ihr sehnlichster Wunsch darin, ins Judotraining gehen zu dürfen. Da ihre Eltern der Ansicht waren, diese Sportart sei für ein Mädchen zu gefährlich, konnte sie ihr Vorhaben erst später an der Universität im Rahmen einer Judo-Neigungsgruppe in die Tat umsetzen.

Schon bald mußte sie jedoch feststellen, daß diese Sportart „kleinen, schwachen“ Frauen - sie selbst ist mit 1,64 m bei 54 kg Körpergewicht nicht gerade ein Riese - nicht einmal annähernd gleichwertige Chancen bot wie ihren männlichen Trainingspartnern. Der Gedanke an eine sinnvolle Selbstverteidigung kam dabei zu kurz.

Nach längerem Suchen landete sie schließlich beim Ju-Jutsu und ist dieser Sportart bis zum heutigen Tag treugeblieben. Jedoch auch hier mußte sie die Erfahrung machen, daß nicht alle angebotenen Abwehrtechniken für Frauen geeignet waren. So entwickelte sie nach und nach ihre eigene für sie wirkungsvolle Verteidigungsform: Effektivität und unkomplizierte Anwendung spielten hierbei eine wesentliche Rolle.

Während ihrer gesamten sportlichen Ausbildung (Trainer-A-Lizenz-Inhaberin, Ju-Jutsu-Lehrerin) mußte sie immer wieder aufs Neue feststellen, daß sich ein Großteil der Frauen selbst zu wenig zutraut. Hier liegt eine der Hauptursachen der meist völlig unnötigen und oft unverständlichen Unsicherheit und der daraus resultierenden Unzufriedenheit.

Auf die Frage, welchen Gürtel Sie trage, entgegnet sie gerne: „Die Farbe des Gürtels ist im Grunde genommen belanglos. Er dient lediglich dazu, die eigene Trainingsjacke zusammenzuhalten. Viel wichtiger ist es, die Fähigkeit zu besitzen, die erlernte Technik auch im Notfall anwenden zu können. Hier kommt es alleine auf die eigene Willensstärke an. Diese Eigenschaft kann die Farbe des Gürtels allerdings nicht bescheinigen.“ Trotz alledem bereitet sie sich derzeit auf ihren 4. Dan vor, den vorletzten Meistergrad, der durch eine Prüfung erworben werden kann.

Nachfolgendes Zitate von Ebner-Eschenbach und Oesch bringen eigentlich im Wesentlichen ihre persönliche Lebenseinstellung zum Ausdruck:

"Wenn es einen Glauben gibt, der Berge versetzen kann, dann ist es der Glaube an die eigene Kraft"

und

"Wichtige Dinge nur halb zu tun, ist nahezu wertlos, denn meistens ist es die andere Hälfte, die zählt".

Für die gelungene Illustration möchte ich mich bei meinem lieben Freund und Sportkameraden Holger Heubeck herzlich bedanken.

An dieser Stelle auch mein besonderes Dankeschön an die zahlreichen freiwilligen Statisten, die sich so bereitwillig für die oft ziemlich schmerzlich endenden Aufnahmen zur Verfügung stellten. Mitgewirkt haben im einzelnen: Uli Limmer, Claudia Mack, Mario Mack, Elke Meissner, Jörn Meiners, Christian Ksinsik, Björn Holland und schließlich, neben meiner eigenen Person, mein Trainer, Lehrer und Ehemann Roland Köhler. An ihn ein großes Dankeschön für all die anstrengenden und zeitintensiven „Fach"-Diskussionen über Frauenbelange im Ju-Jutsu.

Ein großes Lob auch an meinen Präsidenten Rainer Riedel, der so selbstlos die leidige Aufgabe des Korrekturlesens übernommen hat und ohne dessen fachkundige Unterstützung und nachhaltiges Drängen dieses Werk wohl immer noch nicht fertig gestellt wäre.

Weiterhin möchte ich mich für die hervorragende grafische Gestaltung und den gelungenen Titelbildentwurf bei Manfred Kipp u. Herbert Kohl bedanken.

Ganz zum Schluß noch meinen Dank an all meine bisherigen Lehrer- und Trainer/innen, sowie Trainings- und Gesprächspartnern/innen, die mir im Laufe der Zeit, bewußt oder unbewußt, viele wichtige Tips und Anregungen für den Inhalt dieses Buches gegeben haben.

Liebe Leserin, lieber Leser,

noch ein Buch über Frauenselbstverteidigung, mag nun der eine oder die andere sagen. Irrtum! Dieser Leitfaden wurde zusammengestellt von einer Frau, die Sachkenntnis und Sachverstand auszeichnet.

Dieser Leitfaden soll allen Kursleitern/innen helfen, den Teilnehmerinnen eine optimale Ausbildung zugute kommen zu lassen. Hier wird nicht nur der Aufbau einer Übungsstunde erläutert, sondern auch an Beispielen gezeigt, wie diese Inhalte in der Praxis umgesetzt werden können.

Gleichwohl wird den Lesern klar, daß Frauenselbstverteidigung nicht nur aus reiner Technikschulung bestehen darf, sondern daß ein Großteil der Ausbildung für ein gezieltes Selbstbehauptungstraining verwendet werden muß.

Der Verfasserin, Karin Köhler, Frauenreferentin des Ju-Jutsu-Verbandes Bayern ist es in hervorragender Weise gelungen, alle Elemente der Frauenselbstverteidigung in diesem Kurshandbuch zusammenzufassen.

Als Präsident des Deutschen Ju-Jutsu-Verbandes bedanke ich mich für diese gute Arbeit und bin der Ansicht, daß dieser Leitfaden bald zu einer Pflichtlektüre für alle Trainer und Trainerinnen, aber auch für die Kursteilnehmerinnen selbst, werden wird.

Gerhard Schröder

Präsident des Deutschen Ju-Jutsu-Verbandes e.V.

„Wer fürchtet sich vorm schwarzen Mann?“

So beginnt ein alter Kinderreim, der den ganzen Grundsatz der Selbstverteidigung enthält. Die Kinder rufen dann, anscheinend furchtlos: „Niemand!“. Und dann geht das Spiel weiter: „Und wenn er aber kommt?“...“Dann laufen wir davon!“.

Das Davonlaufen wäre sicher oft die beste Lösung, ist jedoch nur in den wenigsten Fällen möglich.

So wie im Kinderspiel schon durch das furchtlose laute „Niemand“ der Gedanke der Selbstbehauptung angedeutet wird, wird doch auch klar, daß noch etwas folgen muß, wenn „Er“ aber kommt: Im Spiel Rettung durch Davonlaufen, aber im Ernstfall?

Davonlaufen ist nicht immer möglich, körperliche Gegenwehr muß eingeübt werden.

Karin Köhler als Autorin zeigt im vorliegenden Werk klar auf, daß Selbstverteidigung aus den Elementen Vorbeugung (Prävention), Selbstbehauptung und auch aus entschiedener körperlicher Gegenwehr besteht.

Wer nur Teile davon anpreist, ist ein Scharlatan und vermittelt Frauen falsche Sicherheit. Dies geschieht seit wenigen Jahren bei manchen Volksbildungseinrichtungen (aus Unkenntnis), aber auch in diversen „Studios“ und ähnlichen gewinnorientierten Einrichtungen. Schnellkurse helfen dem Kursleiter, aber nicht den Frauen.

Hier schließt das vorliegende Buch eine Lücke. Es zeigt auf, wie ein Kurs für Frauen methodisch und fachlich aufgebaut sein sollte, zeigt aber auch auf, daß ohne Übung, auch „am Mann“, alle Bemühungen nur Flickwerk sind.

Aus eigener Erfahrung weiß sie, daß Sicherheit letztendlich nur im Vereinstraining erworben werden kann. Nahezu jeder Ju-Jutsu-Verein kann qualifizierte Übungsleiter vorweisen, die entweder gesonderte Kurse für Frauen und Mädchen anbieten oder aber in gemischten Gruppen im Rahmen der inneren Differenzierung auf die besonderen Belange von Frauen und Mädchen eingehen.

Mein Dank gilt der bayerischen Frauenreferentin für die umfangreiche, fundierte Ausarbeitung. Ich wünsche dem Werk die notwendige Verbreitung, im Interesse aller Frauen, die etwas für ihre Sicherheit unternehmen wollen.

Anschriften von Vereinen in Bayern nennt gern die Geschäftsstelle des Ju-Jutsu-Verbandes Bayern e.V., Georg-Brauchle-Ring 93, 80992 München, Tel. 089/15702-445, Fax 089/15702-447.

Anschriften in allen anderen Ländern vermittelt die Bundesgeschäftsstelle des Deutschen Ju-Jutsu-Verbandes e.V., Falkenhusener Weg 39, 23562 Lübeck, Tel. 0451/50992, Fax 0451/50909

Rainer Riedel

Präsident JJVB

III

V

EINLEITUNG

Ich möchte vorwegnehmen, daß ich im nachfolgenden Manuskript aus Vereinfachungsgründen ausnahmslos die „maskuline“ Schreibweise benutzt habe. Ferner wird der/die Kursleiter/in als „ÜL“ und die Kursteilnehmerinnen als „TN“ bezeichnet. Bereits geläufig dürften die Kürzel „JJ“ für Ju-Jutsu, „SV“ für Selbstverteidigung und „SH“ für Selbstbehauptung sein.

Das nachfolgende Manuskript soll lediglich als eine Anleitung zur Kursgestaltung dienen und erhebt keinesfalls den Anspruch auf Vollständigkeit. Es spiegelt meine persönlich erworbenen Erfahrungen und Ansichten wieder. Es soll vielmehr Anregungen für eigene Ideen geben und natürlich vor allem den Mut geben, einen eigenen Kurs anzubieten.

Der tatsächliche Kursverlauf wird stets an die vorhandenen Räumlichkeiten, die zur Verfügung stehenden Arbeitsmittel, die Zusammensetzung der Frauengruppe und nicht zuletzt an die Altersstruktur der TN gebunden sein. Es obliegt letztendlich dem Geschick des ÜL, die für die gegenwärtige Situation individuell optimale Vorgehensweise selbst herauszufinden.

Warum überhaupt einen Leitfaden für einen Frauen-SV Kurs?

Es existiert doch scheinbar hinreichend Literatur über Frauen-Selbstverteidigung! Richtig! Jedoch fehlt der überwiegend theoretisch gehaltenen Literatur meist die praxisbezogene Anleitung. Probleme treten dann auf, wenn das durch einschlägige Literatur angeeignete Wissen in die Praxis umgesetzt werden muß. Vor allem der Wunsch, „nichts falsch zu machen“, steht hier im Vordergrund und behindert das „In-die-Tat-umsetzen“.

Leider werden Frauen-SV-Kurse nur allzuoft von „Laien“ angeboten, die Frauen mit „leeren Versprechungen“ und „falschem Mutmachen“ entlassen. Diese Vorgehensweise ist nicht nur gefährlich, sondern auch in hohem Maße unverantwortlich.

Wie im nachfolgenden „Zeitungsartikel“ deutlich wird, ist es wichtig, zusätzlich zu den frauenspezifischen Selbstverteidigungstechniken, die sog. „Selbstbehauptung“ anzubieten. Gerade dieses Teilgebiet wird in den Kursen gerne vernachlässigt bzw. ganz weggelassen. Ein Grund mag hierfür sein, daß es vielen schwerfällt, diesen „ungewohnten“ Bereich zu vermitteln. Auch beim Selbstbehauptungstraining ist das ständige Wiederholen genauso erforderlich und wichtig, wie beim Techniktraining. Auch wenn die Kursteilnehmerinnen oft meinen, sie könnten die Übungen bereits recht gut, zeigt das realistische Durchspielen vorgegebener Situationen in den meisten Fällen deutlich das Gegenteil.

Zeitungsartikel:

Frauen machen mobil

Rund 1,8 Millionen Frauen wurden im vergangenen Jahr in der BRD überfallen, geschlagen oder ausgeraubt. Alle 13,5 Minuten wird in Deutschland eine Frau vergewaltigt. Immer weniger trauen sich deshalb abends allein auf die Straße.

Doch längst nicht alle Frauen kapitulieren angesichts der wachsenden Gewalt und zunehmenden Brutalität. Im Gegenteil: Frauen-Selbstverteidigungskurse boomen wie selten zuvor. Der Spruch vom „Schwachen Geschlecht" ist Schnee von gestern.

Zum Unterrichtsinhalt dieser Kurse:

Neben den Verteidigungstechniken - den Griffen, Hieben, Schlägen und Tritten - sollte auch eine psychologische Schulung zum Kursprogramm gehören. Frauen, die das Erlernte anwenden wollen, steht oft ihr traditionell eher zurückhaltendes Verhalten im Weg. Wer zum Beispiel nicht bereit ist, einen Angreifer etwa durch einen gezielten Tritt in den Unterleib außer Gefecht zu setzen, ist trotz spezifischer Selbstverteidigungskenntnisse im Ernstfall verloren.

Durch eine jahrzehntelange, entwicklungsbedingte Prägung durch das soziale Umfeld (**Sozialisation** = Prozeß der Einordnung des einzelnen in die Gemeinschaft) müssen Frauen erst neu lernen, sich in Streßsituationen angemessen zur Wehr zu setzen. Zu lange haben sie ihre „Rolle als Mensch zweiter Klasse" gespielt.

Das hört sich wahrscheinlich ganz nach „Geschichten aus Omas Jugendzeit" an. Dennoch ist es erschreckend, wie viele Frauen heutzutage mit der **Emanzipation** (lat.: „Freilassung", Verselbständigung, rechtliche und gesellschaftliche Gleichstellung der Frau mit dem Mann, Befreiung aus einem Zustand der Abhängigkeit) zu kämpfen haben. Wohlgemerkt - teilweise kämpfen sie auch, ohne daß sie es eigentlich müßten! Nur allzu leicht geraten sie - von extremen Frauengruppen verleitet - in ein falsches Fahrwasser. Mit einer ordentlichen Portion Selbstwertgefühl wäre diesen Frauen oft mehr geholfen, als sie vor der scheinbar so übermächtigen Männerwelt zu beschützen. Was bringt es ihnen im Endeffekt, auf jede „vermännlichte" Floskel in unserer deutschen Sprache bereits mit Argwohn zu reagieren? Ist es nicht viel wichtiger, sich in der Rolle „Frau sein" wohl zu fühlen und unter Beweis zu stellen, daß nicht „Frau gleich Frau" ist, sondern es ganz einfach auf die „Persönlichkeit jedes einzelnen Menschen" ankommt? Wer von uns läßt sich schon gerne über einen Kamm scheren?

Das eigene, selbstbewußte Auftreten ist von größter Wichtigkeit und muß von vielen Frauen erst allmählich Schritt für Schritt „neu" erlernt werden. Auch die **natürliche Hemmschwelle vor Gegenwehr** erscheint vielen geradezu unüberwindlich. Äußerungen wie „ich kann keinem weh tun" oder „jemanden ins Gesicht schlagen - nein, das könnte ich sowieso nicht", stehen hier im Vordergrund. Ohne die konkrete Auseinandersetzung mit Not- bzw. Angstsituationen bleiben gerade diese Frauen weiterhin unsicher und verängstigt.

Betrachtet man die Täter-Opfer-Beziehung näher, gelangt man zu der erschrekkenden Erkenntnis, daß zwei Drittel der Täter **dem persönlichen Nahfeld** (Freunde, Bekannte, Verwandte) des Opfers angehören. Die Dunkelziffer in Bezug auf Anzeigebereitschaft ist hier natürlich sehr hoch. Nicht selten müssen die Opfer nach der Veröffentlichung der Tat mit erheblichen sozialen Folgen rechnen.

Gerade bei den sog. „Beziehungstaten" (Opfer kennt den Täter näher) sind nicht selten **Alkohol** und/oder **Drogen** im Spiel. Eine eindeutige Beweisführung vor Gericht ist hier in den meisten Fällen nicht möglich, da die Glaubwürdigkeit des Opfers stark in Frage gestellt werden kann.

Bei der Vorbeugung im Bereich des persönlichen Nahfelds spielt die **Selbstbehauptung** eine besonders große Rolle. Oft kann im Vorfeld durch das rechtzeitige Setzen von Grenzen (deutlich und unmißverständlich) ein sexueller Übergriff verhindert bzw. völlig ausgeklammert werden.

Es hat demzufolge wenig Sinn, der Frau Techniken beizubringen, die sie in einer Notsituation aufgrund ihres mangelnden Selbstvertrauens sowieso nicht umsetzen kann. Hier würde den TN lediglich ein trügerisches Sicherheitsgefühl vermittelt werden, was im Ernstfall zur völligen Selbstaufgabe führen würde. Frauen müssen sich erst ihrer eigenen Stärke bewußt werden, um sich im Erstfall gezielt und konsequent verteidigen zu können. **Körper und Geist müssen „hinter" der Technik stehen**, nur dann haben Frauen eine wirkliche Chance.

Zitat: "... In einer weniger gefährlichen Situation, also wenn der Typ nicht bewaffnet ist, beginnt meine Selbstverteidigung eigentlich schon mit der Selbstsicherheit, die ich dem anderen gegenüber demonstriere. Allein schon das Training und das Wissen um meine Möglichkeiten, mich in einer kritischen Situation wehren zu können, gibt mir schon eine Menge Selbstbewußtsein..."

Wesentliche Unterschiede zur normalen Selbstverteidigung

1. In der Frauen-SV muß stets davon ausgegangen werden, daß eine **körperlich erheblich schwächere Person** von einen ihr **kräftemäßig stark überlegenen Gegner** angegriffen wird.

2. Das Wissen um die körperliche Überlegenheit des Angreifers bzw. die von ihm zu **erwartende „Rache"**, führt häufig zu einem völligen Verzicht auf Gegenwehr.

3. Der Täter wird sich in der überwiegenden Zahl der Fälle nicht auf ein **„Kräftemessen"** mit dem Opfer einlassen. Er wählt vielmehr bereits im Vorfeld ein vermeintlich „schwaches, wehrloses Opfer" aus.

4. Viele Frauen haben den Kampf, sich gegen das jahrzehntelang geübte **gesellschaftliche Rollenverhalten** aufzulehnen, noch gar nicht begonnen.

5. Im Laufe einer „normalen" Erziehung lernen es Frauen in den seltensten Fällen (ältere Brüder), sich **körperlich zur Wehr zu setzen**.

6. Aus eben diesem Grund besitzen Frauen weniger **„Nehmerqualitäten“** als Männer. Täter schüchtern ihre Opfer deshalb oft durch Schlagserien ein.

7. Ein Phänomen der weiblichen Konfliktbewältigung stellt die **gedankliche Ausklammerung von Gefahrensituationen** (gegenwärtiger Angriff) dar. „Einfach so tun, als ob man nicht gemeint wäre“, heißt für sie die Devise.

8. Und nicht zuletzt der **fehlende Wille zur Verteidigung** macht die Frau zu einer leichten Beute. Viele fühlen sich außerstande, einem anderen Menschen (Mann) vorsätzlich Schmerzen zuzufügen oder ihn womöglich gar ernsthaft verletzen zu müssen. Selbst dann nicht, wenn ihr eigenes Wohlbefinden auf dem Spiel steht.

9. Einen weiteren großen Unterschied zur „normalen“ SV stellt die **Tätergruppe** dar. Nahezu 70 % der Sexualdelikte ereignen sich im **persönlichen Nahfeld** des Opfers: Opfer und Täter kennen sich. Oft steht das Opfer sogar in einem gewissen Abhängigkeitsverhältnis zum Täter.

Einige Gedanken und Anmerkungen zu Frauen-SV-Kursen

In den meisten Fällen findet man in den Kursen Frauen vor, die durch Medien und Presse beunruhigt, teils sogar extrem verängstigt, oft vorbelastet, im Regelfall unsportlich und wenig selbstsicher sind.

Trotz alledem haben sie den Mut gefunden, einen Kurs zu besuchen, und das allein zählt! Der erste große Schritt, nämlich aktiv mit eigenen Kräften die unbefriedigende „Ist-Situation“ zu verändern, ist getan. „Nicht länger so tun, als könne nur den anderen etwas zustoßen.“

Jeder Kurs, den Frauen nutzen,
ist besser als sich gar keine Gedanken zu machen und überhaupt nicht vorbereitet zu sein!

Kursleiter oder Kursleiterin?

Im Allgemeinen trifft eine weibliche ÜL schneller auf Akzeptanz als ihr männlicher Kollege. Das liegt sozusagen in der Natur der Dinge. Das „gleiche“ Geschlecht vermittelt sozusagen indirekt das „gleiche Schicksal“ und schafft die Grundlage für eine Vertrauensbasis. Ein Mann muß sich diese erst erarbeiten. Dies gelingt ihm jedoch bereits nach wenigen Trainingseinheiten - vorausgesetzt, er besitzt das erforderliche Einfühlungsvermögen, sich in die weibliche Psyche hineinversetzen zu können. Zugegeben - ein oft sehr schwieriges Unterfangen.

Ist diese Hemmschwelle jedoch erst einmal überwunden, gelingt es dem männlichen Referenten u.U. sogar leichter, die Frauen aus ihrer Reserve zu locken. In einem Großteil der weiblichen Köpfen steckt, wie auch umgekehrt, der Wunsch, dem männlichen Geschlecht zu imponieren. Sie strengen sich deshalb bei einem männlichen ÜL oft mehr an als bei einem weiblichen.

Zusätzlich kann der männliche Referent eine ganze Menge an nützlicher „Eigenerfahrung“ weitergeben, da er zumindest das Geschlecht mit dem Täter gemeinsam hat. Er kann somit, besser als jede Frau, die tatsächlichen „Auswirkungen“ einer Verteidigungstechnik beschreiben und bewerten.

Männer im Kurs - ja oder nein?

Es empfiehlt sich, den Kurs ausschließlich für Frauen und Mädchen anzubieten. Männer sollten erst ungefähr in der Kursmitte als „Angreifer“ hinzugezogen werden. Falls genügend Angreifer im Verein zur Verfügung stehen, erweist es sich als günstig, erst weniger „schreckerregende Typen“ in normaler Sportkleidung mit einzubeziehen. Nach einer Eingewöhnungsphase (Überwindung der anfänglichen Hemmschwelle) empfiehlt es sich dann, die „angsteinflößenden Unholde“ passend gestylt „angreifen“ zu lassen.

Persönliche Anrede

Es hat sich gezeigt, daß es günstig ist, den TN von Anfang an das „Du“ anzubieten - egal mit welcher Altersstufe man arbeitet. Auf dieser Basis kann ein besseres Vertrauensverhältnis geschaffen werden.

Trainingsbekleidung

Keinen Ju-Jutsu-Gi bzw. Gürtel tragen! Durch „legere“ Kleidung (Jogginganzug) wird der ÜL zu einem Teil der Gruppe, erscheint nicht übermächtig und kann somit besser als Bewegungsvorbild dienen.

Anwesenheitsliste

Das Führen einer Anwesenheitsliste (Name, Anschrift, Telefon, Anzahl der absolvierten Kursstunden, Gebühr bezahlt) ist grundsätzlich zu empfehlen. Einerseits verliert so der ÜL nicht den Überblick, wann wer da ist, zum anderen könnte er, falls es erforderlich wäre, den TN kurzfristig per Telefon absagen. Weiterhin lernt er auf diese Weise schneller die Namen der TN kennen.

Kurs- oder Vereinsbeitritt?

Oft taucht die Frage „Kurs“ oder „Vereinsbeitritt“ auf. Durchweg findet ein abgeschlossener Kurs bei den TN mehr Anklang. Der überschaubare Zeitraum des Kurses stellt für die Kurs-TN ein erreichbares Ziel dar. Ihr Durchhaltevermögen wird dadurch positiv unterstützt. Die TN verlangen viel eher nach einem Aufbaukurs als nach einem Vereinsbeitritt.
Vereine sollten die Kursteilnehmerinnen über Kurskarten der Landes-Sportbünde versichern (Bsp. BLSV).

Gymnastik - ja oder nein?

Es kann mitunter die Frage auftauchen, warum überhaupt Gymnastik, dies sei in der Realität doch auch nicht möglich. Zum einen jedoch unterstützt die Gymnastik die allgemeine Ausdauer- und Beweglichkeitsschulung - Flucht ist nach wie vor die beste Art der Verteidigung, zum anderen hilft sie, Verletzungen im Training (z.B. Zerrungen hervorgerufen durch ungewohnte Bewegungen) zu vermeiden. Im „Ernstfall" kann auf das Aufwärmen verständlicherweise keine Rücksicht mehr genommen werden.

Ich stelle immer wieder mit Erstaunen fest, wie schnell sich die meist untrainierten Frauen den doch recht ungewohnten Belastungsanforderungen anpassen. Ein Effekt, welcher zusätzlich ihr Selbstvertrauen steigert.

Eine Musik-Gymnastik wird wegen ihres hohen Motivationsgrades generell besser angenommen (Aerobic).

Technikauswahl

Es ist keinesfalls erforderlich, daß die TN zum Kursende hin alle abgehandelten Techniken beherrschen. Vielmehr ist es Aufgabe des ÜL herauszufinden, welche Verteidigungsart speziell für jede Einzelne geeignet ist. Im Hinblick auf die kurze Dauer des Kurses ist ein zeitintensives Erlernen vieler verschiedener Techniken unzweckmäßig und kann leicht zu Verwirrungen führen. Es wird auf diese Weise viel eher Unsicherheit als Selbstsicherheit vermittelt. Stellen sich bestimmte Techniken (Genickhebel, Schulterbeinzug, ...) für die vorhandene Gruppe als zu kompliziert heraus, sind diese vollständig aus dem Repertoire zu streichen bzw. abzuwandeln. Die einfachsten Techniken (Schläge, Hiebe) werden erfahrungsgemäß - man denke hier auch an die eigene „freie Abwehr" - in Streßsituationen am häufigsten eingesetzt. Allgemein gilt für die Technikschulung der Grundsatz:

„Weniger bringt oft mehr!"

Grundsätzliche Anmerkung

Es ist zu empfehlen den, Leitfaden vor Beginn des Kurses einmal vollständig durchzuarbeiten, da sich u. U. eine andere Reihenfolge für den individuellen Kurs empfiehlt bzw. auf bestimmte allgemeine Punkte - je nach Anlaß (Fragen seitens der TN) - bereits zu einem früheren Zeitpunkt hingewiesen werden sollte.

Sinnvolle Werbemaßnahmen für den Kurs

- Inserieren von **Kleinanzeigen** in kostenlosen Stadtmagazinen, Veranstaltungskalendern, Ortsteilblättern, etc.

  - **"Selbstverteidigung für Frauen und Mädchen.** Jeder Kurs, der von Frauen genutzt wird, ist besser, als sich gar keine Gedanken zu machen und überhaupt nicht vorbereitet zu sein. Info's ...(Telefonnummer)...Kursbeginn: ...(Datum; Uhrzeit, Ort)..."

  oder

  - **"Selbstverteidigung für Frauen und Mädchen.** Nicht mehr länger Opfer sein! Schluß mit der plumpen Anmache, dem lästigen Begrapschen, welches allzuoft in Handgreiflichkeiten übergeht. Und was ist mit dem Ernstfall?!? Hilfestellung bietet (Name des ÜL) in ihrem Kurs. Info's ...(Telefonnummer)...Kursbeginn: ...(Datum; Uhrzeit, Ort)..."

- Schreiben an die ortsansässigen Zeitungen mit der Bitte um **kostenlose Veröffentlichung** des „nachfolgenden Artikels". Zu Beginn des Schreibens sollte nach der eigenen Vorstellung der Sinn und die Notwendigkeit solcher Kurse in den Vordergrund gestellt werden.

Würzburg.„Sexualstraftaten gestiegen - von Fällen der Schwerstkriminalität geprägt." So kann man es im Jahresbericht der Kriminalpolizei nachlesen. Aber es sind nicht nur die spektakulären Fälle, die Frauen beunruhigen. Viele haben sich fast täglich mit „plumper Anmache", verbalen Anzüglichkeiten oder sogar lästigem Tätscheln oder Begrapschen auseinanderzusetzen. Selbst diesen relativ harmlosen, für die Betroffene jedoch nicht minder erniedrigenden Situationen, stehen die meisten Frauen ratlos gegenüber.
Hilfestellung hierfür soll ein Selbstverteidigungs- und Selbstbehauptungskurs bieten, der ab ...(Datum, Uhrzeit)..., über sechs Doppelstunden in der ... (Ort)...stattfindet. Leiter/in ist ...(Name)...Ju-Jutsu-Lehrer/in im ...(Verein)... Sie wendet sich mit diesem Programm speziell an Frauen und Mädchen. Da der sportliche Aspekt in diesem Kurs nur eine untergeordnete Rolle spielt, sind bequeme Alltagskleidung oder besser ein Trainingsanzug und Hallenschuhe bzw. Socken ausreichend.

Die eigene Stimme testen

Neben der rein technischen Selbstverteidigung will der Kurs vor allem auch Verhaltensweisen und Einsatz der eigenen Stimme vermitteln, mit denen man gefährliche Situationen bereits im Vorfeld entschärfen kann.

Der nachfolgende Artikel ist nach einem Interview (Einführungsabend) mit einem freien Mitarbeiter der Zeitungsredaktion entstanden. Es wurden zwar nicht alle Dinge so dargestellt, wie wir es vielleicht gerne gehabt hätten, aber eine Werbung war es auf jeden Fall.

Selbstverteidigung in ...(Ort)...

Frau lernt, sich zu wehren

Würzburg - Eine Welle der Gewalt rollt durch Deutschland: Alle vier Stunden wird ein Mensch ermordet, alle sieben Minuten einer zusammengeschlagen - alle dreizehneinhalb Minuten wird eine Frau vergewaltigt. Wehrlosigkeit - ein Gefühl, das vielen Frauen vertraut ist, weil sie einem Angreifer meist körperlich unterlegen sind und oft Hemmungen haben, sich zu wehren. Diese Zahlen legt der Ju-Jutsu-Verband Bayern in einer Presseerklärung vor.

Untersuchungen zeigen, daß 90 Prozent der Frauen, die sich gewehrt haben, den Täter in die Flucht schlugen. Frauen, die sich wehren können, wirken selbstsicherer und werden nicht so schnell überfallen - sind keine „Opfertypen". Ein Täter wird in den meisten Fällen nur ein vermeintlich schwächeres Opfer angreifen und sich niemals auf einen Kräftevergleich einlassen. Deshalb ist Gegenwehr ratsam, empfiehlt der Verband.

Hilfestellung dafür gibt der Selbstverteidigungskurs, der am ...(Datum, Uhrzeit, Ort)... stattfindet. Kursleiterin ist ...(Name)... Mit ihrem - über zwölf Abende verteilten - Kursprogramm wendet sie sich speziell an Frauen und Mädchen. Da der sportliche Aspekt in diesem Kurs eine untergeordnete Rolle spielt, sind ein Jogginganzug oder bequeme Alltagskleidung ausreichend.

Neben der rein technischen Selbstverteidigung, die auf eine bereits vorhandene körperliche Konfrontation abzielt, steigt die Kursleiterin durch Präventions-Maßnahmen und Selbstbehauptungsübungen bereits viel früher in die Thematik ein. Gerade im Vorfeld liegt die große Chance der „Gefahrvermeidung", die jegliche Selbstverteidigung überflüssig macht.

Für den möglichen „Ernstfall" werden effektive und gezielt einsetzbare Techniken kontinuierlich trainiert und erprobt. Zum Kursende erhält jeder Teilnehmer ein kursbegleitendes Handbuch zur Vertiefung und „Heimarbeit". Als Kurseröffnung wird in der ersten Doppelstunde eine „kleine" Einführung gegeben.

Nachfolgender Artikel wurde ebenfalls von der örtlichen Presse selbst verfaßt.

Ju-Jutsu-Kurs im ...(Ort)... macht die Frauen stark

„Der Körper ist die beste Waffe"

Würzburg - Nachdem er das dritte Weizen getrunken hatte, fuhr er sie heim. Er sei so müde, meinte er im Auto. Ob er bei ihr bleiben könne. Sie sagte nein. Das könne sie doch nicht verantworten, erwiderte er. Um heil von Würzburg nach Güntersleben zu kommen, brauche er zumindest noch einen Kaffee. Schuldbewußt willigte sie ein. Schließlich hatte er sie zum Essen eingeladen. Also kochte sie ihm Kaffee und wartete, daß er ging. Doch er ging nicht. Schließlich legte sie sich schlafen und bat ihn, die Wohnung zu verlassen, wenn er sich wieder frisch fühle.

Daß er, ein alter Freund, statt dessen später zu ihr ins Bett steigen würde, hatte sie nicht gedacht. Was tut „Frau", meistens körperlich schwächer als „Mann", in so einer Situation? Dies ist Thema des 20stündigen Kurses „Gewalt gegen Frauen", jeden ...(Wochentag, Zeit)...von ...(Name, Ort)....Veranstalter ist der ...(Verein)... „Wir Frauen müssen selbstbewußter werden", erklärte die junge Frau den 17 Teilnehmerinnen in der ersten Stunde, „wir müssen uns bewußt machen, was für Kräfte wir haben." Im geschilderten Fall hat bereits ein empörter Aufschrei den Eindringling Reißaus nehmen lassen. Aber nicht immer kann ein solcher eine Vergewaltigung verhindern. Laut Köhler kommt es zu 70 Prozent unter Bekannten zu gewaltsamen Ausschreitungen. Deshalb will sie die Frauen nicht nur psychologisch, sondern auch physisch stark machen, und zwar mit der deutschen Selbstverteidigungssportart „Ju-Jutsu".

Gewußt wie, kann ein Tritt in die Kniekehlen des Gegners, ein Griff in die Augen oder ein Schlag auf die Nase der Frau mitunter sogar das Leben retten.

Zusammen mit einem Partner demonstriert die Kursleiterin unter lautem Kampfschrei verschiedene Techniken und Taktiken.

Die Teilnehmerinnen werden sich in den nächsten Stunden jedoch erst einmal gegenseitig angreifen und untereinander verteidigen. Erst später sollen Männer als „Täter" hinzugezogen werden. Im Dämmerlicht wird dann „Frau nachts allein auf der Straße" oder „Frau in der Telefonzelle" nachgespielt. Denn wer sich zu wehren weiß, so Köhler, erstarrt bei einem Überfall nicht. „Frau" verliert nicht den Verstand, sondern setzt ihn - wenn es sein muß - brutal ein, sprich, befreit sich aus den männlichen Fängen und greift zum Beispiel zum „Preßluftschlag".

Diese Methode hält die junge Frau für wirksamer als jede Gaspistole. Denn die muß erstens entsichert werden und kann zweitens gegen die Verteidigerin selbst gerichtet werden. „Unser Körper ist die beste Waffe", meint Köhler.

Die Teilnehmerinnen zwischen 14 und 45 Jahren sind begeistert von ihren Ideen. Einige sind aus purer Neugier gekommen, andere wiederum, um demnächst gegen „männliche Gewalt" auf dem Heimweg besser gerüstet zu sein.

Eine 37jährige Angestellte denkt noch heute mit Schrecken daran zurück, wie sie - obwohl mit ihrem Hund unterwegs - von einem Motorradfahrer verfolgt wurde. Sie möchte ohne Angst spazieren gehen können. Ihre 18jährige Tochter hat sie gleich mit zum Kurs angemeldet.

Eine 35jährige Fremdsprachenkauffrau hat schlechte Erfahrungen mit ihrem Arbeitskollegen gemacht. Sie wünscht sich, plumpe Annäherungsversuche in Zukunft selbstbewußter abwehren zu können. Eine 25jährige Medizinstudentin möchte hingegen auch noch zu später Stunde „mit gutem Gefühl" nach Hause radeln.

Deutlich wurde beim ersten Erfahrungsaustausch: Von einem Mann bedroht gefühlt hat sich fast jede Frau schon mindestens einmal in ihrem Leben. Was auf keinen Fall heißt, daß die Frauen sich hier zu „Männerhasserinnen" entwickeln wollen. Einige von ihnen sind verheiratet, viele haben einen Freund. Weitere Informationen unter der Telefonnummer ....(Telefon).

Auch in diesem Artikel wurden manche Dinge nicht so von mir dargestellt, dennoch hatte dieser Bericht eine enorme Werbewirkung, so daß ich letztendlich insgesamt 30 Teilnehmerinnen im Kurs hatte.

- Kurze schriftliche Notiz an den örtlichen Rundfunk mit der Bitte um Durchsage des Termins des Eröffnungsabends im Rahmen **der Veranstaltungstips** (ca. 3-4 Tage vor Kursbeginn abgeben).

- Anfertigen von **Plakaten** (A2, A3, A4) und **Wurfzetteln** (A5, A6). Beides an „sinnvollen" Örtlichkeiten, wie z.B. in Büchereien, Jugendtreffs, Gemeindehäusern, Arztpraxen, Polizeiwachen, Behörden, Apotheken, Fitness-Studios, Schulen, Discotheken, Universitäten (Mensa), Kneipen, Lokalen, Kinos (meistens verboten), öffentlichen „Schwarzen Brettern" im Ort, Rathaus, Ämter, Geldinstituten, Geschäften, etc....aufhängen bzw. auslegen.

  Selbstverständlich muß je nach Ort (vor allem an Schulen) u.U. gefragt werden, ob das Werbematerial aufgehängt bzw. ausgelegt werden darf.

  Die Vereinsmitglieder gezielt fragen, ob sie Möglichkeiten haben, das Werbematerial aufzuhängen bzw. auszulegen.

Layoutvorschläge:

Nicht mehr länger „Opfer" sein!

INFO-Abend:

15. August 1995

Zeit:
18.30 - 20.00 Uhr

Ort:
Turnhalle Röntgen-Gymnasium
Sanderring 1, 97070 Würzburg

Einfach vorbeikommen! Jogginganzug genügt!

Jeder Kurs, der von Frauen genutzt wird,
ist besser,
als sich gar keine Gedanken zu machen
und überhaupt nicht vorbereitet zu sein!

JEDE HAT EINE CHANCE

12 Doppelstunden, jeweils Donnerstag um die gleiche Zeit!
INFO unter (Tel. ....)

Zusätzlich können noch „Ortsansässige", meist gegen ein geringes Entgelt, engagiert werden. Sie verteilen die „Flyer", zusammen mit ihren übrigen Prospekten, in die Briefkästen der näheren Umgebung.

Damit Plakate bzw. Wurfzettel den gewünschten Werbeeffekt erzielen, dürfen nur sehr wenige Worte bzw. Sätze angebracht werden. Diese müssen demzufolge so gewählt werden, daß sie einen möglichst hohen Informationsgehalt aufweisen. Auch das Hintergrundbild spielt hierbei eine bedeutende Rolle. Vorsicht - zu viele Bilder können den Betrachter leicht verwirren.

Einfach eine Kopiervorlage erstellen, am besten mit einer großen, weit erkennbaren Schrift und in den Copy-Shop geben. Ihr könnt es entweder drucken oder kopieren lassen. Am Besten auf gelbem Papier, welches man auch bei wenig Licht noch gut erkennen kann. Bei der Kopiervorlage müßt ihr darauf achten, daß mindestens 0,5 cm für den Rand frei bleibt, da sonst später auf den Kopien dieser Bereich fehlt.

- Schriftliche **Einladung der örtlichen Presse** zum Einführungsabend mit kurzem Info über die Absicht und Ziel des Kurses.

Gestaltung eines Info-Abends

Die Örtlichkeit sollte wie folgt vorbereitet werden:

- Gut sichtbare Beschilderung anbringen;
- mehrere Stühle bzw. Turnhallenbänke halbkreisförmig aufstellen;
- eine ca. 6 x 6 m große Mattenfläche ca. 1 m von den Bänken entfernt aufbauen
- im Hintergrund leise Musik (am geeignetsten ist hier Instrumentalmusik);
- falls vorhanden, Schaubilder bzw. Infomaterial auslegen oder aufhängen.

Man muß sich vorstellen, daß die Interessenten u.U. alleine zu dieser Veranstaltung kommen und sich gleich wohl fühlen sollen.

Möglicher Programmablauf:

- **Begrüßung der Anwesenden**

  (Die Interessenten werden gebeten, auf den Stühlen Platz zu nehmen.)

- **Kleines Kennenlernspiel („Karteikärtchen-Spiel" ---> siehe Einheit 1)**

  (Dient in diesem Fall vor allem dazu, den Zeitraum, bis alle Interessentinnen eingetroffen sind, sinnvoll zu überbrücken.)

- **Vorstellen der eigenen Person**

  (Evtl. mit Bezug zum Spiel. Vielleicht auch schildern, wie man selbst zum Ju-Jutsu bzw. der Frauen-SV gekommen ist, welche Erfahrungen man mit beiden gemacht hat, eigene Erlebnisse erzählen, ...)

- **Überleiten zum Thema „Frauen-SV" durch das Aufzeigen der Grenzen der Selbstverteidigungen für die Frau mit Blickpunkt auf die darausfolgenden Unterschiede zur speziellen „Frauen-SV"**

  (Viele Techniken gelingen mit erheblich schwereren Partnern bzw. Angreifern überhaupt nicht oder nur vielleicht; für einige Techniken ist die eigene Körperkraft im Ernstfall evtl. unzureichend; andere Techniken bewirken nicht den gewünschten Erfolg, d.h. der Gegner wird u.U. nochmals angreifen; ich kann nicht bei jeder „scheinbaren" Konfrontation gleich zur körperlichen Gegenwehr greifen; ...)

- **Vorspielen einiger prägnanter Szenen**

  (Siehe Einheit 10. Was sollen diese Szenen bewirken? Primär „Betroffenheit“ bei den TN erzeugen, sekundär sollen sie auf die unterschiedlichen Situationen, in die „Frau“ kommen kann, hinweisen und so eine Diskussionsgrundlage bilden.)

- **Welche Beweggründe führten zur Teilnahme am heutigen Info-Abend**

  (Diskussion. Falls ein gemeinsames Gespräch nur schwer in Gang kommt, gleich zum nächsten Punkt übergehen.)

- **Brainstorming zum Thema „Gewalt gegen Frauen“**

  (Siehe Text „Brainstorming zum Thema 'Gewalt gegen Frauen'“. Je nach der zur Verfügung stehenden Zeit weglassen oder einplanen.)

  Jede Interessentin hat die Aufgabe, fünf leere A5-Blätter mit Worten bzw. kurzen Sätzen zum Thema „Frauen-Selbstverteidigung“ oder „Gewalt gegen Frauen“ zu beschriften. Im Anschluß daran werden die einzelnen Zettel nach „Prävention“, „SH“ und „SV“ sortiert und an die Wand gehängt. Im anschließenden Gespräch sollen die Teilnehmerinnen erkennen, daß sich die „Frauen-SV“ in die drei soeben genannten Teilgebiete untergliedert, daß jedoch alle drei in einem engen Zusammenhang miteinander stehen.

- **Einwerfen von Fakten im Bezug auf Sexualdelikte**

  (Siehe Einheit 9. Hier jedoch nicht zu tief einsteigen, da zu viele Informationen die Anwesenden nur verwirren würden; evtl. die Tatsache ansprechen, daß 70 % der Täter aus dem persönlichen Nahfeld kommen und der Übeltäter, der im Parkhaus oder im Park lauert, eher seltener ist.)

- **Allgemeine Erläuterungen zur Prävention, Selbstbehauptung und Selbstverteidigung, evtl. begleitet von einer praktischen Demonstration**

  (Siehe Einheit 2. Handgelenkfassen von vorn, beide Hände erfassen ein Handgelenk ---> dynamisches Grifflösen, wobei in die eigene Hand gefaßt wird; „Siegen durch Nachgeben“; „Nie Kraft gegen Kraft setzen“)

- **Erläuterung zum kommenden Kursablauf**

  (Trainingszeiten und Kursdauer; generelle Gestaltung der einzelnen Stunden; Kursgebühren; Hinweis auf versicherungstechnische Dinge ---> Einzelversicherung über BLSV, da kein Vereinsbeitritt; Trainingsbekleidung; evtl. anbieten, daß sie ein- oder zweimal kommen können, ohne sich gleich anmelden zu müssen, ...)

- **Gemeinsames Üben auf der Matte**

  (Falls immer noch Zeit ist! Gemeinsames Üben von einfachen Techniken wie z.B. Daumenpresse , Grifflösen auf der Matte, ...)

- **Eintragen in eine Teilnehmerliste**

  (Falls einige Frauen ihre Teilnahme schon sicher wissen, können sie sich ihren Platz bereits durch das Eintragen in eine bereitliegende Anwesenheitsliste sichern.)

Falls sich einige Vereinsmitglieder (bevorzugt Frauen) dazu bereiterklären, am Info-Abend teilzunehmen, sollten sie sich am besten bereits zu Beginn unter die Anwesenden mischen. Somit steigt zum einen die Anzahl der „Anwesenden", zum anderen stehen sie später für Fragen zur Verfügung bzw. können beim abschließenden Trainieren hilfreich zur Hand gehen.

1. EINHEIT

Die persönliche Distanzschwelle, Grundelemente der SV am Beispiel leichter Angriffe

Aufwärmen: Kennenlernspiele

Übung 1: „Karteikärtchen-Spiel“

Alle TN erhalten ein kleines Karteikärtchen und einen Stift. Sie haben die Aufgabe, auf dieses Karteikärtchen ein Wort, eine Zahl und ein Symbol zu malen, welches irgend etwas mit ihrer Person gemeinsam hat. Sobald alle fertig sind, sucht sich jede TN eine beliebige Partnerin und tauscht die Kärtchen mit ihr aus. Die TN soll nun der Partnerin erklären, was die Dinge auf dem Karteikärtchen für eine nähere Bedeutung haben. Im Anschluß daran soll jede Person ihre Partnerin anhand des jeweiligen Karteikärtchen den übrigen TN vorstellen.

Mit diesem Spiel kann das „übliche“ Vorstellen, nach dem Motto: Ich heiße..., bin ... Jahre alt und von Beruf..., vermieden werden. Bei dieser herkömmlichen Art der Vorstellung wartet eh‘ jede Person nur auf ihren eigenen „Auftritt“ und hat wenig Gehör für die Worte der übrigen TN.

Übung 2: „Landkarten-Spiel“

An der Wand hängt ein Stadtplan. Jede TN erhält ein kleines Fähnchen mit der Aufgabe, es genau an die Stelle ihres Wohnorts zu stecken.

Unwillkürlich entstehen Gespräche über gemeinsame Wohngegenden und Erlebnisse. Zusätzlich erhält man die Info über „mögliche“ Fahrgemeinschaften.

Übung 3: „Wollknäulwerfen“

Alle TN stellen sich im Kreis auf. Der ÜL behält den Anfang eines Wollknäuls in der Hand und wirft den restlichen Teil einer gegenüberstehenden TN zu. Dabei ruft er seinen eigenen Namen. Die auffangende TN wiederum behält ein Stück vom Wollfaden in ihren Händen und wirft - ebenfalls unter Zuruf ihren eigenen Namens - das Wollknäul einem weitere TN zu. Das Spiel setzt sich in der angegebenen Art und Weise fort. Zum Schluß wird das Spiel rückwärts gespielt, d.h. jede TN muß hierzu den Namen ihrer „Vorfrau“ benennen.

Dieses Spiel erleichtert dem ÜL, wie auch den übrigen TN, das Erlernen der Vornamen.

Übung 4: „Grüß-Gott-Spiel“

Alle TN laufen durcheinander. Im Hintergrund spielt motivierende Musik. Begegnen wir einer TN, geben wir ihr die Hand zur Begrüßung und nennen unseren Namen. Etwa so: „Grüß Gott, ich bin die ...“. Auf Kommando des ÜL wird nach einer Weile der „Spieß umgedreht“. Gibt man jetzt einer TN die Hand, muß man deren Namen benennen: „Hallo! Du bist doch die...“.

Von hier aus Übergang zu einer „normalen“ Musikgymnastik.

Selbstbehauptung: Die persönliche Distanzschwelle

Übung 1: „ÜL wird zudringlich"

Alle TN sitzen am Boden. Der ÜL durchstreift suchend die Gruppe und nimmt dicht neben einer „geeigneten" TN Platz. Der ÜL blickt ihr unvermittelt in die Augen und beginnt, an ihrer Kleidung herumzuspielen. Der Körperkontakt wird zunehmend enger. Schließlich beginnt er, die TN langsam auszuziehen. Dieses „Spielchen" wird so lange fortgesetzt, bis es der TN zu bunt wird und sie sich verbal bzw. körperlich zur Wehr setzt. Bezugnahme auf die angeborene persönliche Distanzstelle..

Übung 2: „Sympathietest"

TN1 steht an einer Linie, die sie mit beiden Fersen berührt. Sie hat die Aufgabe, dort stehenzubleiben. Wir wählen 6 Testpersonen aus und geben ihnen Zettelchen mit Nummern. Die Test-TN stehen in vier Meter Entfernung. Die Test-TN1 nähert sich so weit, bis TN1 „Stop" ruft. Die Test-TN legt an dieser Stelle ihren Zettel ab und geht wieder zurück in die Gruppe. Dieses „Spielchen" durchlaufen nun alle Test-TN nacheinander. Im Anschluß daran stellen sich die Test-TN an die Position, auf die sie verwiesen wurden.

Gemeinsam mit TN1 versuchen wir, die Ursache für die unterschiedlichen Abstände zu erörtern.

Übung 3: „Stop, keinen Schritt weiter" (Abwandlung der Übung 2).

Zwei TN stehen sich in ca. 4 m Entfernung gegenüber. TN1 berührt mit der Ferse den Mattenrand , um so ein Ausweichen nach hinten auszuschließen. TN2 hat die Aufgabe, langsam auf TN1 zuzugehen. Empfindet TN1 die zunehmende Nähe von TN2 als unangenehm, soll sie diese mit einem klaren „Stop" zum Stehen bringen.

Je nach den persönlichen Empfindungen der einzelnen TN wird die Distanz einmal mehr, einmal weniger groß in Bezug auf die sich nähernde Person sein. Oft kommt es vor, daß sich TN, die sich gut kennen, problemlos berühren können, ohne eine „Distanzschwelle" gefunden zu haben. Die nachfolgende Übung wird jedoch zeigen, daß auch diese guten „Bekannten" durchaus Distanzschwellen besitzen.

Übung 4: „Ins Gesicht grapschen"

Diese Übung läuft nach dem gleichen Schema wie die Übung 3 ab. Jedoch ist jetzt die „angreifende" TN angewiesen, sich zuvor in die Hände zu spukken und, falls nötig, damit über das Gesicht der gegenüberstehenden TN zu fahren.

Bisher hat noch jede TN, wenn auch manchmal im letzten Augenblick, durch ein deutliches „Stop" ihr Gegenüber daran gehindert, ihr ins Gesicht zu fassen.

Die beschriebenen Übungen können beliebig variiert oder ergänzt werden. Der Phantasie des ÜL soll hier keine Grenze gesetzt werden. Die sich nähernden Personen können z.B. bestimmte Gefühle (Wut, Angst, Trauer, Freude, Schüchternheit, Verlegenheit, Aggressivität, Zuneigung, ...) ausdrücken und wirken somit mehr oder weniger furchterregend.

DEFINITION:
DIE PERSÖNLICHE DISTANZSCHWELLE IST DIE LINIE, BEI DEREN ÜBERSCHREITEN DU DICH IN DER NÄHE EINER ANDEREN PERSON NICHT MEHR WOHL FÜHLST.
DEINE „VERTEIDIGUNG" BEGINNT MIT DEM ÜBERSCHREITEN DIESER LINIE.
DU MUSST ENTSCHLOSSEN SEIN, DIESE LINIE ZU VERTEIDIGEN.

Es kommt ab und zu vor, daß die sich nähernde Person ihre eigene Distanzschwelle früher erreicht hat, als die eigentliche Versuchsperson. Ihr Distanzbereich ist in diesem Fall größer als der der anderen Person. Welche Ursachen es hierfür geben kann, werden wir uns im Nachfolgenden etwas näher betrachten.

Szene 1: „Parkbank"
Eine TN sitzt auf einer in der Raummitte befindlichen Turnhallenbank. Das Licht ist ausgeknipst. Die TN sollen sich vorstellen , sie säßen abends auf einer Parkbank. Kein Mensch ist weit und breit zu sehen. Plötzlich nähert sich unvermittelt ein düster wirkender Mann. Seine Blicke scheinen sie förmlich zu durchbohren. Er wirkt bedrohlich. Der Abstand verringert sich zunehmend. Er versucht, hinter ihren Rücken zu gelangen.

Szene 2: „Schulbus"
Gleiche Begebenheit: Turnhallenbank in der Raummitte. Nur ist es diesmal heller Tag, und die Bank symbolisiert eine Sitzbank in einem überfüllten Schulbus. Mehrere Personen nehmen neben der bereits sitzenden TN Platz.

In beiden Fällen soll die TN ihre erlebten Gefühle schildern.

Was können wir aus den beiden Szenen erarbeiten?

Von welchen Faktoren wird die persönliche Distanzschwelle maßgeblich beeinflußt?

Beeinflussende Faktoren

Zu erwartende Hilfe	Individuelle Vorerfahrung	Licht-verhältnisse	Aussehen Ausstrahlung	Ort
Welche anderen Personen sind gerade in der Nähe?	Welche Erlebnisse hat die Person bereits in einer ähnlichen Situation gehabt?	Welche Tageszeit ist es?	Wie sieht die Person aus, die sich ihr nähert?	Wie sieht die Örtlichkeit aus ?

Grundelemente der Selbstverteidigung am Beispiel leichter Angriffe

Erfahrungsgemäß beginnt der eigentliche Übergriff in den seltensten Fällen sofort mit einer körperlichen Attacke. Meist werden dem körperlichen Angriff verbale Aggressionsäußerung vorgeschaltet. Die Situation „schaukelt“ sich sozusagen allmählich hoch bis zur eigentlichen Eskalation. Gerade bei der Rekonstruktion der Delikte im persönlichen Nahbereich spielt diese allmähliche Aggressionssteigerung eine zentrale Rolle.

Ein wichtiges Maß ist hierbei, die bereits beschriebene „persönliche Distanzschwelle, mit deren Überschreiten der tatsächliche „körperliche“ Angriff bzw. die eigene Verteidigung einsetzt, und natürlich nicht zuletzt das Ausmaß der eigenen Angst.

Der jeweiligen Situation entsprechend beginnt die „Abwehr“ meist ebenfalls mit einer verbalen Willensäußerung, begleitet von einem abweisenden, ablehnenden Körperausdruck. Je nachdem wie klar und unmißverständlich dies geschieht, desto größer ist die Wirkung. Im günstigsten Fall kann bereits zu diesem Zeitpunkt die eigentliche Absicht des „Täters“ durch ein selbstbewußtes und sicheres Auftreten abgewendet bzw. vereitelt werden. Wie bereits angesprochen, sucht der Angreifer ein ihm deutlich unterlegenes „Opfer“ aus. Er wird jeden Kräftevergleich mit einem gleichwertigen Gegenüber tunlichst vermeiden.

Der **Bluff** erweist sich hier als brauchbares Mittel, den Gegner massiv zu verunsichern. „Angst zeigen“ bewirkt in solchen Situationen gerade das Gegenteil. Der Angreifer fühlt sich seinem „Opfer“ deutlich überlegen und setzt, so in seinem Vorhaben bestärkt, seinen Plan erst recht in die Tat um.

Auf diese Erkenntnis basierend, soll im Nachfolgenden ein „möglicher“ Angriff systematisch aufgebaut werden.

Übung 1: „Versuchtes Überschreiten der Distanzschwelle“
Die TN stehen sich paarweise im Abstand von ca. 4 m gegenüber. Abwechselnd gehen sie aufeinander zu und zeigen der „Angreiferin“ durch ein deutliches „Stop, stehen bleiben. Keinen Schritt weiter!“ ihren Distanzbereich an. Beide TN sollen dabei ihr eigenes Verhalten und das der Partnerin beobachten und analysieren. Im Anschluß daran erfolgt ein gemeinsamer „Erfahrungsaustausch mit der gesamten Gruppe. Kommt die Diskussion nicht so recht in Gang, ist es Aufgabe des ÜL, durch geeignete Fragestellung: „Welches Verhalten zeigte das Opfer?“, „Würdet ihr im Ernstfall stehenbleiben?“, „Wohin schaute das Opfer während seiner verbalen Willensäußerung?“, „Wie war ihr körperlicher Ausdruck?“, etc., unterstützend einzugreifen.

Angenommen, das Verhalten war nicht ausreichend und der Angreifer geht weiter auf sie zu...

Übung 2: „Überschreiten der Distanzschwelle“
Aufstellung und Vorgehensweise wie bei Übung 5 mit dem kleinen Unterschied, daß der „Täter“ diesmal die Distanzschwelle des „Opfers“ überschreitet. Die TN soll selbständig eine ihrer Meinung nach geeignete Verteidigung durchführen. Der ÜL beobachtet das spontane Verhalten des „Opfers“. Im Anschluß erfolgt eine gemeinsame Analyse von effektiven und weniger effektiven Verhaltensweisen der TN. Erneutes, eventuell geändertes Durchspielen der Szene.

Erkenntnis:

Durch ein deutliches Wegstoßen des Gegners mit einer oder mit beiden Händen würde das Opfer seinerseits „aktiv“ mit der körperlichen Abwehr beginnen. Dies kann sich negativ auf die Gesamtsituation auswirken. Das „Auf-den-Täter-zugehen“ und „Wegstoßen“ desselben ist mit einem körperlichen Angriff gleichzusetzen ist. Die Auseinandersetzung kann sich hierdurch leicht hochschaukeln, da der „Täter“ aufgrund dieser „scheinbaren Provokation“ ggf. nicht klein beigeben wird.

Vorschlag:

Den „Täter“ mit einem Handstich stoppen. Werden die verbalen Äußerungen ignoriert, agiert TN wie folgt. Begleitet von einer stabilen Schrittstellung setzt TN die Fingerspitzen ihrer gestreckten Hand auf das Brustbein des Angreifers und fährt ruckartig hoch, bis sich die Fingerspitzen in dessen Kehlkopfgrube bohren. Ihr Arm bleibt dabei gestreckt, der Körper unterstützt die Bewegung, indem er sich leicht nach vorne neigt und so den Druck der Hand unterstützt.

HANDSTICH

Die Finger der Hand sind geschlossen und gestreckt (nicht überstreckt). Die in der Kehlkopfgrube angesetzten Fingerspitzen bringen den Gegner durch Druck (gesteigerte Form: Stoßen bzw. Stechen) zum Stehen. Hand und Arm bilden dabei eine gerade Linie. Körperhaltung, verbale Äußerungen "Sofort stehen bleiben!" und Schrittstellung unterstützen dabei die Technik.

An dieser Stelle sei erwähnt, daß die Ju-Jutsu-Grundtechniken in der Frauen-SV in den meisten Fällen abgewandelt, d.h. anwender- bzw. angriffsgerecht variiert werden. Aus Vereinfachungsgründen bezeichne ich sie hier dennoch mit der „handelsüblichen" Bezeichnung.

Übung 3: „Handstich in die Kehlkopfgrube"
Wie oben unter 'Vorschlag' beschrieben vorgehen.

Grundsätzlich gilt es, den eigenen Distanzbereich zu wahren. Der Wille, den Gegner unter allen Umständen zum Stehen zu bringen, muß deutlich vorhanden sein. Die jeweilige Vorgehensweise steht hier an zweiter Stelle! Zeigt die eine Technik keine Wirkung, folgt die nächste gleich danach!

FUNKTIONIERT EINE TECHNIK NICHT, BENUTZE EINE ANDERE - SOFORT DANACH.

Vorstellen einer weiteren Technik.

Übung 4: „Daumenpresse als Lösetechnik bei unerwünschtem Handfassen"
TN1 faßt TN2 wie zur „Begrüßung" an der Hand und hält diese fest. Das laute „Loslassen" von TN2 wird ignoriert. Daraufhin ergreift TN2 mit der ganzen Hand den Daumen von TN1 und biegt ihn nach hinten um.

DAUMENPRESSE

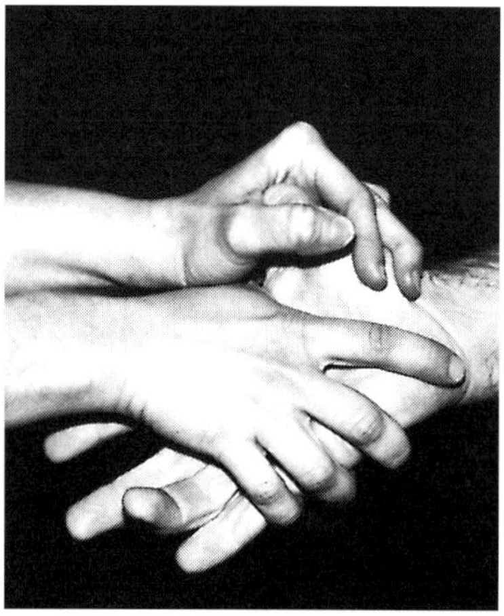

Die eigene freie Hand umschließt fest den Daumen des Gegners und drückt diesen nach hinten (Beugehebel). Auch hier wird die Technik durch den entsprechenden Körpereinsatz, verbale Äußerungen und die entsprechende Schrittstellung unterstützt.

GREIFE STETS EINEN SCHWACHPUNKT DES GEGNERS AN!
DEINE GANZE HAND IST STETS STÄRKER ALS EIN FINGER (DAUMEN) DES ANGREIFERS!

Übung 5: „Unerwünschtes Armeinhängen“

TN1 läuft neben TN2 und versucht, diese in ein Gespräch einzuwickeln. Nach kurzer Zeit hakt sich TN1 bei TN2 unter. Diese versucht TN1 klarzumachen, daß sie dies unterlassen soll. Als TN1 jedoch weiterhin festhält, setzt sich TN2 mit einem Armbeugehebel in der unten beschriebenen Weise zur Wehr.

ARMBEUGEHEBEL

Der gebeugte Arm des Gegners wird über das Ellenbogengelenk nach hinten in Richtung Schulter hin gehebelt. Das gegnerische Handgelenk muß dicht am Kopf vorbeigeführt werden, damit der Gegner den Arm nicht strecken und dadurch den Hebel lösen könnte.

Wie bereits die Beschreibung deutlich erkennen läßt, lebt diese Technik vom Überraschungsmoment. Ist der Gegner jedoch vorbereitet oder hat er zu kräftige Arme, kann davon ausgegangen werden, daß seine Kraft zu groß ist und der Hebel nicht die gewünschte Wirkung zeigen wird.

Ganz weglassen möchte ich die Technik jedoch nicht, da sie je nach Ausgangssituation durchaus wirkungsvoll sein kann. Den Frauen kann auf diese Weise das situationsabhängige „Gelingen und Nichtgelingen" unterschiedlicher Techniken verdeutlicht werden. Sie sollen am Objekt lernen, die Kraft des Gegners realistisch einzuschätzen und ihre Abwehr dementsprechend zu gestalten.

> ***Übung 6: „Unerwünschtes Armeinhängen in gesteigerter Form"***
>
> *Diese Situation entspricht der Übung 9. Nur gelingt es TN2 diesmal nicht, sich mit Hilfe des Armbeugehebels zu befreien. Die Gegnerin ist zu stark und hält weiterhin fest. Daraufhin versetzt ihr TN2 mehrere Handballenstöße auf die Nase.*
>
> ***Übung 7: „Unerwünschtes Arm-um-die-Schulter-legen"***
>
> *Die Situation entspricht ebenfalls der Übung 9, nur legt TN2 diesmal ihren Arm um die Schultern bzw. die Taille von TN1. Nach erfolglosen verbalen Befreiungsversuchen versetzt TN2 dem TN1 einen Ellenbogenstoß in den Magen und, falls dieser nicht die erwartete befreiende Wirkung zeigt, einen Handkantenschlag in den Unterleib.*

Auch Handballenstöße zur Nase wären als mögliche gesteigerte Abwehrhandlung angebracht. Die TN sollen nach Möglichkeit mehrere Verteidigungskombinationen durchspielen, um die für sie geeignetste herauszufinden.

Empfehlenswert ist es, den TN anzugewöhnen, den Angreifer nach einer erfolgreichen Abwehr dynamisch von sich wegzustoßen, um so die zur Flucht erforderliche Distanz gewinnen zu können.

Cool down: Tiefenatmung

„WIR KÖNNEN DREI WOCHEN LANG OHNE NAHRUNG LEBEN, DREI TAGE OHNE ZU TRINKEN, ABER NUR DREI MINUTEN, OHNE ZU ATMEN."

Das Atemzentrum im Gehirn veranlaßt uns, auch ohne unser Zutun, daß wir etwa 18mal in der Minute Luft holen. Wie schnell oder wie tief wir atmen, können wir allerdings bewußt beeinflussen.

Die Tiefenatmung vergrößert das Lungenvolumen, entwickelt den Brustkorb, versorgt die Zellen besser mit Sauerstoff, zieht Giftstoffe heraus, reinigt das Blut und die Lymphe, regt die Nervenzellen an und stärkt das Herz.

Die Atmung wirkt sich jedoch nicht nur auf unseren Körper, sondern auch auf unsere Stimmung und unsere geistige Verfassung aus. Andererseits hat die Stimmung auch einen direkten Einfluß auf die Art der Atmung.

Gleichmäßiges Atmen baut Spannungen ab und sorgt dafür, daß wir zur Ruhe kommen.

Übung 1: „Atmung"

Die TN liegen mit geschlossenen Augen entspannt auf dem Rücken. „Atmet langsam durch die Nase ein - wobei sich erst der Bauch wölbt, dann der Brustkorb - und laßt die Luft in die Lungenspitzen steigen (vier Takte). Haltet die Luft an (zwei Takte). Atmet langsam durch die Nase aus, zieht den Bauch wieder ein, danach den Brustkorb, und holt die Luft aus der oberen Lungenpartie (vier Takte). Denkt nur an Eure Atmung. Wählt den Rhythmus, der Euch paßt, ohne daß Ihr Euch Gewalt antut. Atmet bewußt." Die Übung drei Minuten lang selbständig fortsetzen.

2. EINHEIT

Rechtzeitig Grenzen setzen,
Leichte Angriffsformen: Handgelenkerfassen

Aufwärmen: Gymnastik mit Musik

DAUER	MUSIKTITEL	ÜBUNGEN
3 min.	**"Good Vibration"** (Marky Mark)	Lockeres Aufwärmen (Durcheinanderlaufen, Hopsassa-Laufen, Kniehebelauf, Anfersen, Seit-Galopp, Übersetzen,...)
5 min	**"Over the rainbow"** (Marusha)	"Aerobicübungen auf der Stelle" (Hüpfen, Hampelmann, SV-Techniken im Musiktakt simulieren, ...)
3 min.	**"Why"** (Annie Lennox)	Dehnen und Stretchen (gezielt die einzelnen Muskelgruppen ansprechen, dabei sinnvollerweise von oben nach unten bzw. in umgekehrter Richtung vorgehen)
3 min.	**"From a distance"** (Bette Midler)	- " -
3 min.	**"Without you"** (Mariah Carey)	- " -

Selbstbehauptung: Rechtzeitig Grenzen setzen

Die Erziehung, als Frau mit Vergewaltigung und sexuellen Übergriffen leben zu müssen, erhalten wir von den Medien, in denen Gewalt als sexy und unterhaltsam vorgeführt wird. Die Opferrolle der Frau wird festgeschrieben und die Überzeugung, daß Gewalt normal ist und daß Frauen unfähig sind, sich dagegen zu wehren, wird wieder und wieder bestätigt.

Um bereits den Anfängen zu wehren, ist es wichtig, daß Frauen ihre eigenen Wahrnehmungen und Gefühle ernstnehmen. Viele kennen das Gefühl, jemand beobachte sie von hinten. Gedanken wie „so ein Unsinn - da ist doch gar nichts" oder „das ist doch alles nur Einbildung" gehen ihnen durch den Kopf.

Nur wenn sie ihre Wahrnehmungen und Gefühle ernstnehmen und sie nicht beiseiteschieben, sind sie in der Lage, sich eindeutig zu verhalten, klare Grenzen zu setzen und gezielt zu reagieren.

Ein Großteil der Frauen neigt dazu, von vornherein lieber „Platz" zu machen, als sich einer möglichen Konfrontation zu stellen. Dieses anerzogene, sozialisationsbedingte Rückzugsverhalten wirkt sich gerade in Gewaltsituationen fatal für die Frau aus. Durch das bereits in jungen Jahren eingeübte „Opferverhalten" und das Bestreben, möglichst harmlos zu wirken, nach dem Grundsatz „Tu' mir nichts, ich tu' Dir auch nichts!", leben viele in der Hoffnung, in Gefahrensituationen übersehen zu werden.

Statt jedoch die Frau zu schützen, signalisiert dieses Verhalten „Hilflosigkeit" und „Wehrlosigkeit". Dies bestärkt den Täter in seinem Vorhaben und unterstützt dessen Glauben, eine „leichte Beute" vor sich zu haben.

Frauen und Mädchen werden davor gewarnt, mit Fremden zu sprechen. Sie werden dazu erzogen, sich auf Väter, Ehemänner und Freunde zu verlassen, die ihnen Schutz bieten.

Das Hauptproblem liegt darin, daß ihnen jedoch nur allzuoft der

Schutz vor den „Beschützern" fehlt.

Zwei Drittel aller sexuellen Übergriffe spielen sich nachweislich im sog. persönlichen Nahfeld ab, d.h. Täter und Opfer kennen sich bereits.

Die Opfer sind völlig unvorbereitet auf diese häufigste Form der Gewalt gegen Frauen und haben keine Vorstellung darüber, wie sie mit diesem Angreifer, der sie doch eigentlich beschützen sollte, fertigwerden können.

Spätestens an dieser Stelle wird klar, daß sich ein wirksamer Selbstschutz nicht ausschließlich auf Vermeidungsstrategien (Prävention) oder auf Selbstverteidigungstechniken (körperliche Abwehr von Angriffen) beschränken darf. Frauen und Mädchen muß geholfen werden, ihren Selbstwert neu zu erkennen und ihre eigene Integrität zurückzugewinnen.

Hier ist es besonders wichtig, rechtzeitig klare Grenzen zu setzen. Die Angst, durch ein abweisendes Verhalten Nachteile zu erzielen, ist oft sehr groß und in den meisten Fällen leider berechtigt.

Dies kann zum einen beim Kollegen oder beim Chef am Arbeitsplatz sein, wo mit beruflichen Konsequenzen bzw. Benachteiligungen zu rechnen ist, oder zum anderen - oft viel schwerwiegender - beim Familienangehörigen oder beim guten Bekannten, wo es zum Versagen jeglicher Anerkennung bis hin zum völligen Liebesentzug kommt. Allzu leicht gelangen Frauen in Situationen, die sie selbst nicht mehr zu steuern vermögen. Ein anfängliches „Mitmachen" oder „Mitspielen" führt dann oft sehr schnell zu grundlegenden Mißverständnissen, die mitunter eine nicht mehr steuerbare Eskalation der anfänglich harmlosen Situation herbeiführen können.

Deshalb von vorn herein klar, deutlich und vor allem rechtzeitig sagen, was man möchte und was nicht! Es handelt sich hierbei um sog. „Ich-Botschaften", wie zum Beispiel „**Ich** möchte nicht, daß du mich anfaßt"; „**Ich** möchte, daß du jetzt gehst"; „**Ich** möchte jetzt gehen".

Gedanken wie z.B. „Was denkt der jetzt bloß von mir?", oder „Das erzählt er bestimmt weiter und alle lachen dann über mich"; „Der hält mich jetzt bestimmt für prüde";„Wenn ich nicht mitmache, verliere ich ihn vielleicht!" beschäftigen Frauen und Mädchen in gleichem Maße. Es muß ihnen klargemacht werden, daß wirkliche Freunde gerade in solchen Situationen Verständnis zeigen. Hat man erst einmal den Mut zu einem Gespräch gefaßt, wird gerade hierdurch das Vertrauen zueinander gestärkt. Gegenseitige Rücksichtnahme wird die Zuneigung bei wirklichen Freunden wohl eher stärken als schwächen. Durch „Mitmachen" bzw. „Stillhalten" hingegen erreicht man nichts als Frust. Wirkliche Freunde kann man auf diese Weise nicht gewinnen.

LAß DICH AUF KEINE DISKUSSION EIN.
ENTSCHEIDE SELBST, OB DU IN DER SITUATION BLEIBST ODER GEHST.
NIMM' ALLE VERBALEN DROHUNGEN ERNST!

Oberster Grundsatz deshalb: Rechtzeitig „Stop" sagen und über die eigenen Empfindungen klar und offen reden. Auf diese Weise macht ihr euch und dem anderen nichts vor.

BENENNE DAS VERHALTEN, DAS DIR NICHT GEFÄLLT.
SAGE GENAU, WAS DIR NICHT GEFÄLLT.
SAGE GENAU, WAS DU WILLST.
SAGE GENAU, WAS DER ANDERE JETZT TUN SOLL.
SPRECHE MIT KLARER RUHIGER STIMME. NIMM DIR ZEIT!

Übung 1: „Wegzerren am Handgelenk"

TN 1 greift TN2 am Handgelenk und versucht diese fortzuziehen. TN2 soll dies verhindern. Der ÜL gibt keine weiteren Anweisungen.

Der Regelfall wird so aussehen, daß TN2 versuchen wird, stehenzubleiben und verzweifelt versucht, sich aus dem Griff herauszuwinden. Im Idealfall wäre eventuell noch mit einem „Kiai" (=Kampfschrei) zu rechnen. Wie „unrealistisch" dieses Verhalten jedoch ist, wird erst nach einer „überspitzten" Demonstration durch den ÜL deutlich. Mit einem lauten, unmißverständlichen „Loslassen" zeigt er anschließend, wie leicht man TN1 schockieren kann.

Plötzlich wird jeder TN klar, daß dieses „Sage genau, was der andere jetzt tun soll" gar nicht so normal ist, wie man anfänglich angenommen hat.

Grundsätzlich beginnt hier das eigentliche Problem, nämlich sich selbst einzugestehen, daß die eben erlebte Situation unangenehm oder gar belästigend ist. Sie müssen erst ihr eigenes Verhalten erkennen und analysieren, um sich darüber klarzuwerden, was sie überhaupt wollen bzw. nicht wollen. Nur auf diese Weise kann sich „Frau" im Ernstfall rechtzeitig zur Wehr setzen.

UM ES GANZ KLAR UND DEUTLICH AUF DEN PUNKT ZU BRINGEN:
KEINERLEI „ANMACHE", KEIN NOCH SO HEFTIGER FLIRT, KEINE NOCH SO EINDEUTIGE PROVOKATION GIBT DEM MANN DAS RECHT DAZU, SICH ZU NEHMEN, WAS DIE FRAU IHM MIT EINEM EINDEUTIGEN „NEIN" VERWEHRT.

Das **„Recht auf Freiheit und Unversehrtheit der Person"** ist ein Privileg, das im gleichen Maße für Frauen als auch für Männer gilt.

Auszüge aus dem Grundgesetz (Grundrechte):

Artikel 1 des Grundgesetzes (Grundrecht)

1) Die Würde des Menschen ist unantastbar. Sie zu achten und zu schützen ist Verpflichtung aller staatlichen Gewalt.

(2) Das deutsche Volk bekennt sich darum zu unverletzlichen und unveräußerlichen Menschenrechten als Grundlage jeder menschlichen Gemeinschaft, des Friedens und der Gerechtigkeit in der Welt.

(3) Die nachfolgenden Grundrechte binden Gesetzgebung, vollziehende Gewalt und Rechtsprechung als unmittelbar geltendes Recht.

Artikel 2 des Grundgesetzes (Grundrecht)

(1) Jeder hat das Recht auf die freie Entfaltung seiner Persönlichkeit, soweit er nicht die Rechte anderer verletzt und nicht gegen die verfassungsmäßige Ordnung oder das Sittengesetz verstößt.

(2) Jeder hat das Recht auf Leben und körperliche Unversehrtheit. Die Freiheit der Person ist unverletzlich. In diese Rechte darf nur auf Grund eines Gesetzes eingegriffen werden.

Artikel 3 des Grundgesetzes (Grundrecht)

(1) Alle Menschen sind vor dem Gesetzt gleich.

(2) Männer und Frauen sind gleichberechtigt.

(3) Niemand darf wegen seines Geschlechtes, seiner Abstammung, seiner Rasse, seiner Sprache, seiner Heimat, und Herkunft, seines Glaubens, seiner religiösen oder politischen Anschauungen benachteiligt oder bevorzugt werden.

Wissenschaftliche Untersuchungen haben gezeigt, daß mindestens die Hälfte der befragten jungen Männer es unter bestimmten Umständen in Ordnung finden, auf eine Frau Druck auszuüben, wenn sie sonst nicht zum Sex bereit ist.

Zu diesen Umständen zählen:

- Wenn eine Frau „nein“ sagt, meint sie „vielleicht“, und wenn sie „vielleicht“ sagt, meint sie „ja“ - ein in der Männergesellschaft weiterverbreiteter Glaube, der den Wünschen und Vorstellungen der Männer sehr entgegen kommt.
- Wenn „er“ weiß, daß „sie“ schon vor ihm mit anderen Männern sexuellen Kontakt hatte.
- Wenn sie „fest“ miteinander gehen.
- Wenn die Frau ihr zuvor gegebenes Einverständnis zu sexuellen Handlungen plötzlich zurücknimmt bzw. sie selbst den Mann - nach seinem Verständnis - verführt hat.
- Wenn „er“ so erregt ist, daß er sich nicht mehr „beherrschen“ kann.

Jedem vernünftig denkenden Menschen muß es klar sein, daß solche Vorwände wohl viel eher der Beweis für die eigene geistige Schwäche des so Denkenden sind als einen Rechtfertigungsgrund für irgendwelche Verhaltensweisen abgeben.

Aus Gesprächen mit Männern wird mir immer wieder deutlich, daß diese, oben genannten „Entschuldigungen", eigentlich noch viel mehr in den Köpfen der Frauen herumspuken, als daß sich ein „normaler" Mann damit identifiziert.

Text: „Wollen alle Frauen vergewaltigt werden?" (siehe Anhang)

Übung 2: „Oh, wie unangenehm!"

Partnerweise. TN1 versucht TN2 zu irgendetwas „Alltäglichem" zu überreden (z.B. mit ihr zusammen auf die Toilette zu gehen, weil sie alleine nicht gehen möchte", ...). Nach einer Weile setzt sie TN2 förmlich unter Druck. TN2 weigert sich weiterhin beharrlich.

Weitere Vorwände können sein: Ein Arbeitskollege möchte mit dir zum Essen gehen, er weiß, daß du im Moment ‚solo' bist ... ; ein Bekannter versucht zum wiederholten Male, ein Date mit dir zu arrangieren ... ; du gehst zu einem Schulfreund, um mit ihm für die Schulaufgabe zu lernen, seine Eltern sind nicht da, er beginnt zweideutige Bemerkungen zu machen. Seine eigentliche Absicht wird mit zunehmendem Maß deutlicher ... .

Die in der obigen Übung (hierzu auch Text: „Ganz alltägliche Situationen...") geschilderten Szenen können gleichzeitig als Anregungen zum Nachspielen dienen, wobei lediglich der Hintergrund der Begebenheit aufgegriffen werden sollte. Den Ausgang der Situation müssen die Spielerinnen durch ihr spontanes Verhalten selbst gestalten.

Erfahrungsgemäß ist es ratsam, dies in Gruppenarbeit durchzuführen. Die einen übernehmen den aktiven Part, die anderen fungieren als Zuschauer. Dadurch, daß jeder aufgefordert ist, seine Eindrücke und Empfindungen zu schildern, kommt es meist zu einer regen Diskussion. Der ÜL kann sich - nach Belieben - in die Gespräche einschalten. Anschließend Rollentausch!

Text: „Ganz alltägliche Situationen ...!?" (siehe Anhang)

Frauen werden tagtäglich mit vielen „kleinen Vergewaltigungen ihres Selbstwertgefühls" konfrontiert: sexuelle Anspielungen, fummelnde Hände, sexistische Witze, anzügliche Bemerkungen, etc.

Sexuelle Belästigungen sind alles andere als harmlos, denn sie sind es, die den Frauen zeigen sollen, daß sie „Opfer" sind, „wehrlos" der Willkür des Mannes ausgeliefert. Solange Frauen unfähig sind, ihre Wut gegen den Belästiger auszudrücken, wird diese Wut zusehends verinnerlicht und gegen sie selbst gerichtet:

Ihr Selbstwertgefühl nimmt ab, ihre Hilflosigkeit nimmt zu!

Dennoch, auch in solchen Situationen abwägen, ob auch tatsächlich eine wirkliche sexuelle Belästigung bzw. Demütigung der Frau vorliegt und nicht prinzipiell gegen jede noch so geringe und dem Grunde nach eigentlich unwichtige Bemerkung vorgehen - da „frau“ sich dies schließlich heutzutage nicht mehr gefallen lassen muß.

Selbstverteidigung: Leichte Angriffsformen, Handgelenkerfassen

Übung 1: „Unerwünschtes diagonales Ergreifen des Handgelenks

TN1 greift TN2 mit der diagonalen Hand am Handgelenk. TN2 soll versuchen, sich „sinnvoll“ aus diesem Griff zu befreien.

Ohne den Angriff bzw. eine Abwehrtechnik zuvor besprochen zu haben, wird ‚unerwünschtes diagonales Handgelenkgreifen mit einer Hand‘ als Angriff vorgegeben. Die TN sollen ihr natürliches Verhalten in dieser Situation zeigen! Gute Ansätze können durchaus aufgegriffen bzw. verfeinert werden.

Das Maß (Härte) der Verteidigung richtet sich danach, **auf welche Weise** das Handgelenk gegriffen wird, **wer** das Handgelenk greift, **wo** man sich gerade befindet und ob sich **andere Personen in der Nähe** aufhalten.

SAGE GENAU, WAS DU WILLST UND WAS DER ANDERE JETZT TUN SOLL.

Nur wenn der Gegner weiß, was Du möchtest, kann er darauf reagieren. Wenn er nicht weiß, daß er Dich loslassen soll, kann er Deinem Willen auch nicht entsprechen. Es muß ja nicht immer gleich vom ‚Ernstfall‘ ausgegangen werden!

Die Technik „Grifflösen" wird vom ÜL demonstriert und erläutert.

GRIFFLÖSEN

Durch eine enge, dynamische Drehbewegung der eigenen Hand entgegen der natürlichen Drehrichtung des gegnerischen Handgelenks, kommt es aufgrund der entstehenden Hebelwirkung zum Lösen des Griffs. Die Technik wird durch ein deutliches "Loslassen" und einen technikbegleitenden Körpereinsatz zusätzlich unterstützt. Eine weitere Variante stellt das Lösen über die instabile Daumenseite des Gegners durch eine ruckartige Drehbewegung dar. Für das Gelingen der Technik ist auch hier der entsprechende Körpereinsatz unerläßlich.

Gerade in Angstsituationen neigt man dazu, flach zu atmen oder vollständig die „Luft anzuhalten". Eine Folge davon ist, daß dem Gehirn zu wenig Sauerstoff zur Verfügung gestellt wird und es so leicht zu Panikgefühlen, Kreislaufversagen bis hin zur völligen Ohnmacht kommen kann. Durch das Ausstoßen eines Kampfschreis (Kiai) z. B. „Hoooooh" bzw. das Herausschreien von Anweisungen wie z.B. „Loslassen", „Hau ab" oder ähnlichem wird die Atmung unbewußt unterstützt bzw. aufrecht erhalten.

Übung 2: „Grifflösen als Abwehrtechnik bei unerwünschtem Handgelenkfassen"

TN1 greift TN2 diagonal am Handgelenk. TN2 setzt sich mit 'Grifflösen' zur Wehr.

Der ÜL muß beim Neuerlernen der Technik darauf achten, daß alle TN von der gleichen Angriffssituation ausgehen, d.h. daß bei allen die gleiche Voraussetzung für die zu erlernende Technik gegeben ist. Wird die Technik beherrscht, erfolgt ein Variieren der Angriffe.

Folgende Punkte sind bei der Technikausführung zu beachten:

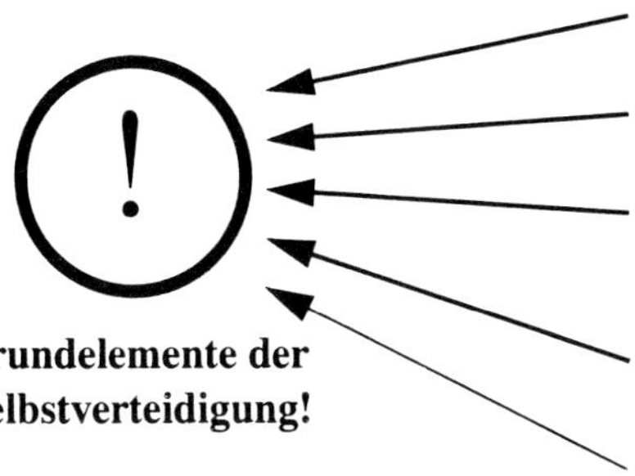

Grundelemente der Selbstverteidigung!

der **unterstützende Körpereinsatz,**

der **stabile Stand,**

das **dynamische und explosive Durchführen** der Technik,

begleitet von einem **deutlichen, verbalen Kommando** („Loslassen"),

sowie der **fortwährende Blickkontakt** zum Gegner

Die TN neigen im allgemeinen dazu, die Technik durch kreisförmige Bewegungen im Ellenbogenbereich durchzuführen. Dies ist jedoch für die eigentliche Technik eher hinderlich als fördernd. Vielmehr führt die kleine Drehbewegung in einem engem Radius um das gegnerische Handgelenk zum Erfolg.

Übung 3: „Beliebiges Angreifen mit Handgelenkfassen"

Die TN gehen partnerweise zusammen und greifen sich mit beliebigen Griffen (einhändiges, beidhändiges Handgelenkfassen, von hinten, beide Hände erfassen ein Handgelenk, ...) an. Die Angreiferin ist aufgefordert, das Handgelenk der Partnerin so fest wie möglich zu fassen.

Im Anschluß wird die Technik gegen verschiedenartige Handgelenk-Angriffe erprobt. Das Prinzip bleibt hier stets das Gleiche, lediglich die Ausführungsrichtung (Drehung der eigenen Hand und des Körpers) unterscheidet sich.

Erfahrungsgemäß gelangt man sehr schnell an die Grenzen dieser Art der Technikausführung. Vor allem dann, wenn ein Handgelenk mit beiden Händen ergriffen wird.

Übung 4: „Beide Hände erfassen ein Handgelenk"

TN1 wird von TN2 mit zwei Händen an ihrem rechten Handgelenk gefaßt. TN1 unterstützt die Technik, indem sie sich mit ihrer freien Hand in die festgehaltene eigene Hand faßt und somit die Technik ‚Grifflösen' ebenfalls mit beiden Händen ausführt. Der Körpereinsatz und ggf. ein ‚Kiai' (Kampfschrei) bzw. ein ‚Loslassen' unterstützen die Technik.

Es muß darauf geachtet werden, daß die eigene Hand korrekt gegriffen wird (Griffhaltung wie beim ‚Freien Würgen'!), da es durch eine fehlerhafte Griffhaltung u. U. zu Verletzungen des eigenen Handgelenks kommen kann.

Übung 5: „Beidhändiges Handgelenkfassen mit Wegziehen"

TTN1 erfaßt TN2, wie in Übung1 beschrieben, am Handgelenk und versucht, sie jetzt wegzuziehen. TN 1 leistet, zum Erstaunen von TN2, keinen Widerstand, sondern läßt sich ziehen. Unvermittelt stürmt sie auf TN2 zu. Durch den Aufprall ihres eigenen Körpers auf den von TN2, durch das unterstützende Stoßen ihrer Hände und von den heftigen Handballenstößen zur Nase, mit denen TN1 TN2 bearbeitet, stürzt TN2 schließlich zu Boden.

Durch das scheinbare „Nachgeben", das Folgen der gegnerischen Bewegungsrichtung und den zusätzlichen Einsatz des eigenen Körpergewichts - sozusagen das Addieren der eigenen Körperkräfte (plötzliche Kollidieren der beiden Körper) - wird der völlig überraschte Gegner zu Fall gebracht. Würde man hingegen gegen die Kraft des meist stärkeren Angreifers ankämpfen, würde man selbst ins Straucheln kommen und im ungünstigsten Fall zu Boden stürzen.

Die TN darauf hinweisen (demonstrieren), daß Fußtritte in diesem speziellen Fall als Abwehrtechnik unzweckmäßig sind. Durch das Ziehen des Gegners würde man bei einem Trittversuch schnell das eigene Gleichgewicht verlieren und ebenfalls zu Boden stürzen.

NIEMALS KRAFT GEGEN KRAFT SETZEN.

Die Frau ist in der Mehrzahl der Fälle ihrem Angreifer kräftemäßig stark unterlegen, deshalb ...

SIEGEN DURCH NACHGEBEN.

Durch das plötzliche 'Nachgeben' bringt sie den Gegner zum Straucheln.

Indem sie nachgibt und sich in die gleiche Richtung bewegt, in die sie ihr Gegner ziehen will, addiert sie ihre eigene Kraft (Vorwärtslaufen) zu der des Gegners (Ziehen) und bringt ihn so zu Fall.

KRÄFTE ADDIEREN!

Auch hier gilt wiederum: Solange schlagen, bis der Gegner von Dir abläßt! Achte dabei auf weite Ausholbewegungen. Stöße mit einem ‚kurzen Anlaufweg' sind weniger effektiv. Durch den längeren Weg wird eine höhere Geschwindigkeit (Energie) im Augenblick des Auftreffens erzielt.

Aufgrund der einfacheren Erlernbarkeit ist der Handballenstoß dem Faustst0ß vorzuziehen. Nicht nur die äußerst schwierige Handhaltung beim Fauststoß, sondern auch die erhöhte Verletzungsgefahr des eigenen Handgelenks bei falscher Ausführung befürworten dies.

HANDBALLENSTOSS

Der Handballenstoß wird mit der geöffneten Hand, die geradlinig oder kreisförmig ins Ziel gestoßen wird, ausgeführt. Die Finger bleiben geschlossen und werden leicht gekrümmt (---> köhere Anspannung ---> mehr Stabilität). Auftrefffläche ist der Handballen.

Auf den Unterschied zwischen Handballenstoß und Handballenschlag wird nicht weiter eingegangen, da die Technikausführung ohnehin nicht „grundschulmäßig" durchgeführt wird und somit der eine oder andere Handballenschlag sowieso dabeisein wird. Eine Technikunterscheidung würde hier zu unnötiger Verwirrung führen. Grundsätzlich ziehe ich persönlich den „Stoß" dem „Schlag" vor, da hiermit eine größere Wirkung erzielt wird und die auf einen bestimmten Punkt gerichtete Treffergenauigkeit meiner Ansicht nach höher liegt.

Besonders wichtig ist es, deutlich auf den angestrebten Zielpunkt der Technik, nämlich die Nase des Gegners (Schockpunkt), hinzuweisen.

Unter einer **Schocktechnik** versteht man eine Abwehrhandlung, durch die der Gegner von seiner unmittelbaren Absicht abgehalten oder durch ein plötzliches Schmerzempfinden (z.B. Tritt gegen das Schienbein) von seinem eigentlichen Vorhaben (Opfer ins Gebüsch zerren = starker Griff am Handgelenk) abgelenkt wird. Auf diese Weise hat die Verteidigerin die Chance, an einer anderen Stelle (Handgelenk = Grifflösen) effektiv arbeiten zu können.

Hilfsmittel

Um diese äußerst schmerzhafte Technik wirkungsvoll einüben zu können, benutzen wir als Hilfsmittel einen von der Partnerin in Kopfhöhe gehaltenen Medizinball (= Kopfersatz). Ebenso könnten natürlich hochgehaltene Matten, alle Arten von Schlagpolstern, Wurfpuppen, senkrecht aufgestellte Weichbodenmatten, mit Decken gefüllte Stofftaschen, kleine Kissen, Luftballons, etc. als Hilfsmittel eingesetzt werden.

DAS EIGENTLICHE ZIEL LIEGT HINTER DEM GEGNER!

Das heißt, nicht auf die Nase zielen, sondern durch den Gegner hindurch schlagen. Nur so erreicht die Hand das eigentliche Ziel mit der größtmöglichen Geschwindigkeit und Kraft.

Übung 6: „Grifflösen gegen variables Handgelenkfassen mit unterschiedlichen Angreifern "

Die TN stellen sich kreisförmig paarweise gegenüber. Der Innenkreis greift an und wechselt auf Kommando des ÜL im Uhrzeigersinn. Der ÜL gibt den jeweiligen Angriff vor. Nach einer Weile tauschen die Partner die Plätze.

Durch die Vielzahl der entstehenden Partnerwechsel werden die TN mit der unterschiedlichen Griffhärte der einzelnen TN konfrontiert. Sinnvoll wäre es, bereits an dieser Stelle Männer als Angreifer mit ins Training einzubinden. Im günstigsten Fall Personen, die mit der Problematik „Frauen-SV" bereits vertraut sind und mitkorrigieren können.

Ein weiteres Ziel dieser Übung ist es, die im akuten Fall günstigere und „erfolgversprechendere" Bewegungsrichtung selbständig zu erkennen. Welche Drehung des eigenen Handgelenkes führt schneller und sicherer zum Erfolg? (Erfahrungswert)

Begleitend kann Musik (Techno- bzw. Heavy Metal) zur Aggressionssteigerung bzw. zur Vorgabe des ‚Partnerwechsels' eingesetzt werden.

Übung 7: „Freie Verteidigung gegen Handgelenkangriffe im Kreis"

Die TN bilden einen Innenstirnkreis. Eine TN geht in die Mitte und wird dort nacheinander angegriffen. Damit nicht alle zur gleichen Zeit angreifen, ruft die angreifende TN ein Schimpfwort, bevor sie den Angriff ausführt. Jede TN befindet sich ca. 1 Minute in der Kreismitte.

Durch das Zurufen werden zusätzlich Reaktion und Aufmerksamkeit geschult. Die Geschwindigkeit der aufeinanderfolgenden Angriffe kann vom ÜL gesteuert werden.

Cool Down: Stretching zum Ausklang

Durch den sog. Dehnreflex wird die Muskulatur weitgehend vor Beschädigung geschützt. Immer dann, wenn die Muskelfaser zu stark gedehnt wird, setzt dieser Reflex ein, indem er dem Muskel ein Signal gibt, sich zusammenzuziehen. Dehnt man den Muskel überverhältnismäßig („Nachfedern" oder Dehnen über die Schmerzgrenze hinaus), verhärtet der Muskel durch die Bildung von Narbengewebe mehr und mehr, was letztendlich zum Verlust seiner ursprünglichen Elastizität führen kann.

Nur durch ein entspanntes, kontinuierliches Dehnen kommt es zur gewünschten Lockerung der Muskulatur.

Übung 1: „Dehnen der Achillessehne und der Wadenmuskulatur im Stand"

Wir stehen in Schrittstellung. Beide Füße zeigen nach vorn. Das hintere Knie wird angewinkelt und nach vorne geschoben. Die Fußsohle verläßt dabei den Boden nicht. Es entsteht ein Spannungsempfinden im Bereich der Achillessehne. Anschließend winkeln wir das vordere Bein an und schieben auch hier das Knie nach vorne. Das hintere Bein bleibt solange gestreckt, bis ein Spannungsgefühl im Wadenmuskel entsteht. Die Fußsohle bleibt am Boden.

Übung 2: „Dehnen der Oberschenkelinnenseite in der Sitzposition"

Wir stellen die Fußsohlen gegeneinander und umschließen beide Knöchel mit den Händen. Die Fersen werden in einem bequemen Abstand zum Schritt gehalten. Nun schieben wir den Hüftbereich sanft nach vorne, ohne jedoch den Rücken dabei rundzumachen. Wir verharren ca. 20 Sekunden in dieser Position.

Übung 3: „Dehnen der Oberschenkelrückseite und des unteren Rückens in der Sitzposition"

Wir strecken das rechte Bein aus, das linke wird angezogen. Die Fußsohle des linken Beins befindet sich an der Innenseite des rechten Oberschenkels. Durch das Abbeugen des gestreckten Oberkörpers und das Nachvorneschieben der Hüfte kommt es zu einer Dehnung der unteren Rückenpartie sowie der Oberschenkelrückseite des gestreckten Beins.

Übung 4: „Dehnen des Lendenbereichs, der Hüfte und der Oberschenkelaußenseite in der Rückenlage"

Wir überschlagen ein Knie bei angewinkelter Beinhaltung und drücken mit dem oberen Bein das untere auf den Boden. Beide Schultern bleiben dabei am Boden liegen, die Hände werden unter den Kopf gelegt.

Übung 5: „Dehnen der Oberschenkelvorderseite und des Spanns in der seitlichen Bodenlage"

Wir legen uns auf die linke Seite und stützen den Kopf mit der linken Hand. Die Oberseite des rechten Fußes wird mit der rechten Hand gehalten. Die Ferse wird dabei in Richtung der rechten Gesäßhälfte gezogen. Der Körper bildet dabei eine gerade Linie, das Becken wird leicht nach vorne geschoben.

Übung 6: „Dehnen der Arme, der Schultern, der Seite und des unteren Rückens im Kniestand"

Wir legen die Handflächen der ausgestreckten Arme im Kniestand vor uns auf den Boden. Das Gesäß wird dabei nach hinten geschoben. Indem wir die Hüfte seitlich leicht verschieben, kann die Dehnung verstärkt bzw. abgeschwächt werden.

Übung 7: „Dehnen der Schulterpartie und des mittleren oberen Rückens im Stand"

Wir ziehen den Ellenbogen langsam über die Brust zur gegenüberliegenden Schulter und halten die durch den Zug der anderen Hand entstehende Spannung 10 Sekunden aufrecht.

Übung 8: „Dehnen der Oberarme und des oberen Schulterbereichs im Stand"

Wir greifen mit einem Arm hinter unseren Kopf und legen die Handfläche zwischen den Schulterblättern ab. Mit der anderen Hand drücken wir den Ellenbogen in Richtung Boden. Wir halten die Spannung ca. 15 Sekunden lang aufrecht.

Übung 9: „Dehnen des oberen Schulterbereichs und des Halses im Stand"

Hierzu neigen wir den Kopf seitwärts in Richtung der linken Schulter, während unsere linke Hand den rechten Arm hinterm Rücken am Handgelenk greift und leicht nach links zieht. Wir halten die Spannung ca. 10 Sekunden .

Übung 10: „Dehnen des Brust- und Schulterbereichs im Stand"

Wir verschränken die Arme hinter unserem Rücken. Die Handinnenflächen zeigen dabei in Richtung Rücken. Durch leichtes Heben der ausgestreckten Arme entsteht ein Spannungsgefühl.

Übung 11: „Dehnen des Halsbereichs im Stand"

Wir ergreifen unseren Kopf mit der rechten Hand und ziehen ihn diagonal nach rechts vorn. Der Schulter-Hals-Bereich bleibt locker - nicht verkrampfen. Mit der linken Handfläche drücken wir scheinbar in Richtung Boden, um so eine Spannung zu erzeugen.

3. EINHEIT

Aufzeigen von effektiven und uneffektiven Verhaltensweisen,
Zielgerichtete Abwehr: Schock- und Vitalpunkte

Aufwärmen: Gymnastik mit Bierdeckeln

Übung 1: „Bierdeckel aufsammeln“

Es werden zwei Mannschaften gewählt. Die eine steht in Linie an der einen, die andere an der gegenüberliegenden Wand. Der ÜL befindet sich in der Mitte des Spielfeldes und wirft einen Stapel Bierdeckel in die Luft. Jede Mannschaft muß nun versuchen, so viele Bierdeckel wie möglich vor „ihrer“ Wand übereinander zu stapeln (evtl. in Form eines Kartenhäuschens). Das einzige Problem besteht darin, daß jeweils nur ein Bierdeckel pro Gang eingesammelt werden darf, d. h. die TN steht an der Wand, läuft zum Bierdeckel, hebt ihn auf, rennt zurück, um ihn vor der Wand abzulegen. Anschließend holt sie auf die gleiche Art und Weise den nächsten und übernächsten. Die Mannschaft mit den meisten Bierdeckeln hat gewonnen.

Man kann obiges Spiel variieren, indem man die Fortbewegungsart festlegt: Robben, krabbeln, auf einem Bein hüpfen, Krebsgang, Vorwärtslaufen und anschließend rückwärts oder umgekehrt.

Übung 2: „Bierdeckelolympiade“

Jede TN erhält 8 Bierdeckel, die mit Zahlen von eins bis acht versehen sind. Es spielt dabei keine Rolle, ob sie jede Zahl einmal oder öfter besitzt. In der Mitte steht ein Behälter (umgestülptes Kastenteil, umgedrehte Matte, kreisförmig ausgelegter Gürtel), in den die Deckel geworfen werden müssen. Die TN stehen dabei außerhalb der Matte bzw.. in einer vorgegebenen Entfernung zum Behälter. Sie merken sich die Nummer der Deckels, den sie gerade werfen. Haben sie nicht getroffen, müssen sie als „Strafe“ an der entsprechenden Station (=Nummer) die dort beschriebene Übung absolvieren. Anschließend dürfen Sie weiterwerfen.

Die Übungen an den einzelnen Stationen können entsprechend den zur Verfügung stehenden Trainingshilfsmitteln bzw. den Räumlichkeiten gestaltet werden. Es sollen hierbei nach Möglichkeit ausdauerfördernde, kräftigende oder auch technikbezogene Elemente mit eingebunden werden.

Übung 3: „Bierdeckel auf den Fußsohlen stapeln“

Jede TN erhält 10 Bierdeckel. Sie liegt auf dem Rücken, die Beine sind gerade in Richtung Decke gestreckt. 5 Bierdeckel liegen jeweils zu ihrer rechten und linken Seite. Sie hat nun die Aufgabe, abwechselnd jeweils einen Bierdeckel von rechts und einen von links auf ihren Fußsohlen abzulegen. Falls die Deckel herunterfallen, muß sie von vorn beginnen.

Diese Übung dient der „spielerischen“ Kräftigung der Bauchmuskulatur.

Übung 4: „Bierdeckel stapeln im Liegestütz“

Die TN positionieren sich in Liegestützstellung (erschwerend: einen Fuß über den anderen legen und/oder auf den Fäusten abstützen). Zwischen den Händen der TN sind 10 Bierdeckel aufeinandergestapelt. Die TN hat nun die

Aufgabe, abwechselnd mit der rechten bzw. linken Hand einen Bierdeckel außen neben der jeweiligen Unterstützungshand abzulegen. Wer noch nicht genug hat, kann das Ganze wieder rückgängig machen.

Entsprechend der Belastungsfähigkeit der TN kann diese Übung auch (erleichternd) „abgekniet" durchgeführt werden. Je spitzer hierbei der Winkel zwischen Oberschenkel und Boden wird, desto höher der Schwierigkeitsgrad dieser Übung.

Zur Schulung des Reaktionsvermögens können folgende Übungen in die Gymnastik mit eingebunden werden:

Übung 5: „Bierdeckelfangen im Grätschsitz"

Partnerweise zusammen. Eine Partnerin sitzt mit gestreckten Beinen und geradem Rücken im Grätschsitz. Die andere steht hinter ihr und läßt in ungleichen Abständen einen Bierdeckel nach dem anderen zwischen die Beine der Partnerin fallen. Die sitzende TN soll versuchen, diese aufzufangen. Anschließend Partnerwechsel.

Übung 6: „Bierdeckelfangspiel"

Partnerweise zusammengehen. Jede Spielerin bekommt einen Bierdeckel. Beide werfen einander die Bierdeckel zu. Dabei gilt es, folgendes zu beachten. Es darf nur mit einer „freien" Hand gefangen werden, d.h. wirft die Spielerin den Bierdeckel nicht schnell genug zurück, muß sie den Bierdeckel der Partnerin mit ihrer freien Hand auffangen.

Übung 7: „Bierdeckelfoppen"

In Dreiergruppen zusammengehen. Die zwei äußeren TN werfen sich den Deckel zu (frisbeemäßig), die mittlere TN versucht, diesen zu fangen. Sobald sie den Bierdeckel gefangen hat, darf sie mit der TN, die den Deckel zuletzt berührt hat, den Platz tauschen. Der Deckel darf auch gerollt werden.

Übung 8: „Bierdeckelspießrutenlauf"

Die TN bilden eine Gasse. Der Abstand beträgt ca. 8 m (z.B. Mattenrand). Sie sind mit Bierdeckeln „bewaffnet". Eine TN nach der anderen muß nun diese Gasse möglichst unbeschadet durchlaufen. Die Spielerin mit der geringsten Trefferzahl hat gewonnen.

Obige Übung macht auch mit Softbällen großen Spaß, jedoch muß hier die Distanz etwas erhöht werden.

Die nachfolgenden Übungen dienen vorwiegend der Geschicklichkeits- und Gleichgewichtsschulung.

Übung 9: „Spiegelbild mit Bierdeckel"

Partnerweise zusammengehen. Jede TN bekommt zwei Bierdeckel auf den Kopf gesetzt. Die Partnerinnen stehen sich gegenüber. Eine der beiden ist der „Spiegel", die ihrem Gegenüber alle Bewegungen seitenverkehrt nachmachen muß. Die Partnerinnen dürfen sich dabei nicht berühren, und auch die Bierdeckel sollte nach Möglichkeit auf den Köpfen bleiben.

Übung 10: „Bierdeckelklau"

Jede Spielerin balanciert einen Bierdeckel auf ihren Kopf. Aufgabe ist es, möglichst viele Bierdeckel von den Köpfen der anderen zu klauen und auf den eigenen Kopf zu legen. Alle sind gleichberechtigt.

Übung 11: „Schaufensterpuppe mit Bierdeckel"

Partnerweise zusammen gehen. Die eine TN (= Schaufensterpuppe) trägt zwei Bierdeckel auf dem Kopf. Ihre Partnerin modelliert sie, d.h. sie biegt sie so zurecht, daß es für sie zusehends unmöglich wird, diese Position längere Zeit, mit den Bierdeckeln auf dem Kopf, zu halten. Danach Partnerwechsel - Revanche sozusagen!

Selbstbehauptung: Aufzeigen von effektiven und uneffektiven Verhaltensweisen

Durch das oft praktizierte „Graue-Maus-Verhalten" sprechen sich Frauen selbst die „Opfer"-Rolle zu. Der Täter glaubt, nicht ganz unbegründet, ein leichtes Spiel mit ihnen zu haben.

Wir unterteilen hier grob in zwei Ausgangssituationen:

Sexuelle Übergriffe im persönlichen Nahfeld

Flüchtige Bekanntschaften, Nachhausefahrten, weitläufige Freunde, Verwandte, Nachbarn, ... gehen - oft durch das Verhalten der Betroffenen animiert - einen Schritt weiter. Durch unschlüssiges, zaghaftes, oft sogar passives Verhalten schaukelt sich die Situation hoch und entgleitet - vor allem wenn Alkohol im Spiel ist.

Täter und Opfer sind sich fremd

Der Täter beobachtet das Opfer bereits einige Zeit vor dem eigentlichen Übergriff. Er studiert dessen Gewohnheiten und seinen Tagesrhythmus, um den günstigsten Moment für sein geplantes Vorhaben herauszufinden. Die Wahl des Täters fällt hier im Regelfall auf Frauen, die unsicher und ängstlich wirken. Er will „Gewalt gegen Frauen" verüben - das Aussehen spielt keine Rolle. Der Gedanke, Macht ausüben zu können, steht hier im Vordergrund. Die Frau soll unterdrückt und gedemütigt werden. Die Sexualität wird zur Nebensache.

Wie bereits angesprochen, ist es Ziel vieler Frauen, durch ein möglichst unauffälliges Verhalten harmlos zu wirken. Sie versuchen auf diese Weise, jeglicher Konfrontation mit dem männlichen und somit dem überlegenen Geschlecht grundsätzlich aus dem Weg zu gehen. Ähnlich einem Kleinkind, welches die Augen verschließt, um sich so der Realität zu entziehen, scheint auch vielen Frauen ein gewisses Rückzugsverhalten angeboren bzw. anerzogen zu sein. Nicht umsonst heißt es - „seinen Mann stehen". Bereits in frühester Kindheit wird der Frau durch Erziehung und Umwelt ihre Rolle als ein dem Manne untergeordnetes Wesen einverleibt. Anders formuliert - bereits in ihrer Jugend lernt die Frau „uneffektives Verhalten". Sie wird sozusagen durch ihr eigenes Verhalten in die „Opferrolle" gezwängt.
Genau wie der Hund dem Jogger die Angst anmerkt, spürt auch der Täter die Angst, die das Opfer ausstrahlt (Opfersignale).

Der **Umkehrschluß** daraus führt zur Erkenntnis, daß demnach ein „effektives" Verhalten gerade das Gegenteil bewirken muß. Durch ein entsprechend effektives Auftreten kann hier in der Tat bereits im Vorfeld sehr viel Unheil abgewendet werden.

Wie sieht ein solches „effektives" bzw. „uneffektives" Verhalten aus?

Effektive Verhaltensweisen:

- Blickkontakt herstellen; falls es schwer fällt, dem Gegenüber direkt in die Augen zu schauen, den Blick auf die Nasenwurzel richten;
- ernst und konzentriert bleiben;
- gerade Körperhaltung; die Hände ruhig halten; die Schultern zurücknehmen; fester Stand;
- in kurzen, klar verständlichen Sätzen sprechen (Anweisungscharakter, Ich-Botschaften)
- mit lauter, ruhiger Stimme sprechen;
- ruhig und tief atmen;
- es darf **keine Diskrepanz zwischen Körpersprache und den verbalen Äußerungen** auftreten, sonst wirkt man unglaubwürdig;
- auch 'hysterisches', unkontrolliertes Kreischen, Kollabieren im Auto oder 'sich am ganzen Körper kratzen' können situationsbedingt erfolgversprechende Verhaltensweisen darstellen.

Ineffektive Verhaltensweisen:

- Blick abwenden; Augen niederschlagen; Blickkontakt vermeiden;
- nervös an der Kleidung oder mit den Fingern herumspielen; fahrige Gesten;

- „sich-klein-machen“; den Kopf ‘scheinbar’ einziehen; die Schultern nach vorne beugen; Arme dicht am Körper halten; Füße stehen eng nebeneinander;
- leise, „erstickende“ Stimme; undeutliche, zaghafte, zurücknehmende Sprache;
- schnelle und flache Atmung;
- unsicheres Lächeln;
- vermehrte Schweißbildung;
- ängstliches, zurückweichendes Verhalten.

„Effektives Verhalten“ muß ständig geübt werden - und zwar nicht nur im Training - sondern überall wo es möglich ist:

Situation 1: „Fußgängerzone“

Du schlenderst am Samstagvormittag in der Fußgängerzone umher. Es ist ziemlich viel los. Achte bewußt darauf, wie vielen Leuten **Du** *„Platz machst“ und wieviele Leute* **Dir** *ausweichen. Um welche Typen handelt es sich hierbei? Was passiert, wenn Du nicht ausweichst?*

Situation 2: “Sauna“

Du gehst mit Bekannten in die gemischte Sauna. Du fühlst Dich von einem Mann beobachtet. Versuch, ihm direkt in die Augen zu schauen und seinem Blick standzuhalten. Entweder er sieht weg oder er fängt ein Gespräch mit Dir an. Auch nicht schlimm! Dann frag‘ ihn freundlich, warum er Dich so mustert.

Ein wichtiger Schritt zur Steigerung des eigenen Selbstwertgefühls ist es zu lernen, seinen **eigenen Körper zu akzeptieren**. Dies wird gerade hier in der Sauna besonders deutlich. Warum stört es viele Frauen, daß über ihren Körper geredet wird? Entweder sie fühlen sich gut und fassen das „Gerede“ als Kompliment auf oder sie sind mit ihrem Aussehen unzufrieden und stören sich deshalb an dem „Geläster“ der anderen. Sie sind unsicher und haben im Prinzip nichts anderes als Minderwertigkeitskomplexe.

Anstatt zu versuchen, das eigentliche Problem auf andere zu verlagern, sollten sie lieber hergehen und an ihrem scheinbar „unbefriedigenden“ Äußeren etwas aktiv ändern. Möglichkeiten hierfür gibt‘s genug: Richtig und gesund essen; wenig Alkohol und Nikotin konsumieren; viel Bewegung (Fitneß) oder einfach beginnen so zu sein, wie man wirklich ist und nicht versuchen, sich zwanghaft so zu geben, wie man glaubt, daß es die anderen von einem erwarten oder gar versuchen, jemanden nachzuahmen. Kann einem dann das Gerede der anderen nicht völlig egal sein? Hauptsache, man ist mit sich selbst zufrieden, oder?

Situation 3: „Händedruck"

Achte auf Deinen eigenen Händedruck, wenn Du jemanden begrüßt. Ein fester Händedruck, begleitet von einem Blickkontakt, läßt auf Selbstsicherheit schließen. Auch wenn Deine Hände manchmal feucht oder kalt sind, unterstütze diesen, in Deinen Augen „negativen ersten Eindruck", nicht noch durch ein unsicheres Verhalten.

SEI IN DEINEM KÖRPERAUSDRUCK OFFENSIV (= DEN ANGRIFF BEVORZUGEND)

Übung 1: „Unerwünschtes Arm-um-die-Schulter-legen"

TN 1 wickelt TN2 in ein Gespräch ein, sie gehen nebeneinander. Unvermittelt legt TN1 ihren Arm wie zufällig um die Schultern von TN2. TN2 möchte dies nicht und reagiert entsprechend.

Die Übung wird in Vierergruppen gespielt. Jeder spielt einmal die Betroffene. Der Angreifer soll jedoch stets eine andere Person darstellen, z.B. guter Bekannter, Arbeitskollege, Chef, flüchtig Bekannter, Verwandter, etc.

Gerade durch die Personifizierung des Angreifers ist bei den TN ein völlig unterschiedliches Verhalten zu beobachten. Besonders muß darauf geachtet werden, daß die Körpersprache den verbalen Äußerungen entspricht. Ein leise gehauchtes: „Ich möchte das nicht!" in Verbindung mit einem charmanten Lächeln, dürfte wohl kaum die angestrebte Wirkung erzielen.

Übung 2: „Behauptung gegen eine Gruppe"

Es werden vier gleich große Gruppen (pro Gruppe ca. 5- 6 Personen) gebildet. Jede Gruppe bekommt eine Ecke zugeteilt. TN1 stellt sich in die Ecke. Die übrige Gruppe baut sich in ca. 4 Metern Entfernung vor ihr auf und bewegt sich bedrohlich, „pöbelnd" und „Stunk suchend" auf TN1 zu. Diese kann weder zur Seite noch nach hinten ausweichen, sondern muß versuchen, die grölende Gruppe mit „effektivem" Verhalten von ihrem scheinbaren Vorhaben abzubringen.

Bei dieser Übung wird deutlich, wie wenig die meisten TN „hinter" ihren Worten und Gesten stehen. Nur in den seltensten Fällen stehen hier Körperausdruck und Sprache in Einklang.

Zugegeben, das Argument - gegen so viele Personen habe man im Ernstfall eh' keine wirkliche Chance - ist stichhaltig. Dennoch genauso überzeugend ist es, daß es in dieser Situation nur zwei Auswege gibt. Der eine wäre der, in die Rolle des „Opfers" zu schlüpfen, der andere, die Angreifer im Ungewissen zu lassen, zu „bluffen". Die „Opferrolle" kann man immer noch früh genug wählen!

So richtig bewußt wurde mir dies erst während einer Übungsleiterprüfung, als eine die oben bezeichnete Situation darstellte. Es gingen ungefähr 5 - 6 „gestandene Mannsbilder" auf sie zu. Zu unser aller Überraschung fing die in die Enge gedrängte junge Lady an, mit „windmühlenartigen" Armbewegungen um sich zu schlagen und stürmte kreischend auf die fassungslose Gruppe zu. Staunend bildeten die Männer eine Gasse und ließen das scheinbar wahnsinnig gewordene „Weibsbild“ passieren. Ich muß zugeben, ich selbst war über diese recht ungewöhnliche Darbietung nicht weniger erstaunt als der Rest der Gruppe.

Die Idee war zwar in hohem Maße ungewöhnlich, aber dennoch verfehlte sie die Wirkung nicht. Auffälliges, ungewöhnliches, vielleicht auch manchmal abstoßendes Verhalten kann den Angreifer durcheinanderbringen. Genau diesen Augenblick, nämlich den Moment des Zögerns, den Augenblick der Verwirrtheit, muß „Frau“ für ihre Flucht nutzen. Eine zweite Chance erhält sie vielleicht nicht.

Folgende Punkte sollten, am günstigsten im Rahmen eines Gruppengesprächs, erörtert werden:

- Stets den „Anführer“ der Gruppe ansprechen. Ist dieser erst einmal „mundtot“ gemacht, kneifen meist auch die übrigen Gruppenmitglieder.
- Das Verhalten darf weder provozierend, noch ängstlich wirken. Es soll Entschlossenheit vermittelt werden.

Kurzer Exkurs zur sinnvollen Bewegungslehre

Grundsätzlich sollte man sich nach Möglichkeit leicht seitlich zum Aggressor stellen, niemals frontal. So bietet man ihm von vornherein eine möglichst geringe „Angriffsfläche“. Die Hände stets etwas erhoben vor dem Körper halten. Dies kann unauffällig in bestimmte Gesten mit eingebunden werden.

So kann man im Ernstfall die Hände blitzschnell schützend vors Gesicht heben bzw. den Gegner wegstoßen.

Wenn die Möglichkeit besteht, möglichst auf Distanz bleiben („Trittlänge“). Grundsätzlich ist zu erwähnen, daß zu jeder erfolgreichen Abwehr auch ein entsprechendes „Ausweichen“ gehört, d.h. während der Gewalteinwirkung nicht regungslos stehenbleiben, sondern eine Schutzhaltung (Unterarme vor das Gesicht, seitliche Stellung, evtl. das eine Knie zum Schutz des Unterleibs hochziehen) einnehmen. Auch das Ausweichen durch einen Schritt zur Seite gehört hier selbstverständlich hinzu.

Hilfsmittel

Geeignete Hilfsmittel, um das „Ausweichen“ zu üben, stellen hier der **Gürtel** bzw. ein **Seil**, sowie der **kleine Medizinball** dar.

Übung 3: „Ausweichübung in der Dreiergruppe“

Die TN gehen in Dreiergruppen zusammen. Eine steht in der Mitte, die beiden äußeren werfen sich den Medizinball erst in Körperhöhe, dann in Kopfhöhe (nur mit kleinem Ball!) zu. Die in der Mitte stehende TN versucht, durch Körperabbiegen und Ausfallschritte dem Ball auszuweichen, kehrt jedoch anschließend stets zu ihrer Ausgangsposition zurück. Die beiden außenstehenden TN beginnen erst mit dem Zuwerfen, wenn sich die innenstehende TN ihnen zugewandt hat. Partnerwechel.

Übung 4: „Ausweichübung im Kreis“

Die TN bilden einen Kreis. Eine TN steht in der Mitte und hat die Aufgabe, einem oder auch mehreren Bällen auszuweichen. Die werfenden TN rufen den Namen der innenstehenden TN (oder ein Schimpfwort) und dürfen den Ball erst in deren Richtung werfen, wenn sie sich ihnen zugewandt hat. Das Tempo wird allmählich gesteigert. Wechseln, bis jeder einmal in der Mitte gestanden hat.

Die zwei Seiten des „Überraschungseffekts“

Wird „Frau“ dennoch „Opfer“, liegt der „Überraschungseffekt“ (= Schockphase) zunächst deutlich auf der Seite des Angreifers. Die Frau rechnet in den meisten Fällen nicht mit einem Übergriff, der ‚Täter‘ hat somit den ersten Trumpf in seiner Hand. Während dieser Phase versucht er, die Frau gefügig und willenlos zu machen.

Wie bereits beschrieben, geht der Täter davon aus, daß er seinem „Opfer“ sowohl physisch als auch psychisch überlegen ist. Er hat sein Opfer lange zuvor beobachtet, sein Verhalten und seine Gewohnheiten studiert. Oft bemerken dies die Frauen sogar, bemessen dieser Vorahnung (= Intuition) jedoch nicht den gebührenden Stellenwert zu. Der Täter geht also davon aus, daß er es mit einer erheblich schwächeren, ihm völlig unterlegenen Person zu tun hat.

Setzt sich dieses Opfer jedoch „aggressiv“ und „konsequent“ zur Wehr, dreht sich der Spieß um. Diesmal ist der Täter der Überraschte. Vorteil für das Opfer!

Jedoch hält dieser Zustand erfahrungsgemäß nicht sehr lange an. Deshalb gilt es, nicht erst lange zu zaudern und darüber nachzudenken, welche Folgen sich für den Täter ergeben, sondern gezielt und unvermittelt die Verteidigung aufnehmen oder die kurze „Schockphase“ auszunutzen, um die Flucht zu ergreifen. Falls dies, durch die gegebenen Umstände, nicht möglich ist, muß die Zeit dazu genutzt werden, den Täter weitgehend unschädlich zu machen. Falls möglich, Hilfsmittel benutzen!

INDEM DU DICH ZUM OPFER MACHEN LÄßT,
FESTIGST DU DIE ROLLE DES ANGREIFERS.
DESHALB - WÄHLE STETS DIE POSITIVE ROLLE FÜR DICH!

Text: „Wölfe ...“ (siehe Anhang)

Selbstverteidigung: Zielgerichtete Abwehr, Schock- und Vitalpunkte

Da die Abwehrtechniken einer Frau niemals so kraftvoll sein werden wie die eines gleich schweren und gleich großen Mannes, müssen sie folglich um so präziser plaziert werden, um auf diese Weise die gewünschte Wirkung zu erzielen.

Wo befinden sich am menschlichen Körper solche geeignete Stellen?

Wo können wir mit verhältnismäßig geringem Aufwand eine große Wirkung erzielen?

Wir sprechen in diesem Zusammenhang von sogenannten **„Vital- und Schockpunkten".**

Vitalpunkte

Unter **Vitalpunkten** versteht man die Stellen am menschlichen Körper, an denen es durch massive Gewalteinwirkung zu lebensbedrohlichen Verletzungen kommen kann oder der Gegner dadurch weitgehend kampfunfähig gemacht wird.

Schockpunkte

Zu den **Schockpunkten** zählen alle empfindlichen Stellen, die den Gegner durch plötzliches heftiges Schmerzempfinden von seinem eigentlichen Vorhaben ablenken bzw. die eigene Abwehrhaltung an einer anderen Körperstelle besser ermöglichen.

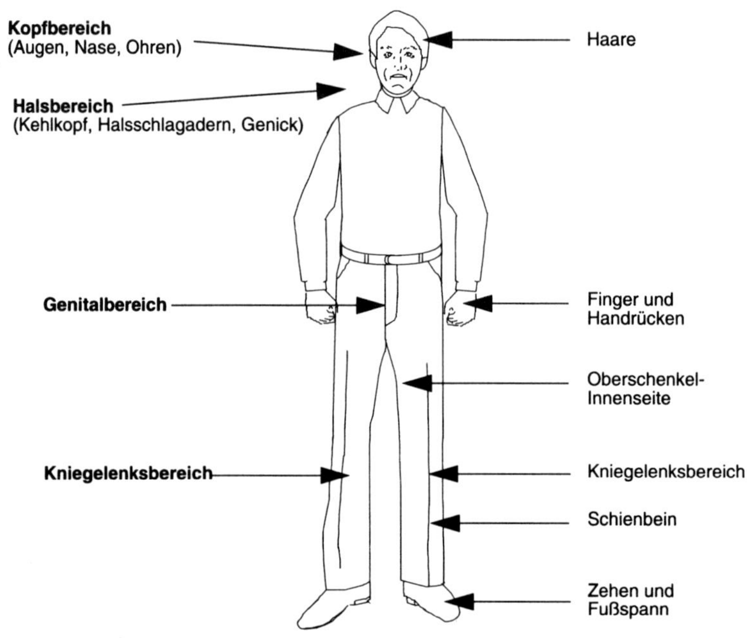

Im Nachfolgenden werden einige Techniken vorgestellt, die sich gegen Schockpunkte richten und vorwiegend zur Ablenkung des Angreifers eingesetzt werden (Schocktechniken).

AUGENPRESSE:

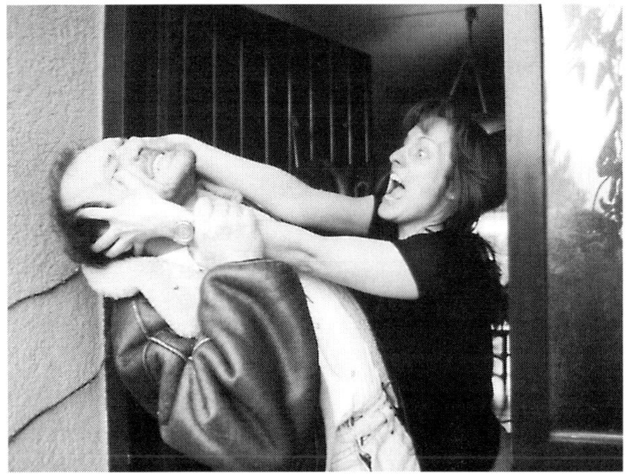

Der Kopf wird mit beiden Händen fest an den Ohren gegriffen. Zugleich werden die Daumen ruckartig in die Augenhöhlen gestoßen.

Hilfsmittel

Die Technik „Augenpresse" kann unter Zuhilfenahme eines Luftballons (evtl. ein Gesicht aufmalen) geübt werden.

Schnell wird deutlich, welche hohe Hemmschwelle überwunden werden muß, diese Technik mit der zugehörigen Dynamik durchzuführen. Nicht selten schrecken die Frauen bereits vor dem bloßen Gedanken, der Luftballon könnte während der Aktion zerplatzen, zurück.

Es ist zu beobachten, daß die TN dazu neigen, die Technik durch fortwährendes Drücken mehrmals hintereinander auszuführen. Dies dürfte in der Realität kaum möglich sein! Die Technik muß gleich beim ersten Anwenden treffen, ein zweites Mal wird der Angreifer, aufgrund der großen Schmerzen, nicht mehr zulassen.

Aus diesem Grund sollte die Technik zwar angeboten, jedoch keinesfalls überbewertet werden. Den Frauen wird es wohl nur in äußersten Extremsituationen gelingen, das aufkommende Ekelgefühl zu überwinden. Allein die bloße Vorstellung schreckt die meisten bereits ab.

Aber vielleicht erinnern sie sich in einer Situation, in der gar nichts mehr geht, gerade an diese Technik.

An dieser Stelle fallen oft die Worte:

„... ich könnte aber nie jemandem bewußt weh' tun...“

Auch hier steht uns erneut unsere Erziehung massiv im Weg. Jegliche Art von körperlicher Gewalt wird von vornherein grundsätzlich abgelehnt - sei es auch nur zum Zweck der eigenen Selbstverteidigung.

Die TN müssen lernen, ihre Angst vor der Gewalt zu überwinden, aus der Opfermentalität auszubrechen und ihr Recht auf Selbstverteidigung wahrzunehmen - selbst dann, wenn sie andere dabei verletzen müssen.

Mitgefühl und Ablehnung von Gewalt sind sicherlich wünschenswert - wenn es jedoch um die eigene Sicherheit, das eigene Wohlbefinden oder um das eigene Leben geht - völlig fehl am Platz. Frauen müssen lernen, daß es in Extremsituationen nötig sein kann zu kämpfen, um selbst am Leben bleiben zu können. Sie müssen gedanklich darauf vorbereitet sein, einen Angreifer zu verletzen; sie müssen ihren Willen stärken, alles Notwendige zu tun, um ihr Leben zu verteidigen und zu erhalten.

NERVENDRUCK:

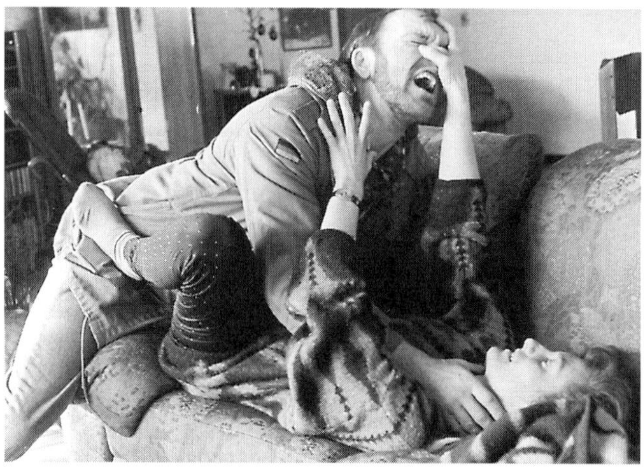

Unter "Nervendruck" versteht man, vereinfacht ausgedrückt , alle Techniken, die, mit punktuellem Druck ausgeführt, ein starkes Schmerzempfinden hervorrufen. So stellt z. B. das kräftige Drücken mit dem Handballen auf die Nase von unten nach schräg oben einen Nervendruck dar.

Eine weitere äußerst wirkungsvolle Art des Nervendrucks ist das Stechen mit der gestreckten Hand in den Bereich unterhalb des Kieferknochens. Auch der schmerzhafte Druckpunkt unterhalb bzw. hinter den Ohrläppchen stellt einen Schmerzpunkt dar. Jedoch liegt dieser Punkt bei jedem Menschen an einer etwas anderen Stelle und ist somit für einen Laien ziemlich schwer zu finden

HODENQUETSCHE

Die Technik besteht aus dem Ergreifen der männlichen Geschlechtsorgane (Hoden) und dem anschließendem Drehen und Reißen derselben.

Hilfsmittel

Für die „Hodenquetsche ist ein **„Quietsche-Entchen"** (Kinderspielzeug) **verpackt in einem Socken**, ein willkommenes Trainingshilfsmittel. Hier hat der ÜL die Möglichkeit akustisch nachzuprüfen, ob die TN auch wirklich kräftig genug zugegriffen hat.

KOPFSCHLAG

Kann sowohl im Rahmen einer Vorwärtsbewegung des Kopfes mit den sog. "Hörnchen" (seitlich an der Stirn) geschlagen werden, als auch mit dem Hinterkopf durch eine entsprechende Rückwärtsbewegung. Zielpunkt stellt in beiden Fällen die Nase des Gegners dar.

Vorwiegend bei Umklammerungsangriffen über den Armen, stellt der Kopfschlag - falls die Größenverhältnisse einigermaßen passen - eine wirkungsvolle Schocktechnik dar.

Gewalteinwirkung seitens des Täters ... !

Ein wichtiger Punkt, der im Training leider nur am Rande oder vielleicht überhaupt nicht berücksichtigt wird, ist der, daß keineswegs nur der Angreifer durch die Abwehrmaßnahmen des Opfers „einstecken" muß, sondern daß auch das Opfer in hohem Maße mit Gewalteinwirkungen rechnen muß.

Der Täter will sein Opfer **mürbe und gefügig** machen. Ihm seinen Willen aufzwingen. Es Gewalt spüren lassen, Gewalt an ihm verüben, es „ver**gewalt**igen".

Tränen und Blut werden fließen. Ein Benommenheitsgefühl wird versuchen, sich breit zu machen. Mit starken Schmerzen und einem zunehmenden Schwindelgefühl ist zu rechnen.

Alles das sind Punkte, die im „normalen" Training meist unberücksichtigt bleiben.

Hier gilt es, die **eigenen „Vitalpunkte" so gut wie möglich zu schützen**. Vor allem den Bereich der Sinnesorgane, vor allem das Gesichtsfeld. Können wir erst einmal nichts mehr sehen und hören, sind wir dem Täter völlig ausgeliefert.

Übung 1: „Mit verbundenen Augen in die Weichbodenmatte laufen“

In ca. 10 m Entfernung lehnt eine Weichbodenmatte an der Wand. Einer TN werden die Augen verbunden. Sie hat die Aufgabe, so schnell wie möglich auf die Weichbodenmatte zuzurennen.

Variante: TN hat die Vorgabe, die Hände am Rücken verschränkt zu halten.

Falls keine Weichbodenmatte vorhanden ist, kann diese auch durch ein von zwei Personen senkrecht gehaltenes Badetuch ersetzt werden.

Im Regelfall wird man beobachten können, daß die TN zwar zuerst relativ flott loslaufen, dann aber kontinuierlich immer mehr abbremsen, bis sie schließlich mit kurzen, verhaltenen Schritten im Weichboden landen. Es sei denn, sie haben bereits zuvor gestoppt und sind erst gar nicht bis dorthin gekommen.

Die Furcht und das Mißtrauen darüber, es könnte ihnen vielleicht doch noch nachträglich etwas in den Weg gelegt worden sein, veranlaßt die TN, sich zusehends langsamer und vorsichtiger dem Hindernis entgegenzubewegen, bis sie schließlich ganz stoppt.

Haben wir unser Sehvermögen erst einmal verloren - sei es auch nur kurzfristig - werden wir von einem Augenblick auf den anderen **völlig hilflos**, unfähig, uns kontrolliert zu bewegen - geschweige denn zu verteidigen.

Übung 2: „Um-sich-schlagende Wurfpuppe“

Ein Dummy (Wurfpuppe) wird von zwei Personen gehalten. Die TN hat die Aufgabe, an die Puppe heranzutreten und sie mit einer Serie von Handballenstößen zu traktieren. Die Puppe will sich dies jedoch nicht gefallen lassen und schlägt mit ‚ihren‘ Armen - von den ‚Puppenhaltern‘ gesteuert - um sich.

Die TN sollen bei dieser Übung lernen, sich auch während ihrer eigenen Abwehr selbst zu schützen und /oder u.U. sogar Schläge einzustecken und sich dennoch weiter zu verteidigen. Der **natürliche Schutzmechanismus** kommt uns hier zugute. Völlig automatisch halten die TN ihre Hände schützend vor den Kopf. Man braucht erst gar nicht groß vom richtigen Deckungs- und Blockverhalten zu sprechen. Wichtig ist es, daß der Kopfbereich durch die hochgehalten Arme geschützt wird und sich die TN gleichzeitig weiterhin verteidigt.

Übung 3: „Einsatz von Handsafeties“

TN1 hat die Aufgabe, TN2 vom Stand in den Boden zu bringen. Ist ihr dies gelungen, darf sie mit leichten Schlägen auf die liegende TN2 einwirken. Zum Schutz ihrer Partnerin bekommt TN1 dicke Handsafeties übergezogen.

Besonders zu empfehlen sind hier leichte, kurze Schläge auf die Nase. Sie wirken äußerst störend und vereiteln ein zielstrebiges Verteidigen.

Trifft man in den Kursen auf jüngere, sportliche Frauen, kann man ihnen auch ohne weiteres den Besuch eines „Wettkampftrainings" kursbegleitend anraten. Hier lernen sie am realistischsten den Umgang mit der Gegenwehr des „Angreifers".

Cool Down: Kleine Bodenkampfspiele zum Ausklang

Übung 1: „Ausharren"

Alle TN befinden sich auf der äußersten Mattenreihe. Es gilt, möglichst lange möglichst weit „hinten" zu bleiben, die anderen dabei jedoch nach vorne zu verdrängen. Hat man einmal eine Matte mit einem Körperteil berührt, muß man sozusagen „Matte bekennen", d.h. eine Reihe weiter nach vorn rutschen. Jetzt ist man umsomehr bestrebt, auch die anderen dorthin mitzuziehen. Gewonnen hat diejenige, der es gelingt, möglichst weit hinten zu bleiben.

Übung 2: „Lebende Rolle"

Es werden zwei gleich große Gruppen gebildet. Beide Gruppen legen sich dicht aneinandergedrängt (Seite an Seite) in zwei Reihen ‚bäuchlings' auf den Boden. Die Köpfe schauen dabei in dieselbe Richtung. Auf das Kommando „los" legt sich die hinterste Spielerin der Länge nach über die Rükken der übrigen TN. Diese beginnen nun gleichmäßig in eine Richtung zu rollen und transportieren so die obenaufliegende Spielerin nach vorn. Ist diese vorne angelangt, legt sie sich zu den übrigen, und die nächste Spielerin darf starten. Welche Rolle kann auf diese Weise bis zum Mattenende die meisten Spielerinnen transportieren?

4. EINHEIT

Körpergefühl und Kraft neu entdecken, Hinführung zu effektiven, leicht erlernbaren Atemitechniken, ausgeführt mit den oberen Extremitäten

Aufwärmen: Kräftigungsübungen - Teil 1

Vorab einige Übungen zur allgemeinen Mobilisation.

Übung 1: „Durcheinanderlaufen"

Alle TN laufen auf der Matte (bzw. in einem eingegrenzten Bereich) durcheinander, ohne sich jedoch zu berühren. Das Tempo wird allmählich gesteigert.

Variationsmöglichkeiten:

- *Rückwärts laufen*
- *Hoppsassa-Lauf*
- *Arme während des Laufens seitlich ausstrecken („Flugzeug")*

Die zur Verfügung stehende Fläche durch ein Seil oder sonstige Gegenstände (Trainingstaschen) begrenzen. Die so entstehende Fläche wird allmählich verkleinert.

Übung 2: „Square-Dance"

Zwei Spielerinnen haken sich jeweils mit ihrem rechten Arm frontal bei der Partnerin ein und drehen eine Runde nach „Square-Dance-Art". Anschließend lösen sie sich voneinander und suchen sich hüpfend eine neue Partnerin. Fortlaufender Wechsel.

Übung 3: „Sumo"

Durcheinanderlaufen. Immer dann, wenn zwei Spielerinnen frontal aufeinandertreffen würden, gehen beide in eine tiefe Hockstellung nach Art der „Sumo-Ringer", hüpfen hoch und drehen sich dabei um 180°. Wieder am Boden angelangt, rennen sie nunmehr in entgegengesetzter Richtung davon..

Wird die Geschwindigkeit bei diesem Spiel gesteigert, kommt es zu „lustigen" Zusammenstößen.

Nach dieser kurzen Aufwärmphase folgen einige Dehnübungen. Hier entweder mit den Füßen beginnen und sich Stück für Stück nach oben vorarbeiten oder umgekehrt. Auf diese Weise vergißt man keine wichtigen Partien.

Im Anschluß daran beginnen wir mit dem eigentlichen Kräftigungspart.

Übung 4: „Sit up's"

Die TN heben in Rückenlage die Beine im 90°-Winkel und halten sie während der gesamten Übung in dieser Stellung. Die Handflächen werden hinterm Kopf verschränkt. Blickrichtung: Decke. Die Brust so weit wie möglich in Richtung „Decke" heben, kurz halten und wieder absenken. Während der Belastungsphase ausatmen! Auf keinen Fall die Luft anhalten.

Übung 5: „Po-Heben“

Die TN liegen auf dem Rücken. Die Arme befinden sich ausgestreckt neben ihrem Körper. Die Handflächen werden auf den Boden gedrückt. Ohne mit den Beinen Schwung zu holen, wird das Gesäß im Wechsel langsam angehoben und wieder abgesenkt.

Bei beiden Übungen (4 + 5) darauf achten, daß die Lendenwirbelsäule zu keiner Zeit den Bodenkontakt verliert.

Übung 6: „Schattenboxen in der Bauchlage“

Die TN liegen auf dem Bauch. Blickrichtung: Matte (gerade Wirbelsäule, keine Hohlkreuzhaltung). Die Arme werden abwechselnd nach vorne gestreckt („boxen“), ohne daß sie dabei den Boden berühren.

Variationsmöglichkeiten:

- *Die gestreckten Arme werden seitlich aufeinanderzu und wieder nach außen bewegt. Die Handflächen zeigen dabei zueinander.*
- *Wie oben, nur werden die Arme im Wechsel auf und ab bewegt.*

Übung 7: „Beinheben in der Bankstellung“

Die TN befinden sich in der Bankstellung. Das rechte Knie wird in Richtung Brust gezogen und anschließend gerade nach hinten gestreckt. Kopf, Wirbelsäule und Bein bilden dabei eine gerade Linie. Blickrichtung: Matte. Nach mehrmaligem Durchführen dieser Übung mit dem gleichen Bein (ohne abzusetzen!) wird gewechselt.

Variationsmöglichkeiten:

- *Der diagonale Arm (Ellenbogen) wird im gleichen Rhythmus in Richtung Knie abgewinkelt und wieder gestreckt.*
- *Das Bein wird seitlich gehoben. Auch hierbei soll der Boden nicht berührt werden*
- *Das Knie wird angezogen (siehe Übung 7). Im Anschluß an die Streckphase erfolgt ein seitliches Anziehen des gestreckten Beines in Richtung Kopf. Fortlaufend abwechseln. Nach einer Weile: Beinwechsel.*
- *Bein bleibt gerade nach hinten gestreckt und wird im Unterschenkelbereich im Wechsel angewinkelt und gestreckt.*

Übung 8: „Beinhalten in der Bankstellung“

Die TN befinden sich in Bankstellung. Ein Bein und der diagonal dazugehörige Arm werden horizontal gestreckt. Blickrichtung: Matte. Gerade Wirbelsäule! Diese Stellung wird so lange gehalten, bis der ÜL „Stop“ ruft. Wechsel. Andere Seite.

Variationsmöglichkeiten:

- *Wie oben, nur stützen wir uns diesmal mit dem Unterarm und den Fußballen auf.*
- *Wie oben. Als Unterstützungsfläche dienen diesmal jedoch lediglich die Handflächen und die Fußballen.*

Übung 9: „Seitliches Beinschwingen“

Die TN befinden sich in der Seitenlage. Der Ellenbogen wird aufgestützt. In dieser Stellung heben und senken wir unser oberes Bein (90°-Winkel oder größer), ohne es jedoch dabei zwischendurch auf den Boden abzulegen. Seitenwechsel.
Wichtig: Nicht im Becken abknicken, sondern die Hüfte nach vorne schieben.

Variationsmöglichkeiten:

- *Wie oben. Nur halten wir zusätzlich das untere gestreckte Bein in einem Abstand von ca. 10 cm vom Boden entfernt.*
- *Das obere Bein wird in einem Abstand von ca. 40 cm über den Boden gehalten. Jetzt arbeitet das untere Bein, indem es fortwährend auf und ab schwingt, ohne dabei jedoch erneut den Boden zu berühren.*

Übung 10: „Seitliches Beinhalten“

Die TN befinden sich erneut in der Seitenlage. Als Unterstützungsfläche dienen ein Unterarm sowie beide Füße. Der andere Arm wird in die Luft gestreckt. Beine und Wirbelsäule sollen dabei eine Linie bilden. Nicht durchhängen!

Variationsmöglichkeiten:

- *Wie oben. Anstatt sich auf dem Unterarm aufzustützen, wird jetzt nur noch die Handfläche zu Hilfe genommen.*
- *Wie zuvor. Das obere Bein wird ebenfalls in die Luft gestreckt, so daß nur noch eine Handfläche und eine Fußaußenkante als Unterstützungfläche dienen.*

Übung 11: „Beine strecken mit dem Partner“

Die TN gehen partnerweise zusammen. Eine TN liegt rücklings am Boden, die andere steht an ihrer Kopfseite über ihr. Die auf dem Rücken liegende TN hält sich mit beiden Händen an den Knöcheln der Partnerin fest. Sie hebt ihr Becken zunächst mit angewinkelten Beinen. Langsam versucht sie, die Beine in dieser Position mehr und mehr zu strecken, ohne jedoch mit dem Gesäß die Matte zu berühren. Partnerwechsel!

Korrekt ausgeführt, erfordert diese Übung sehr viel spezifische Kraft. Die Übung soll aber lediglich als „Ansporn“ dienen.

Selbstbehauptung: Körpergefühl und Kraft neu entdecken

Grundsätzlich ist es für jeden Menschen wichtig, ein positives Körpergefühl zu entwickeln. Nur dann ist er in der Lage, sich im Ernstfall mit der erforderlichen Willenskraft zur Wehr zu setzen.

Schritt für Schritt versuchen wir, mit Hilfe der nachfolgenden Übungen unser Körpergefühl neu zu „empfinden".

Übung 1: „Gefühle ausdrücken"

Die TN laufen auf der Matte durcheinander. Vom ÜL wird depressive Musik eingespielt (Musikvorschlag: Tommaso Albinoni „Adagio g-Moll"). Die TN sollen ihre Stimmung der Musik anpassen und versuchen, ihre Gefühle nonverbal auszudrücken. Einige Zeit später erklingt motivierende Musik (Musikvorschlag: Monty Python „Bright side of life"). Auch jetzt versuchen die TN, sich anzupassen.

Die Übung verdeutlicht, mit welchen einfachen Mitteln bestimmte Stimmungen bzw. Gefühle ausgedrückt werden können. Ziel ist es, auf die eigenen Gefühle, Gebärden und die Atmung zu achten.

Übung 2: „Gefühle erraten"

TN1 und TN2 stehen sich gegenüber. TN1 bewegt sich langsam auf TN2 zu. Dabei versucht sie, ein bestimmtes Gefühl gezielt auszudrücken. Dies kann z.B. sein: Schüchternheit, Angst, Zuneigung, Eifersucht, Eitelkeit, Liebe, Furcht, Nervosität, Argwohn, Freude, Leid, Schmerz, Verbitterung, Glück, Zufriedenheit. TN2 soll versuchen, das Gefühl zu erraten oder zumindest zu erkennen, ob es sich hierbei um ein gutes oder schlechtes Gefühl handelt.

Die grobe „Gefühlsrichtung" wird in den meisten Fällen richtig erraten. Es scheint also gar nicht so schwierig zu sein, einen Menschen bzw. dessen Absichten „richtig" einzuschätzen.

Natürlich wird sich der „Täter" im Ernstfall verstellen! Viele Beispiele zeigen jedoch, daß Menschen in Gefahrensituationen ein gewisses Gespür, eine Art Vorahnung (Intuition) entwickeln. Genau dieses unangenehme, mulmige Gefühl hilft uns, bedrohliche Situationen rechtzeitig wahrzunehmen - vorausgesetzt, wir **wollen** sie erkennen.

Hier liegt meiner Ansicht nach das Problem. Die Situation wird zwar als solche erkannt, jedoch versucht die Frau, sich ihr durch Verdrängen zu entziehen und wird somit unfähig, rechtzeitig zu handeln.

Übung 3: „Tote Frau"

Drei TN schließen sich zusammen. TN1 und TN2 stehen sich dabei in einer Entfernung von ca. 2 m gegenüber. TN3 befindet sich in der Mitte und schließt die Augen. Sie soll versuchen, ihren Körper so „steif" wie möglich zu halten und die Füße an einem festen Punkte („wie angewurzelt") stehen zu lassen. TN1 und TN 2 beginnen, TN3 anfangs langsam, dann allmählich immer schneller, hin- und herzustoßen, fangen TN3 jedoch stets kurz über dem Boden ab. Diese soll versuchen, die Augen bewußt geschlossen zu halten.

Wichtig ist, zu Anfang mit der in der Mitte befindlichen Spielerin möglichst viel Körperkontakt zu haben. Sie soll nicht das Gefühl haben, fallengelassen zu werden.

Durch das Schließen der Augen soll die Funktion der verbleibenden Sinnesorgane geschärft werden. Erst durch diese „Extremsituation" wird einem bewußt, wie sehr man eigentlich auf das Sehen angewiesen ist und wie schnell man durch das „Ausschalten" dieses wesentlichen Organs recht hilflos geworden ist.

Besonders das Einschätzen von Entfernungen im Dunkeln ist schwierig.

Übung 4: „Roboter-Spiel"

TN1 ist „Roboter", TN2 ist „Steuermann". TN1 läuft mit geschlossenen Augen los. TN2 folgt ihr und gibt wie folgt Kommandos: Ein Ziehen an den Haaren bedeutet „loslaufen", ein Klaps auf den Po „stehenbleiben", ein Schlag auf die rechte Schulter bedeutet „nach rechts drehen", ein Schlag auf die linke Schulter das Gegenteil. Falls nötig, können dem „Roboter" die Augen verbunden werden.

Übung 5: „Achtermalen"

Die TN stehen verteilt auf der Matte und haben die Aufgabe, mit dem rechten Fuß einen „Achter" in die Luft zu malen. Nach anfänglichen Schwierigkeiten, gelingt diese Übung im allgemeinen. Jetzt dasselbe noch einmal mit geschlossenen Augen!

Übung 6: „Gefühle fühlen"

Alle TN müssen den Raum verlassen. Eine der TN darf mit verbundenen Augen eintreten. Auf einem Tisch stehen mehrere Gefäße mit unterschiedlichen Inhalten, wie z.B. Sand, Wasser, Schmierseife, Creme, Tapetenkleister, Bohnen, Reis, Eiswürfel, Mehl, Honig, Teig, Slimy, ... Die TN soll mit der Hand nacheinander in jedes der Gefäße fassen und ihre dabei erlebten Gefühle (Empfindungen) beschreiben. Beim letzten Gefäß wird sie aufgefordert, so laut wie möglich zu schreien. Dies soll bewirken, daß die Wartenden im Unklaren darüber sind, was sie hier erwarten wird.

Ziel dieser Übung ist es nicht nur, Gefühle bewußt zu erfahren, sondern auch, unangenehme Gefühle zu überwinden bzw. unter Kontrolle zu bringen.

Text: „Das schwächere Geschlecht..." (siehe Anhang).

Auch wenn im Text („Das schwächere Geschlecht") manche Dinge sehr einseitig und überspitzt dargestellt werden, stecken durchaus richtige Grundgedanken dahinter. Sie sollen helfen, den Frauen Mut zu machen.

Text: „Sie sind nur nichts Gutes gewohnt..." (siehe Anhang).

Selbstverteidigung: Hinführung zu effektiven, leicht erlernbaren Atemitechniken (obere Extremitäten)

Wiederholung bereits behandelter Techniken:

Bereits durchgearbeitete Techniken sollten grundsätzlich so oft wie möglich wiederholt, bzw. in die aktuelle Abwehr mit eingebunden werden. Nur durch ein häufiges Wiederholen (Automatisierung) können die Techniken im „Ernstfall" abgerufen werden.

- **Handballenstoß**
- **Handstich**

Je nach dem Leistungsstand der Gruppe bzw. der zur Verfügung stehenden Zeit, kurzes Üben der bekannten Techniken, z.B. an einem Trainingshilfsmittel (Weichbodenmatte, Matte, Schlagpolster, Luftballon, ...).

FINGERSTICHE

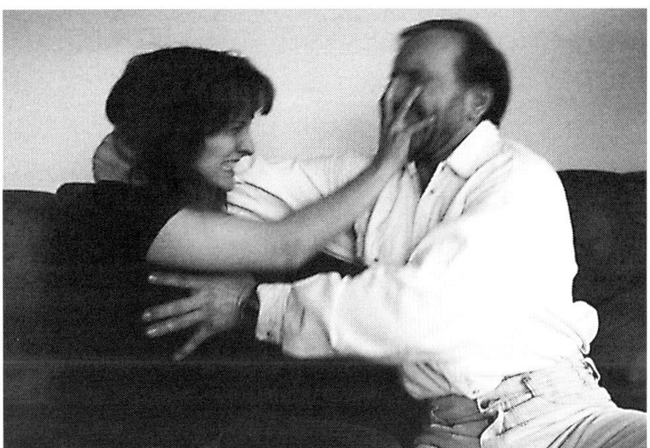

Bei dieser Technik werden dem Angreifer die Fingerspitzen einer Hand "krallenförmig" ins Gesicht gestoßen. Von Vorteil sind hier lange Fingernägel.

Auch hier - wie bei allen Übungen - nicht nur auf die korrekte Ausführung der Technik „Fingerstiche" achten, sondern auch den dazugehörigen Körpereinsatz fordern. Weiterhin sind Mimik, Gestik und Stimme („Hau ab", „Zieh' Leine") weitere Faktoren, die den Wirkungsgrad der Technik erhöhen.

Hilfsmittel

Um die Technik realistisch üben zu können, sollte als Trainingshilfsmittel ein **Luftballon** benutzt werden. Auch ein **Kissen** bzw. eine mit einer Decke **ausgestopfte Baumwolltragetasche** leisten hierbei gute Dienste.

Übung 1: „Schulter fassen mit Herumreißen"

TN1 faßt TN2 energisch an der Schulter und reißt sie zu sich herum. TN2 sprengt mit ihrem ausgestrecktem Arm, den sie während des Herumreißens der Angreiferin von oben nach unten auf deren Griffarm schlägt, den Griff und setzt sich mit **Fingerstichen** *zum Gesicht zur Wehr.*

Je nach Örtlichkeit und Gefahrensituation kann im Anschluß an die obige Technik eine Art „Rückriß/Genickhebel" (wird in Einheit 6 ausführlich behandelt) durchgeführt werden.

PRESSLUFTSCHLAG

Die Technik erfolgt durch ein zeitgleiches, dynamisches Nachvorneschlagen beider muschelförmig geformten Handflächen auf die Ohren des Angreifers.

Beim Preßluftschlag handelt es sich um eine äußerst wirkungsvolle Technik. Erfahrungen zeigen, daß bereits kurze, schnelle Schläge auf das Ohr kleine Löcher im Trommelfell verursachen können. Wichtig ist, daß eine „luftdichte" Fläche auf das Ohr trifft und es so zu einem Überdruck im Ohrraum kommt.

Die Technik, korrekt ausgeführt, ruft beim Gegner ein Schwindelgefühl hervor, welches sich bis zu einem völligen Verlust des Gleichgewichtsgefühls steigern kann.

Hilfsmittel

Als Hilfsmittel setzen wir erneut den altbewährten **Luftballon** ein. Es kommt dabei nicht darauf an, ob er zerplatzt oder nicht! Viel wichtiger ist auch hier wiederum die korrekte Ausführung der Technik.

Übung 2: „Feste Umklammerung von vorn mit Luft-heraus-pressen“

TN1 ergreift TN2 unter den Armen von vorne um den Körper und preßt dabei fest zu. Mit einem die Luft herausstoßenden Kampfschrei brüllt TN2 der Angreiferin ins Ohr und verteidigt sich gleichzeitig mit einem Preßluftschlag. Läßt die Angreiferin los, faßt TN2 deren Kopf mit beiden Händen und reißt diese zu Boden.

Auch wenn es von großer Wichtigkeit ist, daß die TN ihren **eigenen** Verteidigungsweg finden und die Techniken anwenden sollen, die ihnen liegen, sollte der ÜL anfänglich einen **möglichen** Weg aufzeigen. Erst mit der Zeit greifen sie mehr und mehr selbständig auf eigene Lösungskombinationen zurück.

ELLENBOGENSTOSS/-SCHLAG

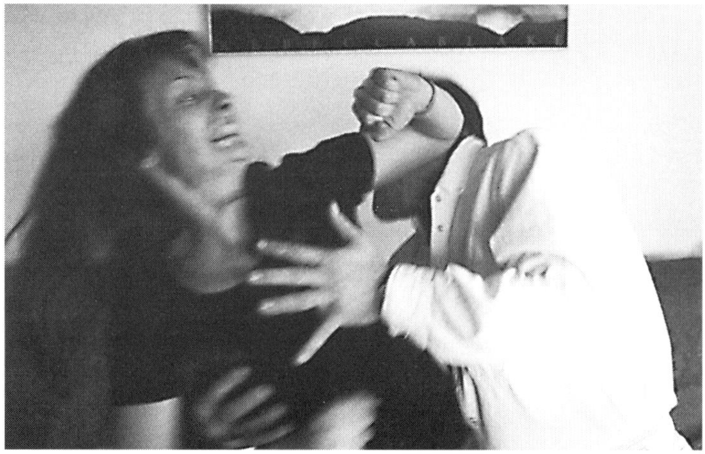

Beide Techniken werden, wie es der Name bereits beschreibt, mit den Ellenbogen ausgeführt. Grundsätzlich trifft, je nach Art des Schlages bzw. Stoßes, der kleine Bereich unter bzw. über der eigentlichen Ellenbogenspitze.

Sowohl Ellenbogenstöße als auch -schläge eignen sich hervorragend für den „Nahkampf", da sie beide in der Anwendung eine geringe Distanz zum Gegner fordern.

Zielpunkte der Techniken sind, je nach Möglichkeit und Situation, vorzugsweise der Unterleib und Kopfbereich, ggf. auch die kurzen Rippen oder der Magen, wobei hier die Wirkung erheblich geringer ausfällt. Außerdem sind die beiden letztgenannten Zielpunkte meist durch stabile Kleidung geschützt.

> ***Übung 3: „Umklammerung von hinten unter den Armen"***
>
> *TN1 umklammert TN2 von hinten unter den Armen und versucht, ihr die Luft aus dem Körper herauszupressen. TN2 wehrt sich mit* **Ellenbogenschlägen nach hinten,** *mit denen sie sowohl nach rechts als auch nach links um sich schlägt.*

TN1 muß selbständig aufpassen, daß sie ihren Kopf rechtzeitig zurücknimmt, da TN2 nicht immer sieht, wohin sie schlägt.

Wir gehen davon aus, daß der Gegner in diesem Fall annähernd die Größe seines „Opfers" besitzt oder dieses hochhebt („aushebt").

Hilfsmittel

Alle Ellenbogentechniken können an einer **Weichbodenmatte,** die an die Wand gelehnt wird, geübt werden. Selbstverständlich leistet ein **Medizinball** ebenfalls gute Dienste.

HANDKANTENSCHLAG

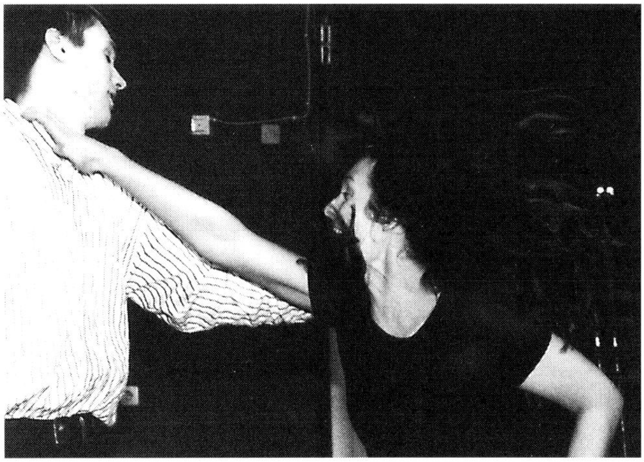

Der Handkantenschlag wird mit der äußeren Seite der gestreckten Hand ausgeführt. Die Finger bleiben geschlossen. Auftrefffläche ist die Handaußenkante. Die Ausführung erfolgt durch eine dynamische Kreisbewegung des Unterarms im Ellenbogengelenk.

Zielbereich ist der Unterleib oder der Halsbereich. Diese Technik ist äußerst wirkungsvoll und gefährlich. Gerade der Handkantenschlag gegen den Hals (Kehlkopf, Halsschlagader), ein- oder beidhändig ausgeführt, kann erhebliche, unter Umständen sogar lebensgefährliche Verletzungen hervorrufen.

Hilfsmittel

Um die notwendige Härte einüben zu können, muß auch hier wieder ein Trainingshilfsmittel wie z.B. der **Medizinball**, die **Tatami** (Trainingsmatte), das **Schlagpolster** oder der **Dummy** (Wurfpuppe) Pate stehen.

HAMMERFAUST

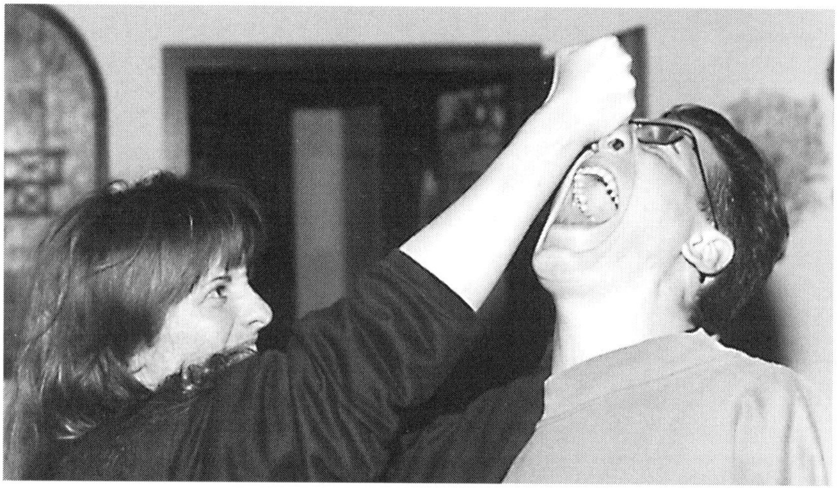

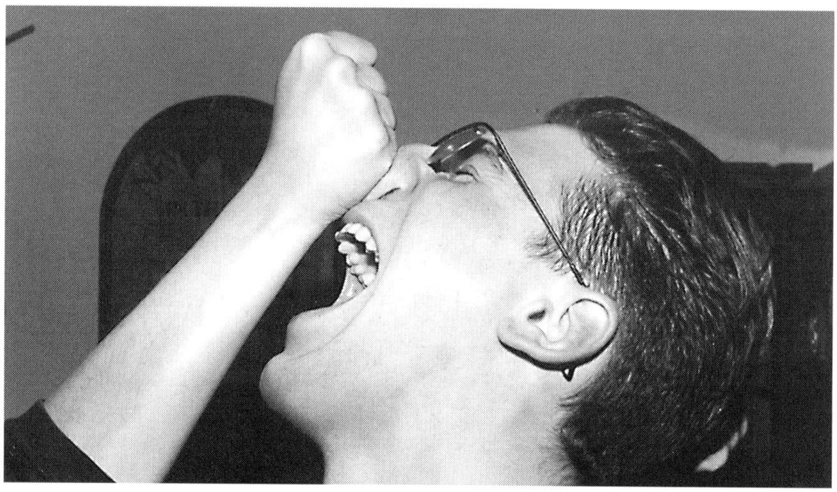

Die Hand wird bei dieser Technik zur Faust geballt und mit der Kleinfingerseite voran von oben nach unten kreisförmig ins Ziel geschlagen. Zielpunkt stellt die Nase dar.

Diese Technik, technisch weit entfernt von einem Fauststoß, ist leicht erlernbar und effektiv. Hin und wieder wird sie völlig unbewußt von den TN angewendet.

Hilfsmittel

Als geeignetes Hilfsmittel für die Technik „Hammerfaust" bietet sich hier ebenfalls der **Medizinball** an.

Übung 4:„Numerierte Angriffe in der Reihe"

Je nach Größe der Gruppe werden eine oder mehrere Reihen mit ca. 4 - 5 Personen gebildet. Die jeweils erste TN in der Gruppe stellt sich der Reihe ca. 2 Meter entfernt gegenüber. Sie hat die Aufgabe, sich nacheinander gegen die übrigen TN zu verteidigen. Der ÜL bestimmt nacheinander mehrere mit einer bestimmten Nummer bezeichneten Angriffe. Solche Angriffe können z.B. sein: 1 = Schulterfassen von hinten mit Herumreißen; 2 = Umklammerung von hinten unter den Armen, 3 = Umklammerung von vorn unter den Armen, etc. . Hat die TN alle Angreiferinnen abgewehrt, ist die nächste an der Reihe, usw.

Es werden je nach Schwierigkeitsgrad 3 bis 5 Angriffe ausgewählt. Durch die Zuordnung der konkreten Angriffe entsteht so für die Angreifer ebenfalls eine kleine Denksportaufgabe.

Wichtig:

Um das korrekte **Eintrainieren und Erlernen** der neuen Techniken zu gewährleisten, wird hier bewußt auf **Angriffsformen** zurückgegriffen, die **nicht** unbedingt sonderlich **gefährlich** sind. Würde man gleich mit realistischen Angriffen beginnen, wären die TN hoffnungslos überfordert und demotiviert.

Cool Down: Partnermassage: „Der Regen fällt"

Übung 1: „Der Regen fällt .."

Die TN gehen in Dreiergruppen zusammen. Eine TN beugt sich im Stand ab. Sie läßt dabei entspannt die Arme nach vorne baumeln, ihre Knie sind leicht gebeugt. Die beiden anderen TN stehen seitlich von ihr. Ihre Hände befinden sich auf dem Rücken der abgebeugten TN.

Leise Meditationsmusik erklingt im Hintergrund. Der ÜL beginnt, eine Geschichte zu erzählen und gibt währenddessen folgende Anweisungen:

„Es ist Herbst. Der Regen fällt."	*Leichtes Klopfen mit den Fingerspitzen auf den Rücken der abgebeugten TN.*
„Es kommt ein Wind auf. Der Regen wird stärker."	*Die Intensität des Klopfens nimmt zu.*
„Es hagelt!"	*Das Klopfen wird energischer.*
„Es donnert und blitzt!"	*Wir arbeiten jetzt mit den Fäusten (Kleinfingerseite) und beginnen zu trommeln.*
„Doch da! Die Sonne! Das Wetter wird besser. Das Gewitter läßt nach	*Die Intensität der Bewegungen verringert sich* allmählich

„Es nieselt..."	*Leichtes Tippen mit den Fingerspitzen.*
„Das Nieseln wird weniger."	*Das Tippen wird langsamer.*
„Der Wind weht..."	*Angenehmes Streichen mit der Handfläche.*

Das Spiel kann nach Belieben variiert werden. Laßt Eurer Phantasie freien Lauf!

Jedoch sollte während der gesamten Übung nicht vergessen werden, daß es sich hier um eine Entspannungsübung handelt. Das Klopfen, Trommeln und Tippen soll stets als angenehm empfunden werden. Auch darf die Übung nicht zu lange dauern, da ansonsten die abgebeugte Stellung leicht unangenehm werden könnte.

5. EINHEIT

Prävention – einmal anders,
Hinführung zu effektiven, leicht erlernbaren Atemitechniken, ausgeführt mit den unteren Extremitäten

Aufwärmen: Gymnastik mit Musik

Verstärkter Einsatz von „Beinübungen“, evtl. bereits technikverwandte Bewegungen mit einbauen.

DAUER	MUSIKTITEL	ÜBUNGEN
3 min.	**“Hold on”** (Loft)	Lockeres Aufwärmen (Durcheinanderlaufen, Hopsassa-Laufen, Kniehebelauf, Anfersen, Seit-Galopp, Übersetzen,...)
5 min	**“Mr. Vain”** (Culture Beat)	“Aerobicübungen auf der Stelle” (Hüpfen, Hampelmann, SV-Techniken im Musiktakt simulieren, ...)
3 min.	**“Mmmmmh”** (Crash Test Dummies)	Dehnen und Stretchen (gezielt die einzelnen Muskelgruppen ansprechen, dabei sinnvollerweise von oben nach unten bzw. in umgekehrter Richtung vorgehen)
3 min.	**“Love is all around”** (Wet wet wet)	- “ -
3 min.	**“Take me in your arms”** (Tony Garcia)	- “ -

Selbstbehauptung: Prävention - einmal anders

Zu deutsch „Vorbeugung“ oder „der Versuch sich mit seiner Umwelt bewußt auseinanderzusetzen, um möglichen Gefahrensituationen von vornherein aus dem Weg zu gehen bzw. diese zu vermeiden“.

Wie kann ich mich im Alltag vor Belästigungen schützen?

(Die Gruppe ins Gespräch mit einbeziehen ...)

Diese und ähnliche Empfehlungen werden gegeben:

- Keine verführerischen, aufreizende Kleidungsstücke tragen (Minirock, tiefer Ausschnitt, ...).
- Nicht mit sog. „eindeutigen“ Angeboten provozieren, am besten das „Flirten“ ganz lassen.
- Stets jemandem Bescheid geben, wohin man geht und wann man wiederkommt.

- Einsame und entlegene Gegenden und Wege meiden.
- Besser einen Umweg, der „sicherer“ wirkt, in Kauf nehmen.
- Nachts nicht alleine heimgehen, sondern mit dem Taxi fahren, auch wenn‘s vielleicht mal etwas mehr kostet.
- Nicht direkt an der Hauswand laufen, sondern zur Straßenseite hin.
- Die Handtasche an der zur Hauswand zugewandten Seite tragen.
- ...

Diese Aufzählung könnte beliebig fortgesetzt werden. Viele dieser Tips sind vernünftig (siehe auch Einheit 9).

Dennoch - allzu leicht können all diese Ratschläge und Sicherheitsvorkehrungen die Frauen so verängstigen, daß sie aus Furcht vor potentiellen Übergriffen ihre bisherigen Lebensgewohnheiten entscheidend verändern. Sie schränken sich, oft völlig unbewußt, zunehmend ein - die Lebensqualität nimmt mehr und mehr ab. Ohne sich dessen so richtig bewußt zu sein, werden sie zu Sklavinnen ihrer eigenen Angst (Phobie).

Und alles das nur, weil man „Frau“ ist? Welcher Mann wäre bereit, mit all diesen Einschränkungen, die für Frauen schon fast zur „Norm“ geworden sind, zu leben? Und all dies nur, um einer Situation vorzubeugen, die aller Wahrscheinlichkeit nach nicht eintreten wird? Und wer gibt die Versicherung, daß nicht dennoch etwas passieren könnte? Wer trägt dann die Schuld?

Wir wollen später nicht die Vorwürfe hören, wie z.B.:

- “Schau’ doch wie Du ‘rumläufst. Das wäre einer anständigen Frau nicht passiert!“
- “Was ziehst Du auch immer diese aufreizenden Klamotten an? Ist doch klar, daß dic Männer Dir nachgaffen. Da darfst Du Dich nicht wundern.“
- “Das hab’ ich schon immer kommen sehen - bei Deinem Lebenswandel, nie bist Du zu Hause, ständig fliegst Du draußen ‘rum.“
- “Du weißt doch, wenn man die Männer zu sehr reizt, verlieren sie die Kontrolle über sich und die ‘Triebe’ gehen mit ihnen durch.“

Text: „Gut gemeinte Ratschläge ...!?“ (siehe Anhang)

Durch den obigen, etwas überspitzt dargestellten Text („Gut gemeinte Ratschläge...!?“) wird besonders deutlich, daß allzuviele gutgemeinte Ratschläge meist gerade das Gegenteil von dem bewirken, was sie eigentlich beabsichtigen wollten. Wenn man so möchte, wird ein Mann im Grunde genommen von jedem weiblichem Verhalten in irgendeiner Form erregt bzw. provoziert.

Eine Frau hat jedoch - genauso wie ein Mann - das Recht, sich überall frei zu bewegen. Sie muß dabei nicht ständig damit rechnen, daß ihr ‚männliche Gewalt‘ angetan werden könnte. Es darf nicht sein, daß sich die Frauen derart in ihrer Bewegungsfreiheit einschränken müssen.

Es sind jedoch vielleicht nicht einmal so sehr die Vorsichtsmaßnahmen, die den Frauen so zusetzen. Nein - vielmehr sind es die ewigen **Schuldzuweisungen an die Opfer**, die die Sache so unerträglich und unmenschlich machen. Die Täter werden förmlich „in Schutz genommen“, mitunter sogar völlig von der Schuld freigesprochen.

Unverständlicherweise sind es gerade die Frauen, die hier Partei für den Täter ergreifen und dem Opfer eine Mitschuld anlasten. Psychologisch gesehen ist dies nichts anderes als eine Schutzmaßnahme bzw. ein Verdrängen der tatsächlichen Gefahr. Sie zwingen sich zu glauben, daß nur den Frauen etwas passieren kann, die sich falsch verhalten - niemals also ihnen selbst. Umso größer ist ihre Verzweiflung, ihre Ohnmacht, wenn gerade diese Frauen zu „Betroffenen“ werden.

Trotz aller noch so ausgefeilter Vorsichtsmaßnahmen ist uns die „normale“ Vergewaltigungssituation viel näher als es uns eigentlich bewußt wird. Nicht hinter dem nächsten Busch, im Park oder Parkhaus - in sog. **Angst-Räumen** - ist der „typische“ Vergewaltiger zu suchen, sondern in unserer Wohnung, unter unseren Freunden und Bekannten. So schrecklich dies auch sein mag,

den „typischen“ Vergewaltiger kennen wir bereits!

Das tatsächliche Risiko, in dunklen Gegenden, an Bushaltestellen, in Parkanlagen, in Fahrstühlen, etc. einer Vergewaltigung zu unterliegen, ist, entgegen der öffentlichen Meinung, denkbar gering. Kommt es dennoch in Ausnahmefällen zu solchen Begebenheiten, sind diese natürlich ein gefundenes Fressen für die Presse. Der Öffentlichkeit wird somit suggeriert, daß sich die „normale“ Vergewaltigung überfallartig in irgendwelchen Angst-Räumen abspielt. Wer schreibt schon gerne über eine Frau, die von ihrem Ex-Freund vergewaltigt wurde? Wo soll da bitte die Story sein? Das glaubt ihr doch sowieso keiner!

Dennoch werden, wie bereits erörtert, nachweislich die meisten Gewalttaten an Frauen in den eigenen vier Wänden bzw. in der Wohnung des Täters verübt. Gerade da, wo „frau“ sich eigentlich am sichersten glaubt!

Nachfolgend ein wenig Statistik:

Gewaltentwicklung in Bayern

„Frauen wurden und werden sehr viel seltener Opfer von Gewalttaten als Männer...“

- Dies belegen nachfolgende Zahlen aus einer Analyse polizeistatistischer Daten von 1972 bis 1986 in Bayern.

- auf je **100.000 Personen** in Bayern (10 Jahre und älter) kamen

bei Frauen:	**95** Gewaltopfer (davon fallen **27** in den Bereich der sexuellen Nötigung und Vergewaltigung),
bei Männern:	**212** Gewaltopfer.“

- “Vergewaltigungen und sexuelle Nötigungen zeichnen sich über den gesamten Vergleichszeitraum durch eine bemerkenswert **konstante Registrierungshäufigkeit** aus.“

- “Dagegen haben **andere Gewalttaten** gegenüber Frauen (Mord/Totschlag, Körperverletzung und Raub) erheblich **zugenommen**:

Raub	um 99%,
Körperverletzung	um 57 %,
Mord/Totschlag	um 10 %.

  Gewalttaten gegenüber Männern hingegen haben nur wenig zugenommen bzw. sind sogar zurückgegangen.

  Dennoch bleiben die Männer mit **212** Opfern auf 100.000 Personen deutlich stärker belastet als Frauen mit **68 (95 - 27)** Opfern auf 100.000 Personen.“

- Sexuelle Gewalttaten an Frauen sind **keine alltäglichen** Delikte. Die Angst der Frauen davor steht in keinem Verhältnis zu ihrer tatsächlichen Gefährdung.

Aus dieser Statistik wird deutlich, daß weitaus mehr Männer als Frauen Gewaltverbrechen zum Opfer fallen. Dennoch sind die Vorsichtsmaßnahmen, welche diese treffen, lang nicht so massiv, wie die, die man den Frauen zu ihrem Schutz empfiehlt.

Kommt nicht auch hier wieder ein „anerzogenes“ Rollendenken zum Vorschein:

Der Mann als Beschützer und Ernährer der Frau (Familie), die Frau als diejenige, die ohne ihn völlig hilflos ist und von ihm beschützt werden muß?

Guter Rat ist teuer!

Viele Frauen erwarten gerade von der Polizei konkrete Ratschläge, wie sie sich vor sexuellen Gewalttaten schützen können.

Zunächst müssen die Hoffnungen auf solche Ratschläge erheblich gedämpft werden:

Frauen sind in allen Lebenssituationen - relativ unabhängig von ihrem Verhalten - vergewaltigt worden.

Außerdem sind Opfer, Täter und Situationen jeweils so unterschiedlich, daß seriöse Ratschläge über ein verbindliches „kommt darauf an" selten hinauskommen. Ratschläge im Sinne von Handlungsanweisungen sind sogar äußerst problematisch.

Dafür gibt es drei Gründe:

- Sexuelle Gewalttaten ereignen sich überwiegend in alltäglichen Situationen des **sozialen Nahbereichs**, in denen Ratschläge für „richtiges" Verhalten häufig unrealistisch und widersprüchlich sein müssen.
- **Ratschläge zur Prävention** müssen notgedrungen an die **Kriminalitätsfurcht und an die „Schuld" des Opfers** appellieren. Sie können dadurch die vorhandenen Ängste vor sexueller Gewalt und die ohnehin schon so ausgeprägten Schuldgefühle und Selbstvorwürfe der Opfer noch verstärken.
- Schließlich ist es auch mit dem **Grundsatz der Gleichberechtigung** nicht zu vereinbaren, Frauen (noch weitere) Verhaltenseinschränkungen zu empfehlen, die sich Männer niemals aufzuerlegen bereit wären.Welcher Mann würde Ratschläge wie diese ernst nehmen:
    - Gehe nicht nachts durch dunkle Straßen!
    - Ziehe dich unauffällig an!
    - Trinke keinen Alkohol!
    - Laß dich nicht gehen, flirte nicht!
    - Laß dich nicht nach Hause fahren!
    - Nimm keine Frau auf einen „Kaffee" mit in deine Wohnung!

Aufgrund der geschilderten Problematik sollte man Frauen **weniger vor bestimmten Situationen warnen**, als ihnen ihre **unverhältnismäßig große Angst vor diesen Gewalttaten zu nehmen** und dadurch **ihr Selbstvertrauen zu stärken.**

Wichtig ist es, ihre **Eigenverantwortlichkeit für ihr Verhalten** zu betonen:

Frauen haben zu jedem Zeitpunkt in jeder Beziehung das Recht, den Kontakt abzubrechen, wenn sie sich unbehaglich fühlen.

Sie haben das Recht, entschieden und deutlich „nein" zu sagen, wenn sie dies wollen.

Je klarer, deutlicher und selbstbewußter sie sich dabei verhalten, um so weniger wird es zu Mißverständnissen kommen.

Da es gerade Frauen aufgrund ihrer Erziehung schwerfällt, selbstbewußt und selbstsicher aufzutreten, ist es ratsam, speziell für sie angebotene Selbstbehauptungs- und Selbstverteidigungskurse aufzusuchen. Hier können sie, unter fachlicher Anleitung, entsprechende Situationen durchspielen und verschiedene Verhaltensweisen erproben.

„Das Recht auf Gleichstellung“ oder „Gefahren bewußt provozieren“

Dem Grundsatz „gleiches Recht für alle“ folgend, wäre es dennoch denkbar unklug, aus purem „Trotzverhalten“ oder anders ausgedrückt aus reinem „Protest“ gegenüber der bestehenden Norm, Gefahrensituationen bewußt heraufzubeschwören, selbstverständlich in der Gewißheit darüber, daß „Frau“ überall hingehen kann und ihr niemand etwas zuleide tun darf.

Welcher Mann würde sich so unklug verhalten und sich beispielsweise absichtlich in verrufenen Spelunken aufhalten, nur um aller Welt zu zeigen, daß er das Recht dazu hat. Und ebenso vernünftig sollte sich auch jede Frau verhalten. Sie muß ein Gespür dafür entwickeln, in welchen Situationen es günstig ist, auf ihr Recht zu plädieren und in welchen Fällen es klüger ist, sich diplomatisch zu verhalten.

BEWEGE DICH IN DEINER UMWELT BEWUßT!

VERTRAUE AUF DEIN GEFÜHL!

Sinnvolle Vorsichtsmaßnahmen und Sicherheitsvorkehrungen

Absicherung des Wohnbereichs

- Tür- und Fenstersicherung
- Türspion
- Alarmanlagen
- Bewegungsmelder
- an den Schlüsselbund keinen Adressanhänger hängen
- den Schlüssel bereit halten, nicht erst vor der Wohnungstür danach suchen.

Sicherheitsvorkehrungen in Verbindung mit dem Telefon

Bei Telefonterror:

- Trillerpfeife oder Schrillalarm bereit legen
- Fangschaltung legen lassen / Telefonnummer ändern
- Anrufbeantworter / Rufweiterleitung
- im Telefonbuch nur den Nachnamen angeben / Straßenbezeichnung streichen lassen / evtl. Geheimnummer

Beim Telefonieren in der Telefonzelle:

- Blickrichtung zur Tür, um „mögliche" Angreifer bzw. Gefahren früh genug wahrnehmen zu können
- bei Gefahrerkennung dem Gesprächspartner den genauen Standort mitteilen
- Telefonkabel nicht um den Hals legen, d.h. den Hörer in die rechte Hand nehmen
- Telefongeld und Telefonkarte griffbereit aufbewahren
- wichtige Rufnummern einprägen: Polizei 110, Feuerwehr 112, Notruf 19222, ...

Sicherheitsvorkehrungen im Zusammenhang mit dem Fahrstuhl

- Nicht im Aufzug „spazieren" fahren, sondern auf dem kürzesten Weg ans Ziel
- die Bedienungsvorrichtung des Fahrstuhls studieren
- bei einem unguten Gefühl (Intuition) erst gar nicht in den Aufzug einsteigen bzw. ihn sofort wieder verlassen und die Treppe benutzen

Sicherheitsvorkehrungen in Verbindung mit dem Auto

- Fahrtüchtigkeit des Wagens überprüfen (Benzin, techn. Mängel sofort beheben lassen);
- Fachkenntnisse über Wartung, kleinere Reparaturen, Reifenwechsel aneignen, um bei einer Panne nicht zwingend auf fremde Hilfe angewiesen zu sein;
- Wagen nach dem Verlassen stets abschließen;
- während der Fahrt nicht mehr Türen als nötig unverschlossen lassen (Vorsicht an Ampelanlagen!);
- einen automatischen Türverriegler anfertigen lassen, falls es der Geldbeutel und die Automarke zulassen);
- in übersichtlichen Bereichen parken;

- keine Anhalter mitnehmen;
- bei liegengebliebenen Fahrzeugen nachts bzw. in unwegsamen, einsamen Gegenden nicht unbedingt anhalten, sondern besser Hilfe holen;
- Geldbeutel/Handtasche nicht sichtbar im Auto liegen lassen;

Mitfahren per Anhalter

Grundsätzlich sind uns die Risiken des Mitfahrens „per Anhalter" bekannt. Dennoch ist es nicht immer möglich, dies zu vermeiden. Angenommen der eigene Wagen bleibt auf einer Landstraße liegen, keine Möglichkeit zum Telefonieren in der Nähe - was dann?

- Autokennzeichen, Fahrzeugtyp und -farbe einprägen;
- gedanklich eine Personenbeschreibung des Fahrers anfertigen: Größe, Gestalt, Alter, Augen- und Haarfarbe, besondere Merkmale, etc.
- Mechanismus der Sicherheitsgurte erforschen, ggf. noch einmal öffnen;
- Öffnungsmechanismus der Beifahrertür testen, indem man z.B. vorgibt man habe geglaubt, die Tür habe nicht richtig geschlossen;
- darauf achten, ob der Wagen eine Zentralverriegelung hat;
- Fahrer nach seinem Fahrtziel fragen (Vorsicht bei Streckenänderungen zugunsten der Anhalterin);
- Selbstbewußtes Auftreten;
- falls sich die Situation während der Fahrt zuspitzt, durch unflätiges, abnormes Verhalten ablenken (am ganzen Körper kratzen, Übelkeit vortäuschen, Wutanfall, Hysterie, ...);
- bei aufkommender Gefahr (Intuition) Übelkeit anmelden und/oder den Fahrer bitten, an der nächsten Raststätte kurz anzuhalten.

Sicherheitsvorkehrungen in Verbindung mit öffentlichen Verkehrsmitteln

- bei ungutem Gefühl in der Nähe des Fahrers Platz nehmen
- beim Warten die „Umwelt" aufmerksam beobachten, um so rechtzeitig auf mögliche Gefahrensituationen vorbereitet zu sein (nicht unbedingt einen „Walkman" aufsetzen)
- bei negativer Vorahnung nicht aussteigen, sondern weiterfahren und sich ggf. vom Taxi nach Hause fahren lassen
- Reisen sorgfältig planen, um unnötige Wartezeiten bzw. Umwege zu vermeiden
- ins Großraumabteil (Zug) setzen

Weitere Sicherheitsmaßnahmen

- Handtasche um Kopf und Schulter hängen
- bei „scheinbarer“ Verfolgung Blickkontakt aufnehmen und evtl. die Straßenseite wechseln, um herauszufinden, ob man auch wirklich verfolgt wird
- während der Flucht belebte Orte aufsuchen (Menschenmassen)
- in Gefahrensituationen Passanten direkt ansprechen und konkret um Hilfe bitten
- falls die Möglichkeit besteht, stets Bescheid geben, wohin man geht
- bei ungutem Gefühl (Intuition) besser einen Umweg in Kauf nehmen
- innerlich vorbereitet sein, mögliche Gefahrensituationen nicht gedanklich ausklammern („...ich bilde mir das alles nur ein...“)
- rechtzeitig Grenzen setzen („guter“ Onkel, Chef, Kollege, ...)
- nicht vorsätzlich provozieren
- eigene Kinder (Erziehung) sensibilisieren (kein „Küßchen für den Onkel“ erzwingen, wenn sie nicht möchten)
- sich mit der eigenen Angst auseinandersetzen (Angst-Räume) gedankliches Durchspielen von Gefahrensituationen
- hohen Alkoholkonsum nach Möglichkeit vermeiden, nicht sinnlos „zusaufen“

Selbstverteidigung: Hinführung zu effektiven, leicht erlernbaren Atemitechniken (untere Extremitäten)

Die wohl „gängigste Damenabwehr“ stellt aller Wahrscheinlichkeit nach der „Fußtritt in den Unterleib“ dar. Umgekehrt hat sich dies natürlich auch bereits in der „Männerwelt“ herumgesprochen, so daß diese Abwehrtechnik gewissermaßen ‚erwartet‘ wird. Ein cleverer Angreifer wird sich demnach seitlich zum „Opfer“ stellen und die Beine tunlichst geschlossen halten.

Dennoch handelt es sich hierbei um eine äußerst effektive und erfolgversprechende Technik, die, richtig ausgeführt, trotz des hohen Bekanntheitsgrades, im Verteidigungsrepertoire einer Frau nicht fehlen sollte.

FUSSTRITT

Der Fußtritt wird in einer kreisförmigen Schnappbewegung mit dem Spann getreten. Man könnte die Technik vielleicht mit der Ausführung eines "Elfmeters" beim Fußball vergleichen.

Der Fußtritt ist eine Abwehrtechnik, die im Distanzbereich eingesetzt wird. Grundsätzlich gilt:

„Niemals selbst den Kontakt zum Gegner suchen, stets die Verteidigung aus der Distanz heraus suchen und sobald wie möglich die Flucht ergreifen."

Übung 1: „Extreme Belästigung durch einen Betrunkenen“

TN1 spielt die Rolle eines Betrunken. TN2 versucht anfänglich, sich verbal zur Wehr zu setzen, jedoch stets darauf bedacht, TN1 nicht näher an sich herankommen zu lassen. Als TN1 massiv wird und versucht, handgreiflich zu werden, stoppt ihn TN2 mit einem gezielten Fußtritt in den Unterleib.

FUSSTOSS

Hier soll lediglich die "seitliche" Ausführung in Kniehöhe vermittelt werden. Getreten wird mit der Fußaußenkante. Das Knie wird dabei von vorn angegriffen.

Eine weitere Form des „Fußstoßes" stellt der als Abwärtsbewegung ausgeführte „Fersenstoß“ auf den gegnerischen Spann dar (Schocktechnik).

SCHIENBEINRUTSCHE

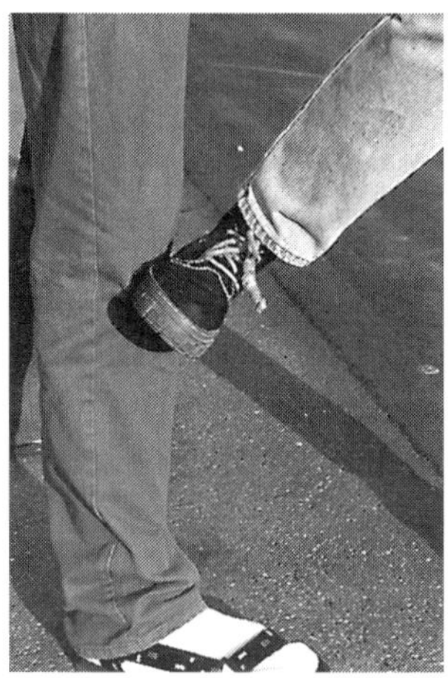

Diese Technik stellt eine Art Kombination aus Fußstoß und Fußtritt dar. Man stelle sich vor, der seitliche Fußstoß zum Knie rutscht ab und man landet mit dem Fuß auf dem Spann des Gegners. Führt man diese Technik gezielt und kraftvoll in der oben beschriebenen Weise aus, kommt es zu einem "doppelten" Schockeffekt.

Hilfsmittel

Sowohl der Fußstoß als auch die Schienbeinrutsche können mit Hilfe eines **Besenstiels** oder eines **Gymnastikstocks** eintrainiert werden. Die Partnerin hält dabei den am Boden aufgestützten Stock senkrecht neben ihrem Bein.

KNIESCHLAG

Der Knieschlag stellt eine äußerst effektive und wirkungsvolle Verteidigungstechnik für die Nahdistanz dar. Bei der Technikausführung spielt neben dem Knie in gleichem Maße der beidhändige Griff nach dem Oberkörper bzw. Kopf des Gegners eine wesentliche Rolle. Der Gegner wird dadurch sozusagen auf das Knie gezogen. Auch hier gilt, daß der eigentliche Zielpunkt der Technik stets hinter der Auftrefffläche zu sehen ist.

So ist gewährleistet, daß beim Auftreffen auf das „eigentliche“ Ziel die größtmögliche Kraft und Energie vorhanden ist und nicht bereits dort ein unbewußtes „Abstoppen“ stattfindet.

Der Knieschlag kann, je nach Situation und Stellung zum Angreifer, sowohl gerade als auch seitlich ausgeführt werden.

Übung 2: „Umklammerung von hinten über den Armen“

TN1 umklammert TN2 von hinten über den Armen und will sie wegzerren. TN2 weicht mit der Hüfte etwas aus und plaziert einen Handkantenschlag in den Unterleib der Angreiferin. Als diese unter Schmerzen losläßt, greift sie deren Kopf mit beiden Händen, dreht sich und schlägt mit dem Knie auf deren Nase. Anschließend reißt sie, die Hände immer noch um den Kopf der Angreiferin geschlungen, TN1 völlig zu Boden.

Wir gehen davon aus, daß es sich hier um eine für TN2 äußerst gefährliche Situation handelt. Weit und breit ist kein Mensch zu sehen...

Grundsätzliche Anmerkungen zu Angriffen und der dazugehörigen Verteidigung – Verhältnismäßigkeit

Bei Angriffen, die im Training geübt werden, kommt es mitunter zu „scheinbar" übertriebenen Verteidigungshandlungen. Hier muß jedoch stets mitberücksichtigt werden, welche Situation (äußere Bedingung) sich die Verteidigerin gerade vorgestellt hat. So wird z.B. eine „spielerische" Umklammerung von hinten unter Freunden ganz anders geahndet werden als der gleiche Angriff in einer nächtlichen Parkanlage.

Selbstverständlich muß der ÜL immer wieder von neuem die jeweiligen Hintergründe der individuellen Abwehrhandlungen beleuchten, so daß allmählich ein Gefühl für die „richtige" Verhältnismäßigkeit entwickelt werden kann und es nicht bereits in völlig gefahrlosen Situationen zu Überreaktionen kommt.

KNIEKEHLENTRITT

Diese Technik - von hinten ausgeführt - dient lediglich dazu, den Gegner nach vorne auf die Knie fallen zu lassen.

Der „Kniekehlentritt" sollte einmal kurz angesprochen und vorgestellt - jedoch als effektive Abwehr nicht überbewertet werden.

Cool Down: Meditatives Einprägen von Leitsätzen

Falls die Möglichkeit besteht, den Raum abdunkeln: Alle TN legen sich auf den Rücken und entspannen. Die Augen werden geschlossen gehalten. Im Hintergrund läuft leise Meditationsmusik.

Der ÜL liest den

TEXT: „Prävention - einmal anders..." (siehe Anhang)

mit ruhiger, eindringlicher Stimme vor. Zwischen den einzelnen Sätzen müssen genügend Pausen gelassen werden, damit sich die TN die Leitsätze besser einprägen können.

6. EINHEIT

Die Stimme als elementares Hilfsmittel
Erlernen einfacher Falltechniken
Abwehr von Angiffen im Stand

Aufwärmen: Gymnastik mit Musik

DAUER	MUSIKTITEL	ÜBUNGEN
3 min.	**"Real wild child"** (Pretty Woman)	Lockeres Aufwärmen (Durcheinanderlaufen, Hopsassa-Laufen, Kniehebelauf, Anfersen, Seit-Galopp, Übersetzen,...)
5 min	**"What is love"** (Dr. Alban)	"Aerobicübungen auf der Stelle" (Hüpfen, Hampelmann, SV-Techniken im Musiktakt simulieren, ...)
3 min.	**"Eternal flame"** (Bangles)	Dehnen und Stretchen (gezielt die einzelnen Muskelgruppen ansprechen, dabei sinnvollerweise von oben nach unten bzw. in umgekehrter Richtung vorgehen)
3 min.	**"What's up"** (4 Non Blondes)	- " -
3 min.	**"I remember"** (Karl Keaton)	- " -

Selbstbehauptung: Die Stimme als elementares Hilfsmittel

In den meisten Fällen wird den Frauen bereits während ihrer ersten „Schreiübung" bewußt, daß sie eigentlich gar nicht laut schreien können. Bei vielen liegt es daran, daß sie sich scheuen, vor einer Gruppe scheinbar grundlos loszuschreien, andere wiederum sind aufgrund ihrer Stimme überhaupt nicht fähig dazu. Ihre Stimme versagt oder schnappt über. Ebenso wie Sänger oder Schauspieler müssen auch sie erst ihre Stimme schulen.

Regelmäßige Stimmschulung

Genau wie unser Körper für die Technikausführung, muß auch unsere Stimme regelmäßig trainiert werden. Mit ein paar Schreiübungen ist es da nicht getan. Erst ein regelmäßiges Stimmtraining gewährleistet, daß uns unsere Stimme auch im „Ernstfall" nicht im Stich lassen wird.

Daher besonders beim Selbstverteidigungstraining darauf achten, daß technikbegleitend die Stimme eingesetzt wird. Dies kann besonders gut durch laute, aggressive Hintergrundmusik provoziert werden. Auf diese Weise wird den TN die anfängliche Scheu vor dem Schreien genommen, da es nun gilt, die laute Musik zu übertönen.

Es ist darauf zu achten, daß die TN im Laufe des Kurses nicht ausschließlich auf den „Kiai“ (=Kampfschrei) zurückgreifen. Klare Anweisungen, wie z.B. „Los lassen“, „Hau ab“, „Verpiß' Dich“, „Faß' mich nicht an“, bringen weitaus mehr, da sie dem Angreifer zusätzlich mitteilen, was er konkret machen soll.

Bedeutung der Stimme

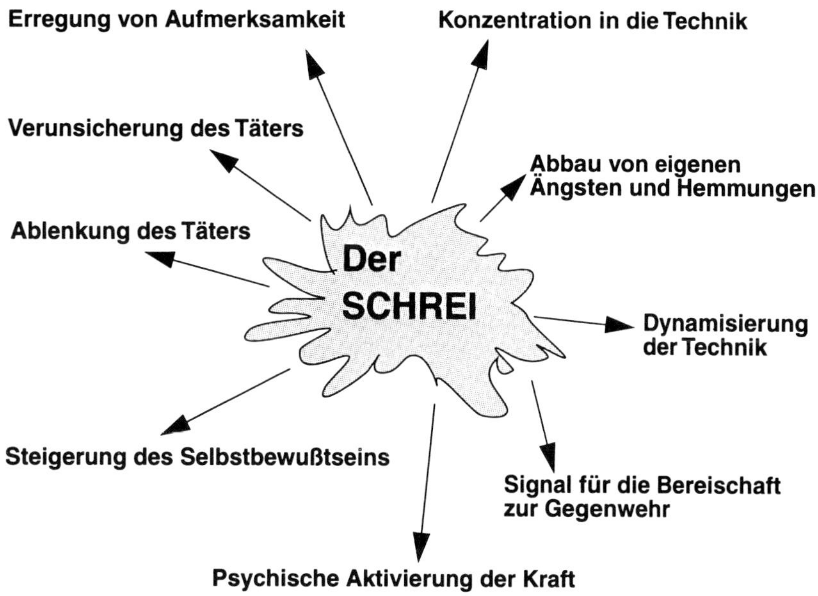

Die Erfahrung hat gezeigt, daß der bloße „Hilferuf“ als solcher wenig Erfolg verspricht. Viel mehr reagieren die Leute auf Ausrufe wie z.B. „Feuer“ oder „Überfall“.

Ob es nun daran liegt, daß „Hilfe“ ein zu allgemeiner Ausdruck ist, oder, daß die Leute bei „Feuer“ aus reiner Neugierde ‚aus dem Fenster schauen‘, sei dahingestellt.

Böse Zungen behaupten, daß man „Feuer“ auch **nur anschauen** kann, wobei man bei „Hilfe“ stets zu einer **aktiven Handlung** aufgefordert wird. Und wer denkt schon nicht erst einmal an sich selbst! Es gibt doch genug andere, die helfen können, oder?

Übungen zur Stimmschulung

Übung 1: „Ja-Nein-Spiel"

TN1 und TN2 stehen sich gegenüber. Eine von beiden übernimmt den „Nein"-Part, die andere die „Ja"-Rolle. „Ja" und „Nein" wechseln sich ab. Wer kann sich durchsetzen? Stimme und Körpersprache spielen dabei eine wesentliche Rolle.

Die obige Übung wird ohne jeglichen Körperkontakt durchgeführt.

Übung 2: „Ich heiße ... und schreie ..."

Die TN stellen sich kreisförmig auf. Ein Softball wird von Spielerin zu Spielerin gereicht. Musik spielt im Hintergrund. Plötzlich stoppt der ÜL die Musik. Die TN, die gerade den Ball in den Händen hält, muß sich in die Mitte stellen, ihren Vornamen sagen und demonstrieren wie sie schreit: „Ich heiße ‚Karin' und schreie so: ‚Aaaaaaaaah'".

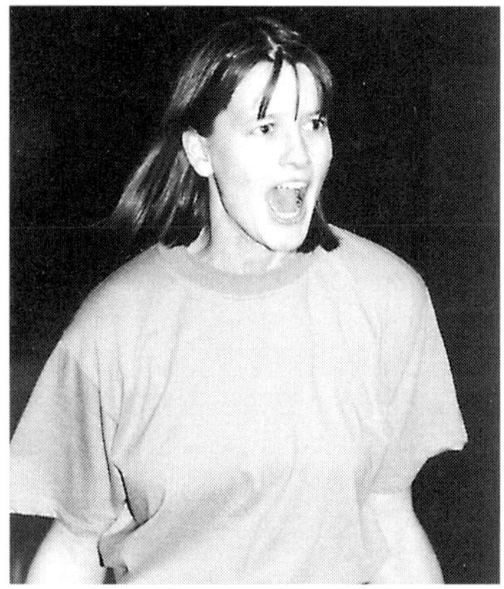

Die Musik beginnt von neuem, der Ball dreht weiterhin seine Runde, erfahrungsgemäß etwas schneller als zuvor. Der ÜL koordiniert die Musik und achtet darauf, daß jede TN einmal in der Mitte gestanden hat.

Übung 3: „Löwinnengebrüll"

TN1 und TN2 sind beides Löwinnen, die ihre Kinder beschützen. Gleichzeitig versuchen sie jedoch, die Kinder der gegenüberstehenden Löwin zu stehlen. Durch lautes, tiefes „Brüllen" versuchen sie beide ihr Gegenüber einzuschüchtern. Die TN stehen wie ‚Sumo-Ringer' da und gebärden sich dabei wie wirkliche ‚Löwinnen'.

Übung 4: „Hau ab"

Alle TN stellen sich kreisförmig auf. Eine TN beginnt. Sie hat die Aufgabe, ihre rechte Nebenfrau mit einem lauten „Hau ab" und der entsprechenden Körpersprache zurückzuweisen. Diese nimmt das „Kommando" auf, dreht sich wiederum zu ihrer eigenen rechten Partnerin und schreit diese ebenfalls an, wenn's geht noch ein wenig lauter. Die Runde setzt sich fort.

Übung 5: „Du dumme Sau ...“

Dieses Spiel läuft analog der Übung 4 ab. Nur daß sich die Spielerinnen hier mit ‚schlimmen‘ Schimpfwörtern anbrüllen. Erfahrungsgemäß kennen die TN jedoch überhaupt keine wirklichen Schimpfworte, zumindest keine schlimmen. Aus diesem Grund werden vom ÜL kleine Zettel und ein paar Stifte ausgeteilt. Die TN sollen die übelsten ihnen bekannte Schimpfworte daraufschreiben und die Zettel zusammengefaltet in die Mitte legen. Jede TN muß sich anschließend einen Zettel nehmen und das gezogene Wort lauthals in die Runde schreien. Damit es ein wenig spannender wird, tauscht der ÜL ein paar der Zettel mit seinen eigenen aus.

Diese Übung hat zwei Hintergrundgedanken:

- Zum einen will man versuchen, die Frauen an die ‚unschönen, obszönen Ausdrucksweisen‘ mancher Männer zu gewöhnen. Sind ihnen die Worte bekannt, oder haben sie diese bereits einmal selbst ausgesprochen, verlieren sie auf diese Weise ihre anfängliche Bedrohlichkeit.

- Zum anderen kann man durch den aktiven Gebrauch dieser Worte eine gewisse ‚Kaltschnäuzigkeit‘ vermitteln. Der Täter ist ‚geschockt‘, aus dem Mund einer Frau diese ‚dreckigen‘ Worte zu hören. Und genau das ist dabei die Absicht.

Nachfolgend ein paar ‘ausgewählte’ Stücke als Hilfestellung für den ÜL:

Als da wären „Hau ab, Du stinkende Schlampe“, „Verpiß Dich, Du Bettnässer“, „Du Drecksau“, „Wichser“, „Senfsack“, „Du alte Fotze“, „Scheißkerl“, „Hau ab, Du Flachwichser“, „Schweinebacke“ (süß nicht!), „Klodeckelwichser“, „Fotzenhobel“, „Potenzlose Sau“, „Arschficker“, „Ich reiß Dir die Fotze auf“, „Fick’ Dich selber, Du Schlampe“, „Hau ab, Du stinkender Hurenbock“, „Du völlig verblödete Zofe“, „Hurensohn“, „Scheißpenner“, „Dreckshure“, „Du frischgevögeltes Suppenhuhn“, „Motherfucker“, „Pappnase“, „Fettsack“, „Arschloch“, „Du schwanzgesteuerter Hurensohn“, „Arschkriecher“, „Schwule Sau“, „Du vollgepißtes Arschgesicht“, „Gehirnamputierter Saftsack“, „Geile Zosse“.

Nur selten gelingt es den Frauen, den perversen, oft nur geflüsterten Tonfall der ‘Täter’ zu imitieren. Das Herausschreien dieser Worte gelingt Ihnen meist besser.

Übung 6: „Schreien und stoßen“

Alle TN stellen sich im Kreis auf. Es wird im Zweierrhythmus durchgezählt. Alle ‚Einser‘ sind Täter, alle ‚Zweier‘ sind Opfer. Alle gehen durcheinander und benehmen sich ihrer Rolle gemäß. Im Hintergrund spielt motivierende „Gute-Laune-Musik“. Die Musik stoppt. Die ‚Täter‘ versuchen, um geeignete ‚Opfer‘ den Arm zu legen. Diese stoßen den ‚Täter‘ mit einem entschiedenen und bestimmten Ausruf energisch von sich. Musik beginnt erneut zu spielen, diesmal allerdings ‚aggressive'. Die TN laufen wieder durcheinander und warten auf das nächste Stoppen der Musik. Gleicher Ablauf wie oben! Es folgt Meditationsmusik usw.. Im Anschluß daran Rollentausch.

Werden die unterschiedlichen Rollen erkannt? Falls nicht, darf sich auch ggf. einmal ein ‚Täter' zur Wehr setzen. Wird der Einfluß der wechselnden Musikrichtungen auf ‚Opfer' und ‚Täter' erkennbar? Der Übungsverlauf kann ebenfalls durch Veränderung der Lichtverhältnisse beeinflußt bzw. variiert werden.

Übung 7: „Hören und stören"

Die TN teilen sich in zwei gleich große Gruppen. Jede Gruppe hat die Aufgabe, sich einen Satz, der aus sieben Worten besteht, auszudenken. Ist dies geschehen, muß jede Gruppe ihren Satz so laut wie möglich schreien und gleichzeitig versuchen, den Satz der anderen Gruppe zu erraten. Damit gewährleistet wird, daß beide Gruppen gleichzeitig mit dem Schreien beginnen, wird laute Musik eingeschaltet. Die Gruppen beginnen zu schreien, die Musik wird abgeschaltet, die Gruppen schreien weiter.

Übung 8: Kämpfen und schreien

Die TN gehen in Dreiergruppen zusammen. Jeweils zwei dieser Gruppierungen stehen sich gegenüber. Die mittlere jeder Gruppe wird von den beiden äußeren am Handgelenk beidhändig festgehalten. Die zwei mittleren TN versuchen nun ihrerseits, zueinander zu gelangen. Durch massives Zerren und Nach-vorne-Stürmen, versuchen sie, sich loszureißen. Dabei rufen sie den Namen der Partnerin. Die beiden ‚Haltenden' sind angewiesen, die ‚Kämpfenden' auf keinen Fall loszulassen (Verletzungsrisiko!).

Selbstverteidigung: Erlernen einfacher Falltechniken

Und soviel zum Thema "Fallschule"

Spätestens in dieser Übungseinheit ist es an der Zeit, über das „Fallen“ zu sprechen.

Es muß von vornherein klar sein, daß wir nicht versuchen wollen, den Frauen in kürzester Zeit das gesamte Repertoire der „Ju-Jutsu-Fallschule“ beizubringen.

Weiter müssen wir uns überlegen, wo und wann es zum „Fallen“ kommen kann. Denken wir kurz einmal nach – der größte Teil der sexuellen Übergriffe findet im persönlichen Nahbereich, in der Wohnung des Opfers oder des Täters statt. Wir können also im allgemeinen von recht engen Räumlichkeiten ausgehen. Es ist deshalb ziemlich überflüssig, den TN das Rollen beizubringen, da hierfür in den meisten Fällen kein Platz sein wird.

Da wir die uns zur Verfügung stehende Trainingszeit so effektiv wie möglich nutzen wollen, widmen wir uns also in erster Linie den Stürzen.

Auch hier ergäbe es wiederum wenig Sinn, wenn wir versuchen würden, den Kursteilnehmerinnen den recht schwierigen „Sturz rückwärts“ beizubringen. Und auch der „Sturz vorwärts“ erscheint zu schwierig.

Wir müssen umdenken! Uns steht für das Eintrainieren nur wenig Zeit und zum Fallen wenig Platz zur Verfügung.

Erfahrungsgemäß kommt es beim unsachgemäßen Fallen in erster Linie zu Verletzungen des Kopf- und Rückenbereiches (die Luft bleibt weg, der Kopf schlägt auf dem Boden auf). Obendrein liegt die Gestoßene meist mit gespreizten Beinen am Boden. Der Täter muß sozusagen nur noch „zugreifen“.

Demzufolge ist das oberste Gesetz beim Fallen:

Grundsätzlich seitlich fallen, wenn möglich Arme gerade lassen, besser nicht abstützen und die Beine geschlossen, am Körper angezogen halten.

Dieser Grundsatz gilt sowohl für das 'Fallen nach hinten' als auch für das 'Stürzen nach vorne'.

Die Beine sollen zum Schutz des eigenen Körpers und um ein schnelles Treten zu ermöglichen, angezogen werden.

Zusätzlich sollte den Frauen das ‚beliebte‘ Abstützen mit den Händen bzw. dem Ellenbogen während des Fallen abgewöhnt werden. Dieses Abstützen birgt ein hohes Verletzungsrisiko für Handgelenk, Ellenbogen, Schulter und Schlüsselbein in sich.

(Siehe auch Bodenverteidigung, Einheit 7)

Übung 1: „Um jeden Preis seitlich fallen..."

Zuerst wird das seitliche Fallen isoliert auf der Weichbodenmatte geübt, dann auf der normalen Matte, anschließend während des Rückwärtslaufens und schließlich mit Fremdeinwirkung (Stoßen an den Schultern von vorn). Als Krönung des Ganzen versuchen die TN zum Abschluß, auf normalem Hallenboden zu fallen. Während sämtlicher Übungen sollen die TN „um jeden Preis" nach den oben beschriebenen Regeln fallen.

Auch beim ‚normalen' Techniktraining soll diese ‚Fallschule' geübt werden. Gerade bei den nachfolgenden Techniken (Schulterbeinzug, Rückriß, Genickhebel) ist es für die Partnerin wichtig, richtig zu fallen.

Selbstverteidigung: Abwehr von Angriffen im Stand

SCHULTERBEINZUG

Der gegnerische Knöchel wird mit beiden Händen gegriffen und unter Einsatz des eigenen Körpergewichts fest auf den Boden gepreßt. Die innen liegende Schulter wird dynamisch, ähnlich wie bei einem 100-Meter-Start, nach vorne gegen das Schienbein direkt unterhalb des Knies gestoßen. Durch ein Überstrecken des Kniegelenks wird der Angreifer zu Boden gebracht.

Beim ‘Schulterbeinzug’ handelt es sich um eine äußerst wirkungsvolle Technik, die sich gerade nach ‘Haare-ziehen von vorne mit zu Boden reißen’ optimal anbietet.

Die Technik darf im Training nur mit äußerster Vorsicht am Partner geübt werden, da es dabei leicht zu Knieverletzungen kommen kann. Die TN erlernen die Technik sehr schnell und wenden sie auch gerne an.

Hilfsmittel

Auch hier dient der **Besenstiel** bzw. der **Gymnastikstock** als willkommenes Hilfsmittel.

Aus Gründen der Eigensicherung sofort nach Ausführung der Technik aufstehen und nach Möglichkeit die Flucht ergreifen.

Übung 2: „Haare ziehen von vorne mit zu Boden reißen“

TN1 zerrt TN2 grob an den Haaren zu Boden. TN 2 gibt diesem Zug nach, indem sie dynamisch nach vorne stürmt und unvermittelt einen Schulterbeinzug ansetzt.

TN2 nimmt sozusagen die ‚Zugkraft‘ von TN1 auf, addiert ihre eigene Energie (nach vorne stürmen) hinzu und hebelt TN1 durch den ‚Schulterbeinzug‘ zu Boden. Anschließend ergreift TN2 in Laufrichtung (am Kopf von TN1 vorbei) die Flucht.

Übung 3: „Beine greifen und zu Boden reißen“

Wie oben. Diesmal kann sich TN2 jedoch nicht schnell genug in Sicherheit bringen. TN1 gelingt es, nach ihren Beinen zu greifen und reißt sie zu Boden . TN2 setzt sich erneut zur Wehr.

Die TN sollen sich dabei eigenständig ohne Anleitung zur Wehr setzen. Der ÜL gibt nur ‚hilfreiche‘ Tips.

**NICHT AM MODELL HÄNGEN, DAS IM TRAINING GEÜBT WURDE.
JEDE SITUATION IST ANDERS!**

ZEIGT DIE EINE TECHNIK KEINE WIRKUNG -

SETZE SOFORT EINE ANDERE NACH.

Speziell hier in der „Frauen-SV“ möchte ich zwischen den Techniken **Genickhebel** und **Rückriß** nicht sonderlich differenzieren.

GENICKHEBEL UND RÜCKRISS

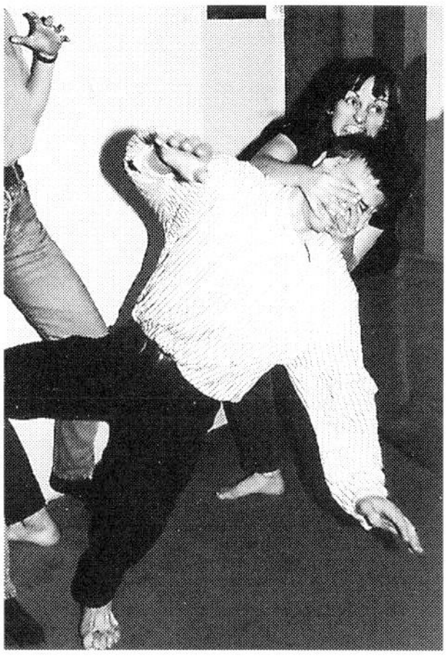

Beide Techniken laufen auf ein festes, beidhändiges Ergreifen des gegnerischen Kopfes mit anschließendem (meist kreisförmigen) Zu-Boden-Reißen hinaus.
Auf genau diese Weise soll die Technik bzw. die beiden Techniken vermittelt werden.

Wichtig für die Effektivität der Techniken ist im Grunde genommen das feste Zupakken am Kopf, die richtige Drehrichtung und das dynamische Zu-Boden-reißen des Gegners.

Hilfsmittel

Die besagte „dynamische", effektive Ausführung ist aufgrund des hohen Verletzungsrisikos der Halswirbelsäule in beiden Fällen am Partner nicht durchführbar. Ein ideales Trainingsgerät stellt hier der **kleine Medizinball** dar. In Kopfhöhe gehalten, dient er als „Kopfersatz" und kann wie dieser gegriffen und kreisförmig zu Boden gestoßen werden.

BEINEINHÄNGEN

Umklammern des gegnerischen Beines mit dem eigenen Bein von außen nach innen, um so ein schwungvolles Ausheben des eigenen Körpers durch den Angreifer zu verhindern. Ziel ist es, in eine verhältnismäßig stabile Ausgangsposition für eigene Verteidigungshandlungen, wie z. B. Preßluftschlag zu kommen.

Es liegt natürlich durchaus im Rahmen der Möglichkeiten, daß der Täter gerade dieses „Beineinhängen" ausnutzen wird und sein Opfer zu Boden reißt. Sollte dies geschehen, natürlich nicht weiterklammern, sondern sofort versuchen, die Beine zwischen sich und den Körper des Täters zu bringen.

Übung 4: „Umklammerung von vorn unter den Armen mit Hochheben" (in einer Gefahrensituation...)

TN1 umklammert TN2 von vorn unter den Armen und versucht, diese ruckartig hochzuheben. TN2 hängt sich sofort ein (von außen nach innen) und kontert mit einem Preßluftschlag. Sie behält anschließend beide Hände am Kopf und reißt die Angreiferin durch eine Drehbewegung deren Kopfes kreisförmig zu Boden. Wichtig ist es, daß sie dabei mit dem Bein einen Schritt nach hinten macht, so daß ihr die Angreiferin nicht auf die eigenen Füße tritt.

Wir gehen hierbei von einer, für die Angegriffene, gefährlichen Situation aus, die das Maß ihrer Verteidigung durchaus rechtfertigt.

Angenommen, die Situation wäre nun weniger gefährlich, vielleicht sogar nur „Spaß" (?!), dann hätte die Verteidigung wie folgt aussehen können:

Übung 5: „Umklammerung von vorn unter den Armen mit Hochheben" (zum Spaß...!)

Wie oben. Statt zum ‚Preßluftschlag', greifen wir hier jedoch zu vergleichsweise ‚sanften' Schocktechniken, wie z.B. den Zeigefinger ins Ohr bohren, die Daumen in die Lymphknoten unterhalb der Unterkieferknochen drücken oder in die

Haare greifen und dicht über der Kopfhaut drehen. Hat man wieder Boden unter den Füßen erlangt, sollte man die Angreiferin mit einem Stoß nach hinten außer Reichweite bringen.

Wozu das Ganze? Es sind nicht ausschließlich die Gefahrensituationen, die den Frauen das Leben schwer machen. Oft sind es bereits die kleinen alltäglichen Belästigungen, in denen sich Frauen gedemütigt und unterlegen fühlen. Manchmal machen die Männer vielleicht nur Spaß, jedoch ist dieser Spaß in vielen Fällen einseitig zu verstehen.

Gerade im letzteren Fall neigen Frauen oft zu Überreaktionen. Sie sind es leid, die Späßchen mitzumachen und reagieren überverhältnismäßig heftig. Entgegen der ‚landläufigen' Meinung empfinden auch die Männer sehr schnell Schmerzen, so daß es hier häufig zu Mißverständnissen kommt.

Unsere Aufgabe ist es, den Frauen auch in diesen Situationen Hilfestellung zu geben. Auch das erfolgreiche sanfte Sich-zur-Wehr-setzen will gelernt sein. Hier spielt die bereits erwähnte ‚Verhältnismäßigkeit' erneut eine wesentliche Rolle.

Kleine Tricks und Kniffe

- kurz über der Kopfhaut in die Haare greifen und drehen
- in die Schnurrbarthaare greifen (falls vorhanden) und drehen
- mit dem Zeigefinger in die Ohren bohren
- mit dem Daumen oder der gestreckten Hand unterhalb des Unterkieferknochens stechen
- mit dem Zeigefinger oder Daumen in die Kehlkopfgrube drücken
- in die Oberschenkelinnenseite zwicken
- beißen
- ...

Diese vergleichsweise ‚sanften' Abwehrformen sind wiederum ein weiterer wichtiger Schritt hin zur eigenen Selbstbestimmung und führen somit zur Steigerung des Selbstwertgefühls. Obendrein sprechen wir hier von Situationen, die mit ziemlicher Sicherheit jeder Frau bereits mindestens einmal passiert sind.

Es wäre grundlegend falsch, wenn wir die Frauen nur auf den sog. ‚Ernstfall' vorbereiten würden und sie bei diesen leider ‚alltäglichen' Dingen im Stich lassen würden.

Cool Down: Pferderennbahn

Übung 1: „Pferderennbahn"

Alle TN legen sich auf den Bauch und bilden - dicht aneinandergedrängt - einen Kreis. Ihre Köpfe zeigen zur Kreismitte hin. Der ÜL kommentiert mit nachfolgenden Worten das 'Renngeschehen':

„... die Pferde befinden sich am Start, sie sind unruhig..."	*leichtes Scharren mit den Händen, der Fußspann schlägt abwechselnd leicht auf den Boden;*
„...der Startschuß ertönt! Bäng! ..."	*die Pferde preschen los; Handflächen und Fußspann trommeln in raschem Wechsel die Matte;*
„...da kommt eine Rechtskurve..."	*alle TN neigen sich nach rechts, ohne jedoch mit dem Trommeln aufzuhören;*
„...kleine Fan's: Hi, hi - ..."	*Zeige- und Mittelfinger werden „V-förmig" hochgehoben, sozusagen als Zeichen des Grußes;*
„...große Fan's : Haaaah -..."	*beide Hände werden winkend zum Gruß gehoben;*
„...Hoppla - ein Wassergraben: Platsch!"	*der ganze Körper wird vom Boden weggedrückt und in die Luft gehoben;*
„...Doppeloxer: Hopp, hopp -"	*wir schwingen zuerst vorn hoch, dann hinten - das Ganze zweimal;*
„...und die Fotographen: Klick, klick -..."	*wir symbolisieren mit der Hand einen hochgehaltenen Fotoapparat und drücken ab*

Das Spiel kann beliebig fortgesetzt und variiert werden. Zum Schluß könnte ggf. eine Siegerin ermittelt werden, die sozusagen das Ziel, aufgrund ihrer Anstrengungen, als erste durchlaufen hat.

Spieltempo und Motivationsgrad bestimmt der Spielleiter durch sein persönliches Engagement.

7. EINHEIT

Abwehr von Angriffen in der Bodenlage,
Man gibt zuerst im Kopf auf -
Selbstbewußtsein stärken

Aufwärmen: Bodenkampfspiele

Zuvor kurzes Dehnen...

Übung 1: „Sockenraub“

Alle TN ziehen sich ihre Socken an und setzen sich partnerweise im Kniestand gegenüber. Beim Kommando „Los“ muß jede TN versuchen, ihrer Partnerin die Socken auszuziehen, gleichzeitig jedoch verhindern, daß ihr selbst die Socken ausgezogen werden. Siegerin ist diejenige, die am Schluß noch mindestens einen Socken an hat. Haben beide die Socken an, hat keine gewonnen.

Übung 2: „Beschützen eines Luftballons“

TN1 hat die Aufgabe, einen aufgeblasenen Luftballon unter ihr T-Shirt zu stecken und diesen vor den Angriffen von TN2 zu „beschützen“. TN2 wird versuchen, den Luftballon zum Platzen zu bringen.

Die TN1 soll durch diese Übung indirekt erfahren, wie schwierig es für ihre Gegnerin ist, an **eine bestimmte, eigentlich sehr empfindliche Stelle** (Luftballon) **ihres Körpers** zu gelangen, ohne daß sie das möchte.

Übung 3: „Ausziehen ...“

TN1 hat die Aufgabe, TN2 Gürtel und Gi auszuziehen. Gewonnen hat, wie bei Übung 1, wer am längsten das Kleidungsstück anbehalten kann.

Je nach Teilnehmerzahl können hier Gürtel und Gi‘s ins Training mitgebracht bzw. auf Sweatshirts und wirkliche Gürtel zurückgegriffen werden.

Selbstverteidigung: Abwehr von Angriffen in der Bodenlage

Kurze Wiederholung der wesentlichen Punkte, die beim Fallen zu berücksichtigen sind:

- Wie bereits in der „letzten“ Stunde besprochen, ist es beim **Stürzen** wichtig nicht auf Rücken oder Bauch zu fallen, sondern ‘um jeden Preis’ **seitlich**.
- Die **Beine** dabei **geschlossen** halten und nach **Möglichkeit an den Körper heranziehen**.
- Grundsätzlich aus Verletzungsgründen niemals **mit den Händen bzw. den Ellenbogen abstützen**.
- Gerade am Boden ist es besonders wichtig **den Körper, vor allem den Kopf (Sinnesorgane) zu schützen**. Grundsätzlich sofort die Unterarme schützend

vor das Gesicht halten und die Beine dicht an den Körper heranziehen, um so dem Gegner eine möglichst geringe Angriffsfläche zu bieten.

- Stets versuchen, die **Beine zwischen den eigenen Körper und den des Angreifers zu bringen**, um auf diese Weise eine möglichst große Distanz zu schaffen. Außerdem kann der Angreifer mit Hilfe der Beine besser weggestoßen werden.

Übung 1: „Wo befindet sich der Angreifer?"

TN 1 werden die Augen mit einem Tuch verbunden. Sie hat die Aufgabe, sich seitlich auf den Boden fallen zu lassen und zu orten, wo sich TN2 gerade befindet. TN1 wird versuchen, stets ihre Beine zwischen sich und TN2 zu bringen. TN2 läuft um TN1 herum, erst etwas lauter, dann immer leiser. Hat TN1 offensichtlich völlig die Orientierung verloren, stürzt sich TN2 auf sie und hält sie fest. Hier stoppt das Spiel.

Obige Übung dient der Schulung des Gehörsinns.

- Ferner lernen die TN, sich in der Bodenlage durch **„Rollen"**, **„Gleiten"**, **„Auslagewechsel"**, etc. effektiv zu bewegen. Durch das **einseitige Abstützen mit dem Ellenbogen** wird die Bewegungsflexibilität zusätzlich gefördert.

Je mehr man sich mit der Bodenverteidigung auseinandersetzt, umso klarer wird, daß man hier wesentlich „schlechtere Karten" als im Stand hat.

Aus diesem Grund ist unser oberstes Ziel:

Versuchen, so schnell wie möglich wieder in den Stand zu gelangen!

Übung 2: „Auf in den Stand"

TN1 stößt TN2 vor die Brust, so daß diese zu Boden stürzt. TN2 soll erstens versuchen, seitlich zu fallen und zweitens, so schnell wie möglich wieder in den Stand zu gelangen. TN1 setzt nach und „schlägt" dabei mit „Safeties" (falls vorhanden) auf TN2 ein. TN2 versucht deshalb beim Aufstehen ihren Kopf zu schützen.

- Darauf achten, daß die TN während des Aufstehens ihren Kopf schützen und nicht mit dem Kopf voraus in Richtung des Angreifers aufstehen. Der Gegner muß ständig beobachtet werden, damit man selbst auf weitere Attacken besser vorbereitet ist **(Eigensicherung)**.

Noch während der Angreifer versucht auf sein Opfer zu springen, beide Knie anziehen und versuchen, ihn durch eine ruckartige Streckbewegung der Beine wegzustoßen.

Übung 3: „Auf die Fußsohlen aufladen und wegstoßen“

TN1 liegt rücklings mit angewinkelten Beinen am Boden. TN2 setzt sich mit ihrem Po auf die Fußsohlen von TN1. Durch eine Streckbewegung der Beine stößt TN1 TN2 ruckartig weg. Mehrmals üben lassen. Danach Partnerwechsel.

Darauf achten, daß genügend Platz für die Übung vorhanden ist.

Übung 4: „Angreifer stürzt sich auf das am Boden liegende Opfer“

TN1 liegt rücklings auf einer Weichbodenmatte. Sofort stürzt sich TN2 mit ihrem gesamten Körpergewicht auf TN1. Diese setzt sich wie oben beschrieben zur Wehr.

Um hier das Üben etwas realistischer zu gestalten, werden den Angreiferinnen Kampfwesten angezogen (evtl. auch eine zusammengefaltete Tagesdecke vor den Bauch binden). Die „Opfer“ liegen auf einer Weichbodenmatte, damit der Aufprall des „Täters“ nicht so hart wird.

Einschub

Um die TN auf diese 'Extremsituation' am Boden besser 'einstimmen' zu können, wird nachfolgender Text verlesen.

Text: „Vergewaltigt - Betroffene berichten ...“ (siehe Anhang)

Die durch den Text erzeugten gedanklichen ‚Bilder‘ und ‚Vorstellungen‘ sollen den Kampfgeist und die Willensstärke der TN während der nachfolgenden Übungen stärken.

Ist die Gegenwehr der Frau bisher erfolglos geblieben, wird der Angreifer versuchen, sie mit Tritten und Schlägen gefügig zu machen. Tritte - vor allem gegen den Kopfbereich - sind lebensbedrohlich! Daher sofort den Kopf durch das Heben der Unterarme schützen (angeborener Schutzmechanismus).

Welche Möglichkeiten hat die Frau, den zermürbenden Tritten des Gegners Einhalt zu gebieten?

Oft gibt es, wie z.B. in der Wohnung, keinen Platz zum Ausweichen. Die einzige Chance, den Trittserien ein Ende zu bereiten liegt darin, das **tretende Bein zu fixieren**, d.h. mit beiden Armen zu umklammern und das gesamte Körpergewicht, verbunden mit einer dynamischen Rollbewegung, gegen das Standbein (Schienbein-Knie-Bereich) des Angreifers zu werfen.

Die ‚Kehrseite der Medaille‘ ist, daß der Angreifer, sobald er mit seinen Tritten nicht mehr fortfahren kann, sich auf sein Opfer stürzen (abknien) wird, um es nun mit Schlägen zu bearbeiten. Dennoch wurde mit dieser Abwehr zumindest den ‚lebensgefährlichen‘ Tritten Einhalt geboten.

Übung 5: „Trittserie am Boden"

TN1 stößt TN2 zu Boden und tritt diese mit Füßen. TN2 schützt ihren Kopf und versucht, den Trittserien ein Ende zu bereiten.

Solche Situationen sind natürlich im Training sehr schwer nachzustellen. Schließlich kann man nicht verlangen, daß sich die TN so lange ins Gesicht schlagen lassen, bis sie Tränen in die Augen haben oder ‚Sternchen' sehen. Hier stoßen wir rasch an die Grenzen unserer Übungsbeispiele.

Gerade in solchen scheinbar aussichtlosen Situationen muß der Wille und der Kampfgeist ‚bis zuletzt' weiterzukämpfen, geschult und gefestigt werden.

Wichtiger Grundsatz:

Man gibt zuerst im Kopf auf!

Denkt daran:

- **Es gibt immer eine Chance!**
- **Jede noch so aussichtslose Situation verändert sich!**
- **Wir müssen Geduld haben - warten!**
- **Und dann schlagen wir zu - mit all' unserer Kraft...**

Mit der nachfolgenden Übung versuchen wir das „Mürbemachen" möglichst realitätsnah nachzustellen. Selbsterhaltungstrieb und Kampfgeist - der Wille, sich überhaupt zur Wehr zu setzen - soll gestärkt werden.

Übung 6: „Das Schwindelgefühl überwinden und kämpfen..."

Alle TN stellen sich in einer Gasse auf. Ihr Abstand beträgt ca. 2 Meter. Am Ende der Gasse befindet sich z.B. eine Weichbodenmatte, über der ein Tuch hängt (evtl. Gesicht auf das Tuch malen). TN1 steht auf der gegenüberliegenden Seite der Gasse und hat die Aufgabe, ihren rechten Zeigefinger in ein Mattenkreuz zu stecken und sich in dieser Stellung 10mal so schnell wie möglich um die eigene Achse zu drehen. Anschließend soll sie durch die Gasse laufen, auf die Weichbodenmatte zu und dem „Gesicht" mehrere Handballenstöße versetzen.

Die übrigen TN feuern sie dabei an. TN1 ‚muß' um jeden Preis in die Matte schlagen. Falls sie stürzt, wird sie aufstehen und ihren Weg zur Matte fortsetzen. TN und ÜL unterstützen sie dabei durch motivierende Zurufe!

Die die Gasse bildenden TN geben die erforderliche „Hilfestellung", indem sie die ‚Läuferin' unterstützen bzw. auffangen.

Übung 7: „Gegner kniet neben seinem Opfer und versucht, es durch Schlagserien mürbe zu machen"

TN1 schützt mit einem Arm ihr Gesicht und versucht, mit der anderen Hand den Unterleib der Gegnerin anzugreifen (schlagen, stoßen, stechen, greifen, reißen, drehen - was gerade möglich ist...).

Hilfsmittel

Hierbei leisten **Safeties** (Handschützer) gute Dienste. Falls keine vorhanden sind, kann auch ein, aus einer zusammengerollten Tageszeitung gefertigter, Stock sehr hilfreich sein.

Übung 8: „Vergewaltigungsversuch mit Ausziehen"

TN1 trägt einen vom ÜL mitgebrachten Ju-Jutsu-Anzug incl. Gürtel über ihrer normalen Kleidung. TN2 versucht, TN1 auszuziehen und sie dabei gleichzeitig am Boden festzuhalten.

Variationsmöglichkeiten:

- *Partnerin versucht, ihr nur die Hose auszuziehen und sie dabei, mit dem Unterarm würgend, am Boden festzuhalten.*
- *Die beiden TN versuchen, sich gegenseitig auszuziehen.*

Spätestens bei dieser Übung sollten den TN keine konkreten Verteidigungskombinationen mehr vorgegeben werden. Vielmehr muß die individuelle Abwehr der einzelnen TN gefördert werden.

NICHT AM MODELL HÄNGEN!
FUNKTIONIERT DIE EINE TECHNIK NICHT - SETZE EINE ANDERE NACH, SOLANGE BIS DIE KONFRONTATION VORBEI IST!

Die Aufgabe des ÜL ist es fortan, die individuelle Verteidigungsweise der TN zu korrigieren oder zu ergänzen.

Hierbei ist es wichtig, zwischen sinnvollen bzw. weniger sinnvollen Techniken zu differenzieren. Es darf jedoch auf keinen Fall darauf hinauslaufen, daß der ÜL den TN seine **eigene „Abwehrmethode" aufzwängt**. Gerade weil der TN-Kreis in den Kursen so unterschiedlich ist, muß hier individuell auf die einzelnen Personen eingegangen werden. Jede der TN kann sich nur im Rahmen der ihr persönlich zur Verfügung stehenden Mittel verteidigen. Und nur diese Form der Abwehr wird ihr im Ernstfall etwas nützen.

Vordergründig ist auf eine sinnvolle und effektive Verteidigung der TN zu achten. Vor allem ist es wichtig, ihr Auge für „offene Stellen beim Angreifer" zu schulen. „Im Eifer des Gefechts" erkennen sie oft die Vielzahl der möglichen Angriffspunkte nicht.

Immer wieder taucht in den Kursen die Frage auf,

was man machen könnte, wenn...

Die TN erwarten dann vom ÜL eine Art Patentlösung für ‚genau' diese Situation. Ohne sich jedoch darüber im klaren zu sein, daß „genau diese" Situation ihnen wahrscheinlich niemals passieren wird.

Ab und zu kann der ÜL durchaus auf solche Fragestellungen eingehen und damit alle etwas davon haben, gibt er am besten die Frage zur Diskussion frei, d.h. jede TN soll sich eine Verteidigungsmöglichkeit ausdenken und sie anschließend vorstellen.

Diese sog. „Arbeitsschulmethode" regt die TN zum selbständigen Denken an und fördert ihre Kreativität. Auch steht der ÜL nicht mehr als „allein-wissend" da.

Übung 9: „Täter sitzt mit seinen Unterschenkeln auf den beiden Oberarmen des Opfers"

TN1 sitzt rittlings auf der auf dem Rücken liegenden TN2. Mit ihren Unterschenkeln kniet sie auf deren Oberarmen. TN2 verteidigt sich so gut es geht.

Die obige Situation wird häufig von den TN als ziemlich ‚ausweglos' geschildert. Sie stellt zwar keine typische „Vergewaltigungsposition" dar, der Täter könnte u.U. jedoch diese Stellung dazu benutzen, um sein Opfer mit Schlägen zu demoralisieren.

Falls der Angreifer nicht zu schwer für das Opfer ist kann es ihn mit einem **ruckartigen Hochdrücken des Beckens** nach vorne über den eigenen Kopf „abwerfen". Im günstigsten Fall gelangt man auf diese Weise mit der Hand in Genitalhöhe und kann die Technik „Hodenquetschen" ausführen.

Ist der Angreifer jedoch zu schwer, ist man in dieser Stellung in der Tat äußerst hilflos. Außer dem Täter gut zuzureden, kann man nicht viel tun. Mir wurde von einer Polizeibeamtin bestätigt, daß es durchaus „Opfer" gibt, die mit dieser Methode Erfolg hatten. Natürlich müssen diese Frauen „Nerven wie Drahtseile" gehabt haben.

Ein Trost bleibt dennoch für die weniger ‚Redegewandten' unter uns: Keine Situation dauert ewig an! Um sein ‚eigentliches' Vorhaben ausführen zu können wird sich der Täter bewegen müssen.

In manchen Situationen bleibt einem nichts anderes übrig als eine, für die eigene erfolgreiche Abwehr, günstigere Ausgangsposition abzuwarten.

Was machen, wenn mich der Kerl mit einer **Waffe bedroht**? Hier heißt es, grundsätzlich solange stillhalten bis er die Waffe in sicherer Entfernung abgelegt hat. In den meisten Fällen bedroht der Täter sein Opfer und legt nach einiger Zeit die Waffe beiseite. Das in Todesangst versetzte Opfer nimmt dies jedoch in den meisten Fällen nicht mehr wahr, sondern denkt nur noch an sein eigenes Überleben.

Besitzt „Frau" die Kaltblütigkeit, während der Täter mit seinem Vorhaben beschäftigt ist, nach einem geeigneten Hilfsmittel Ausschau zu halten, hat sie auch in dieser ‚scheinbar' aussichtslosen Situation noch eine reelle Chance, den Täter abzuwehren.

Niemals aufgeben...

Das Opfer sollte mit allen ihm zur Verfügung stehenden Mitteln versuchen, eine **Fesselung** zu verhindern. Ist es dem Täter erst einmal gelungen, sein Opfer zu fesseln, schwinden dessen Chancen für eine erfolgreiche Abwehr gegen Null.

Selbstbehauptung: Man gibt zuerst im Kopf auf - Selbstbewußtsein

Positive Selbstinstruktion

- „Trau' Dir doch mal ein bißchen mehr zu, das hast Du doch überhaupt nicht nötig!"
- „Versuch's doch erst einmal, bevor Du aufgibst!"
- „Zieh' Dich doch nicht immer gleich in Dein Schneckenhaus zurück!"
- „Hab' doch 'mal ein wenig mehr Vertrauen zu Dir!"

Wer kennt solche oder ähnlich Sätze nicht? Diese aufmunternden Worte, die einen animieren sollen, mehr Selbstbewußtsein zu haben und nicht in Selbstmitleid zu zerfließen!

Oft sind es nicht einmal die anderen, die versuchen mit solchen Sätzen 'aufzubauen', sondern man selbst wendet sie im Selbstgespräch an. Natürlich kann gerade so ein Selbstgespräch wiederum positiv oder negativ verlaufen.

Angenommen man führt ein **negatives Selbstgespräch**, wie z.B. „Das werde ich nie schaffen!", „Hoffentlich geht das gut!", „Das war ja zu erwarten, das mußte ja so kommen!", „Ach, fühle ich mich heute schlecht!", „Keiner versteht mich!", so ist das Mißlingen der bevorstehenden Handlung bereits vorprogrammiert. Gleiches gilt, wenn andere Personen dies behaupten. In diesem Fall hat man jedoch noch die Chance, sich selbst zu motivieren „Jetzt erst recht!", „Denen werd' ich's zeigen!"

Auf die gleiche Weise bewirkt ein **positives Selbstgespräch**, wie z.B. „Das schaffe ich schon!", „Gut gemacht!", „Da hab' ich schon ganz andere Dinge geschafft!", „Ruhig bleiben und kurz nachdenken!", gerade das Gegenteil. Dadurch, daß man den Anforderungen aufgeschlossen gegenübertritt, kann man die Gefahr bereits im Vorfeld erkennen, sein Erregungsniveau somit relativ niedrig halten und zur gegebenen Zeit kontrolliert handeln. Man bezeichnet diese Art der Gesprächsführung als „positive Selbstinstruktion".

Im Hinblick auf das Selbstgespräch gibt es vier unterschiedliche Strategien:

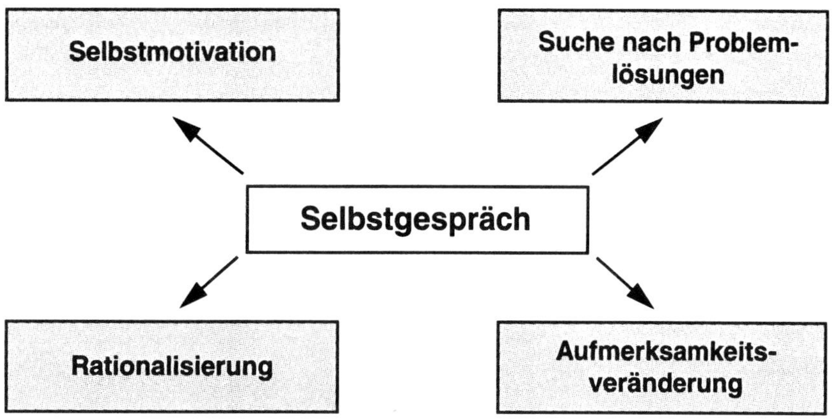

- **Selbstmotivation**

  Hierunter versteht man alle Maßnahmen, die helfen, den „inneren Schweinehund" zu besiegen, wie z.B.
  „ Wenn ich ihm jetzt einen Denkzettel verpasse, dann habe ich ein für alle Mal Ruhe"
  „Jetzt bloß nicht weich werden!"
  „O.K., die Anmache war Scheiße, das passiert mir kein zweites Mal!"

- **Rationalisierung**

  Diese Maßnahme soll helfen, die Bedeutung eines erlebten Ereignisses zu verringern.
  „Wenn ich mir das so recht überlege, bin ich eigentlich ganz gut weggekommen!";
  „Wenn man bedenkt, daß meine Gesprächspartner fast nur Männer waren, habe ich mich gut durchsetzen können!"

- **Suche nach Problemlösungen**

  Ausgangspunkt ist die Frage: „Was kann ich tun, damit es das nächste Mal besser wird?" Man stellt sich hierbei entsprechende Lösungsmöglichkeiten sowie deren Folgen vor und entscheidet sich für eine künftige, der Situation angemessene Strategie.
  „Das nächste Mal lasse ich mich von diesem Typen nicht mehr so einlullen, sondern sag' ihm gleich wo's langgeht!"
  „Huch - das war knapp, das nächste Mal bin ich vorsichtiger!"

- **Aufmerksamkeitsveränderung**

  Hier spricht man von Maßnahmen, die entweder das eigene Gedankenfeld einengen oder aber von ihm ablenken.
  „Ruhig bleiben und ganz cool über die Sachlage nachdenken!"
  „Nicht ständig an was Schlechtes denken, alter Pessimist!"

Welche der aufgeführten Strategien im speziellen Fall die richtige ist, muß man situationsbedingt für sich selbst entscheiden.

Das positive Selbstgespräch ist das ‚A und O' einer erfolgreichen Selbstbewußtseinsschulung.

Um jedoch ‚von Haus aus' selbstbewußter zu werden, muß man sich erst einmal darüber im klaren sein, was damit überhaupt gemeint ist.

Das **Selbstwertgefühl** ergibt sich aus der Summe der Selbsteinschätzungen der eigenen Fähigkeiten. Diese Selbsteinschätzungen wiederum hängen von verschiedenen Bedingungen der sozialen Umwelt ab. Anders ausgedrückt, um das eigene Selbstbewußtsein wahrnehmen zu können, braucht man die Außenwelt, von der die eigenen Aktionen bewertet und reflektiert werden.

„Wir sehen uns zwar nicht immer so, wie die anderen uns sehen, wir sehen uns aber häufig so, wie wir denken, daß uns die anderen sehen!"

Anders formuliert:

Wir versuchen unbewußt, das Bild, welches wir von uns haben, dem Bild anzugleichen, das unserer Meinung nach die Umwelt von uns hat. Doch auch der Umkehrschluß gilt, auch die Umwelt reagiert auf das eigene Verhalten, d.h. je positiver und sicherer wir auftreten, desto höher werden wir von unserer Umgebung eingeschätzt.

Reflexionen durch die Umwelt

Es reicht in den meisten Fällen nicht aus, daß man weiß, daß man seine Sache gut gemacht hat. So recht bestätigt fühlt man sich erst durch die Anerkennung durch andere Menschen. Gerade durch Lob steigert sich unser Selbstwertgefühl in hohem Maß . Warum sich also nicht für das Lob bedanken und die eigene Freude darüber zeigen? Die freundlichen Worte stimulieren wiederum das

Gegenüber und dadurch wiederum einen selbst. Die positiven Signale, die von einem selbst ausgehen, verstärken sich, und die Umwelt antwortet darauf erneut mit positiven Reaktionen.

DENKE STETS AN DIE FOLGEN, DIE SICH FÜR DICH ERGEBEN WERDEN, NICHT AN DIE FÜR DEN TÄTER!

HÖRE NICHT EHER AUF ZU KÄMPFEN BIS DIE KONFRONTATION VORBEI IST!

DEIN KÖRPER IST DEINE BESTE WAFFE

REAGIERE SOBALD DU EINEN ANGRIFF ERKENNST!

FUNKTIONIERT DIE EINE TECHNIK NICHT, BENUTZE EINE ANDERE - SOFORT DANACH!

SIEH DICH ALS SIEGERIN!

Übung 1: „Ohne Worte“

TN1 übernimmt die Rolle der Nein-Darstellerin. Wie in einer Pantomime, darf sich TN1 nur durch Gebärden, Mimik und Körpersprache äußern. TN2 versucht, sie zu etwas Bestimmten zu bewegen, z.B. mit ihr irgendwo hinzugehen, oder ein Stück Schokolade zu kosten.

Die Übung soll uns dabei helfen, Körpersprache und Körperausdruck bewußt und gezielt einzusetzen. Oft genügt dies bereits, eine zu erwartende Konfrontation zu vermeiden oder ihr dadurch aus dem Weg zu gehen.

Übung 2: „Sich durchsetzen“

Partnerweise zusammengehen. TN1 hat das Anliegen, TN2 eine Geschichte zu erzählen, z.B. die Handlung eines Kinofilms. TN2 ist jedoch nicht in der Stimmung, sich dies anzuhören. Sie drückt ihren Unmut verbal aus. TN1 läßt nicht locker.

Was passiert, wenn den TN nach einigen Minuten die Argumente ausgehen? Geben sie nach oder werden sie aggressiv? Oder gar handgreiflich? Versuchen sie davonzulaufen oder werden sie stur?

Durch diese Übung werden den TN ihre individuell unterschiedlichen Verhaltensmuster bewußt gemacht. Erst durch das Wissen darum kann das eigene Verhalten effektiv verändert und bewußt gestaltet werden.

Übung 3: „Wie spät ist es?“

Partnerweise zusammen gehen. TN2 wird von TN1 gefragt, wie spät es ist. TN2 hat die Aufgabe - obwohl sie eine Armbanduhr trägt - unter keinen Umständen ihrer Partnerin die Uhrzeit mitzuteilen. Sie darf auch keine Ausreden, wie z.B. sie habe keine Uhr oder diese wäre kaputt, benutzen. TN2 soll sich durchsetzen, obwohl es für sie ein Leichtes wäre, auf ihre Uhr zu sehen.

Was will man mit diesem, scheinbar unsinnigen Spiel erreichen? Wieso sagt TN2 nicht einfach die Uhrzeit und hat somit ihre Ruhe?

Gerade hier liegt der springende Punkt! ‚Frau' wird in Ruhe gelassen, wenn sie nachgibt und ‚mitspielt', obwohl sie dies gar nicht möchte. Ist die Situation, in der ‚Frau' den angetrunkenen Bekannten mit zu sich in ihre Wohnung nimmt und ihn wider ihren Willen gewähren läßt, denn soviel anders? Auch hier wird sie anschließend in Ruhe gelassen! Was zurückbleibt sind ihre Gefühle - der große Berg an Schuldgefühlen. Sie selbst hat die Situation aktiv mitgestaltet, ein Gefühl der Wertlosigkeit und des Benutztwordenseins ergreift Besitz von ihr.

Zurück zu unserem Übungsbeispiel:

Sätze, wie „Es ist doch gar nichts dabei!", „Das machen doch alle!", „Du hast es doch schon 'mal getan!", „Du treibst es doch mit jedem!", „Wenn Du still hältst, passiert Dir nichts!", „Zier Dich nicht so, das macht Dir doch auch Spaß!" sind mit dem scheinbar unsinnigen Anliegen, nicht die Uhrzeit zu sagen, obwohl man eine funktionierende Uhr trägt, vergleichbar!

Die TN sollen lernen, sich durchzusetzen, auch wenn ihr Verhalten als lächerlich und naiv dargestellt wird.

Übung 4: „Langer Weg zur Toilette"

Die nachfolgende Szene wird, um realitätsnäher zu wirken, z.B. im Umkleideraum oder in einem Gang, Geräteraum, etc. gespielt. Mehrere TN haben sich um eine ‚Toilettentür' postiert. Sie ‚hocken ‚rum', ‚gammeln gelangweilt vor sich hin', ‚halten Ausschau nach irgendwelchen Objekten, die sie belästigen können', ‚suchen Stunk'. TN1 muß dringend auf die Toilette. Die ‚Typen' versperren ihr den Weg, pöbeln sie an, lassen sie nicht vorbeigehen.

Alle TN müssen einmal den Weg zur Toilette zurücklegen! Im Anschluß daran versuchen wir gemeinsam, Lösungsmöglichkeiten zu erarbeiten.

Wir sind zu dem Entschluß gekommen, daß ein zu abweisendes, provozierendes Verhalten hier genauso falsch wäre wie ein allzu unterwürfiges, ängstliches. Ein freundliches, unvoreingenommenes Lächeln, ohne dabei jedoch die ‚Typen' aus den Augen zu verlieren, erschien uns als das geeignetste Verhalten. Eine Paradelösung für alle kann hier sicherlich nicht entworfen werden - jede Frau muß, im gemeinsamen Gespräch, ihre eigene Vorgehensweise herausfinden. Wir können nur Ratschläge geben bzw. Bedenken äußern.

Als besonders wichtig erschien es uns, stets auf eine ‚mögliche' Konfrontation vorbereitet zu sein, d.h., sich die Räumlichkeiten einzuprägen, nach brauchbaren Hilfsmitteln Ausschau zu halten und Fluchtmöglichkeiten gedanklich durchzugehen.

Cool Down: Mattenkampf

Übung 1: „Mattenkampf"

Die Gruppe wird in zwei Mannschaften unterteilt. Jede Mannschaft benennt einen „Coach". Dieser hat die Aufgabe, seine Leute zu setzen. Gekämpft wird auf einer Weichbodenmatte ausschließlich im Liegen (Bodenkampf). Wer zuerst mit einem Körperteil den Boden berührt, hat verloren. Der ÜL ist Kampfrichter, stoppt die Zeit (ca. 90 s, beliebig verlängerbar...) und gibt die Kommandos „Kämpft" und „Stop". Falls vorher vereinbart, können auch Haltegriffe (z.B. 30 s lang halten) zugelassen und bewertet werden. Jede Kämpferin darf nur einmal gesetzt werden.

Für jeden Sieg erhält die Mannschaft einen Punkt. Der Coach zählt die Punkte. Die Mannschaft mit den meisten Punkten hat gewonnen.

Es wird abwechselnd gesetzt. Hier können durchaus taktische Schachzüge angewandt werden. Setzt die andere Mannschaft z.B. eine besonders starke Frau, die wahrscheinlich von keiner aus der eigenen Mannschaft geschlagen werden kann, könnte man eine besonders schwache Frau aus den eigenen Reihen dagegen setzen. Dieser Kampf wäre ja so oder so verloren.

Als besonderer Gag können die Kämpferinnen mit Kampf-Namen angekündigt werden, wie z.B. „Sonja - die Wieselflinke" gegen „Eva - die Unbarmherzige". Feuern die Mannschaften ihre Kämpferinnen dazu noch an, kommt Stimmung auf!

Erfahrungsgemäß wird auf „Revanche" bestanden.

8. EINHEIT

Lernen, mit der eigenen Angst umzugehen,
Erarbeiten und Durchspielen realistischer Angriffe

Aufwärmen: Kräftigungsübungen - Teil 2

Übung 1: „Hase und Jäger"

Die TN stellen sich paarweise im Kreis auf. Beide setzen sich dicht hintereinander in den Grätschsitz.. Eine Spielerin ist der Hase, eine andere die Jägerin. Die Jägerin muß versuchen, den Hasen zu fangen (abzuschlagen). Dieser darf nur um den Kreis flüchten. Angenommen die Jägerin schlägt den Hasen ab, so wird der Hase zur neuen Jägerin und die Jägerin zum neuen Hasen.

Der Hase kann sich ‚retten', indem er in einen ‚Bau' flüchtet. Er setzt sich dabei vor eine der am Boden sitzenden Spielerinnen, ebenfalls im Grätschsitz hin. Auf diese Weise wird die dritte, hinter den beiden am Boden Sitzenden, zum neuen Hasen.

Wenn das Spiel erst einmal von allen verstanden wurde, ist es sehr lustig und fördert die Reaktionsschnelligkeit der TN.

Anschließend werden einige Dehnübungen durchgeführt, bevor mit dem Kräftigungsprogramm begonnen wird.

Übung 2: „Beine öffnen und schließen"

Die TN setzen sich paarweise mit angezogenen Beinen im Grätschsitz gegenüber. Ihre Knie befinden sich dabei in gleicher Höhe. Eine Partnerin stellt ihre Beine nach innen, die andere nach außen. Die innere versucht jetzt, gegen den Druck der äußeren, ihre Beine zu öffnen und umgekehrt. Fortlaufender Wechsel.

Übung 3: „Beine anwinkeln "

Die TN bleiben bei der jeweiligen Partnerin. Eine der beiden liegt am Boden, die andere sitzt zu ihren Füßen. Die Liegende versucht, ihre Füße Richtung Gesäß zu ziehen, die andere gibt ‚Gegenzug' mit ihren Händen. Nachdem diese Übung ca. 5mal durchgeführt wurde, wird gewechselt.

Übung 4: „ Beinheben im Grätschsitz"

Die TN sitzen im Grätschsitz. Die Handflächen werden hinten aufgestützt. Die Beine sind gestreckt. Der rechte Fuß wird nach außen gedreht, so daß die Zehen nach rechts zeigen. In dieser Stellung wird das immer noch gestreckte Bein gehoben und gesenkt. Das Bein soll dabei den Boden nicht mehr berühren. Anschließend Beinwechsel.

Übung 5: „Knieheben in der Bauchlage"

Die TN befinden sich in der Bauchlage. Kopf und Arme liegen ebenfalls am Boden. Das rechte Bein wird im 90°-Winkel gebeugt. Diese Stellung beibehalten und fortlaufend das Knie heben und senken. Beinwechsel! Keine Hohlkreuzbildung!

Variationsmöglichkeiten:

- *Knie ständig angehoben halten;*
- *zusätzlich die angewinkelten, waagerecht gehaltenen Arme ebenfalls heben und senken. Der Kopf bleibt liegen.*

Übung 6: „Bankstellung rücklings"

Die TN begeben sich in die Bankstellung, und zwar ‚rücklings', d.h. ihr Rükken zeigt in Richtung Boden. In dieser Stellung wird ein Bein gestreckt gehalten. Den Fuß dieses Beins nun ständig anwinkeln und wieder strecken. Anschließend Beinwechsel; gleiche Stellung wie oben. Ein Bein strecken. Jetzt arbeitet jedoch das Standbein, indem der Fuß ständig von der Zehenspitzen- in die Sohlenposition wechselt. Wir bleiben in der Bankstellung rücklings, winkeln beide Arme gleichzeitig an und strecken sie wieder (Liegestütz rücklings). Gleiches kann natürlich auch mit gestreckten Beinen ausgeführt werden.

Übung 7: „Liegestützvarianten"

Die TN befinden sich erneut in der Bankstellung, diesmal zeigt jedoch die Bauchseite in Richtung Boden. Die Knie werden etwas nach hinten geschoben. Je spitzer der Winkel zwischen Oberschenkel und Boden ist, desto schwieriger wird die Übung. Jetzt werden die Arme in „Liegestützmanier" angewinkelt und wieder gestreckt.

Variationsmöglichkeiten:

- *in Etappen arbeiten (halbe Höhe, verharren, noch ein wenig tiefer, usw.)*
- *auf den Fäusten, Fingern, ...*
- *zwischendurch einmal mit den Händen klatschen*
- *einarmig im Wechsel*
- *„richtige" Liegestützen auf den Fußballen*
- *Bauchlage, hinter dem Rücken die Hände zusammenklatschen, die Hände wieder nach vorne nehmen, in den Liegestütz gehen (hochdrükken), den Körper ablegen und erneut hinter dem Rücken in die Hände klatschen. Fortlaufender Wechsel.*

Während der Übungen stets auf einen „runden" Rücken achten. Die Wirbelsäule darf dabei nicht durchhängen. Auch zwischen den Schulterblättern sollte nach Möglichkeit keine Mulde entstehen.

Übung 8: „Arme schließen und spreizen"

Partnerweise zusammengehen. Dem Prinzip von Übung 2 folgen, nur wird hier mit den leicht angewinkelten Armen im Stand gearbeitet. Eine Partnerin hat ihre Hände bzw. Arme innerhalb der ihrer Partnerin und versucht, deren Druck entgegenzuwirken. Anschließend Partnerwechsel.

Übung 9: „Kniebeugen mit dem Partner“

Die TN stehen sich partnerweise gegenüber und halten sich gegenseitig mit gestreckten Armen an den Schultern fest. Ziel ist es, in dieser Stellung Kniebeugen durchzuführen (nicht tiefer als 90°-Winkel gehen, gerader Rücken!), wobei die Partnerin dies durch den entsprechenden Gegendruck zu verhindern versucht.

Selbstbehauptung: Lernen, mit der eigenen Angst umzugehen

Ich halte es gerade bei diesem Thema für erforderlich, etwas weiter auszuholen.

Symptome der Angst

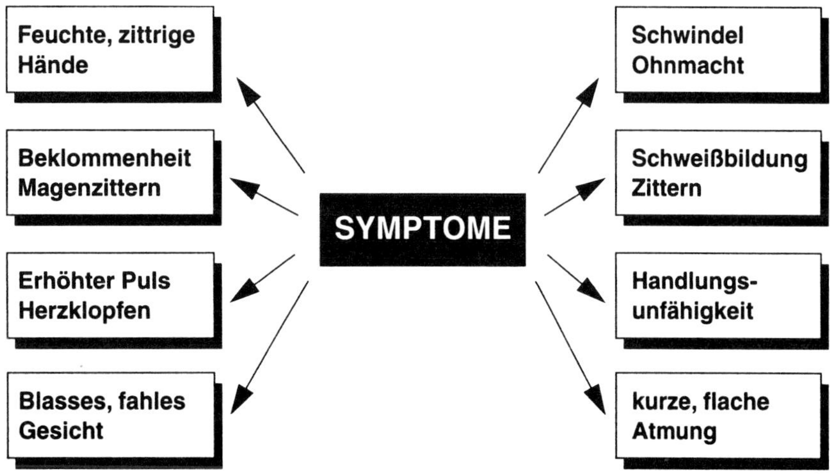

Die für Angstzustände so typische flache und unregelmäßige Atmung bzw. das vollständige Aussetzen (Luftanhalten) der Atmung, führt zu einem Sauerstoffdefizit im Gehirn. Es kommt so zu einer Störung der normalen Denkvorgänge bis hin zu Panikgefühlen.

Schockphase und Abhängigkeit der Schockdauer

Je nach Intensität des Reizes (= Angriff) beträgt die Reaktionszeit zwischen 0,6 und 20 Sekunden. Das heißt, erst nach dieser Zeitspanne kann eine Abwehrhandlung erfolgen. Während dieser sog. **„Schockphase"** (Schrecksekunde) kommt es zu einem nahezu völligen Leistungsabfall.

Die Dauer der „Schockphase" wird also zum einen von der Art des Reizes (Angriffs) bestimmt, zum anderen durch gewisse subjektive Faktoren bestimmt.

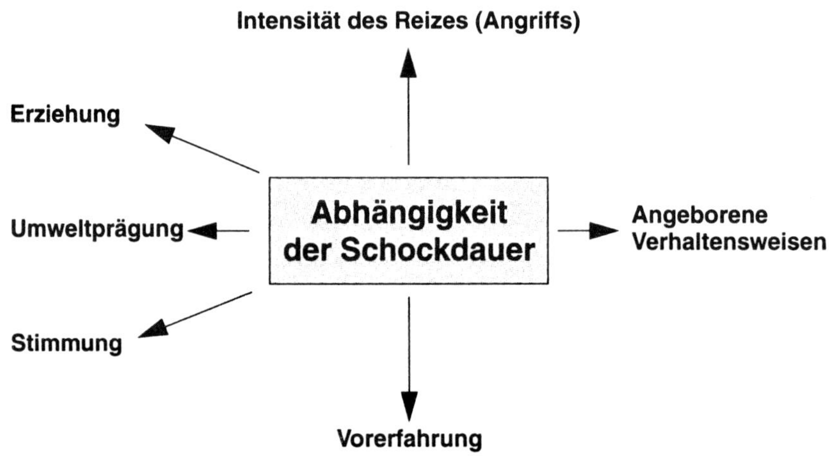

Trainingsziel ist es, mit der Zeit eine Art **Technikautomation** herbeizuführen. So kann für den Ernstfall eine gewisse Handlungssicherheit gewährleistet werden. Daher ist es ratsam, im Hinblick auf die kurze Dauer des Kurses, wenige Techniken mit einer hohen Wiederholungsfrequenz einzutrainieren.

Einen durchaus als positiv zu bezeichnenden Nebeneffekt stellt die während der Erregungsphase gesteigerte **Adrenalinausschüttung** (Streßhormon) dar.

Nicht umsonst heißt es, daß Menschen, die sich in Angst- bzw. Paniksituationen befinden, nahezu „übermenschliche" Kräfte mobilisieren können. Ein weiterer Grund, sich im Ernstfall auf das Gelingen einer erfolgreichen Gegenwehr zu verlassen.

Die sog. **Grundschnelligkeit** ist dem Menschen zwar angeboren, dennoch kann die Reaktionsschnelligkeit durch eine Rationalisierung der Bewegungsabläufe und nicht zuletzt durch den eigenen Willen erheblich gesteigert werden. Auch hier steht das stetige Üben und Wiederholen der Techniken im Vordergrund.

Übung 1: „Ball zuwerfen"

Die TN stellen sich partnerweise in ca. drei Metern Entfernung auf. Beide nehmen die gleiche Blickrichtung ein. TN1 schließt die Augen. TN2 wirft mit dem Kommando „hey" TN1 den Ball zu. TN1 muß sich blitzschnell herumdrehen, um den Ball auffangen zu können.

Übung 2: „Auf die Schulter tippen"

Aufstellung wie bei Übung 1. Jetzt nähert sich TN2 leise von hinten und tippt TN2 auf die Schulter. Schnell beginnt TN1, zum Ausgangspunkt zurückzulaufen. TN1 muß versuchen, TN2, bevor diese an ihrem alten Platz angelangt ist, zu fangen bzw. abzuschlagen. Das Spiel kann durch unterschiedliche Ausgangspositionen beliebig und einfach variiert werden.

Übung 3: „Rot - Grün fängt"

Die TN bilden zwei gleichlange Linien. Die jeweils gegenüberstehenden Spielerinnen legen sich Kopf an Kopf auf den Bauch. Für die eine Seite gilt das Kommando „rot", für die andere „grün". Immer dann, wenn der ÜL die entsprechende Farbe ruft, muß die aufgerufene Seite die gegenüberliegende fangen, und zwar bevor diese die eigene schützende Wand erreicht hat. Natürlich wird der ÜL nicht nur die Farben „rot" bzw. „grün" rufen, sondern die ganze Farbpalette durchgehen.

Vor welchen Dingen kann man Angst haben:

- vor **unbekannten Aufgaben**
- vor **der Zukunft**
- vor dem eigenen **Versagen**
- vor **Gewalt**
- vor **Krankheiten**
- vor dem **Tod**
- vor dem **Leben**

...

Diese Reihe könnte man beliebig fortsetzten.

Es muß uns von vorn herein klar sein, daß irgendwann jeder Mensch schon einmal Angst gehabt hat und auch weiterhin vor bestimmten Dingen bzw. Situationen Angst haben wird. Die **Angst** ist somit etwas ganz Natürliches und Alltägliches. Sie ist sozusagen ein Teil unseres Lebensinhaltes.

Nichtsdestotrotz ist die Angst dem Grunde nach ein durchweg negativ behaftetes Gefühl. Sie verschwindet keineswegs dadurch, daß wir sie leugnen oder verdrängen.

NUR DURCH DIE AKTIVE BEWÄLTIGUNG DIESES GEFÜHLS WERDEN WIR LERNEN, MIT DER ANGST ZU LEBEN, SIE ZU REDUZIEREN ODER WENN MÖGLICH GANZ ABZUBAUEN.

Wie kann ich meine Angst bewältigen?

- Positive Einstellung zur Angst

  Der erste Schritt liegt darin, seine Angst zu erkennen, zu benennen und zu akzeptieren! Nur so hat man die Chance, sich persönlich weiterzuentwickeln bzw. sich zu entfalten.

- Das Problem aktiv angehen und nach Lösungsmöglichkeiten suchen

  Wirksam und eigenverantwortlich handeln. Sich nicht ständig von anderen Personen beeinflussen bzw. steuern lassen, auch wenn sich dabei Mißerfolge einstellen können.

- Nichtlösen der Angst schwächt das Selbstwertgefühl

Durch das eigene ängstliche und unsichere Verhalten sinkt das Selbstwertgefühl und die Selbstachtung immer mehr. Wird einem diese Angst erst einmal so richtig bewußt, nimmt sie immer mehr zu. Es wird hier vom sog. „Teufelskreislauf der Angst" gesprochen.

Man muß versuchen, z.B. durch den Einbau von „Sicherheiten" in das tägliche Leben, die eigene Angst weitgehend in den Griff zu bekommen. Diese Vorkehrungen dürfen jedoch auf keinen Fall zu weiteren Einschränkungen der persönlichen Freiheit führen. (Siehe „Prävention").

Positive Aspekte zur Angst

Die Angst stellt, genau wie der Schmerz, ein Warnsymbol oder, noch treffender ausgedrückt, ein regelrechtes **Frühwarnsystem** dar. Irgendetwas ist nicht in Ordnung! Die Sinnesorgane werden geschärft! Vorsicht ist geboten! Gefahr droht!

Wir sprechen in diesem Zusammenhang auch vom sog. „Siebten Sinn" oder von „Intuition" (Vorahnung). Diese Gefühle sind keinesfalls unterzubewerten, sondern vielmehr auf angeborene Urinstinkte zurückzuführen.

Natürlich darf diese Angst bzw. Vorahnung nicht zur Manie werden. Hier einen gesunden Mittelweg zu finden, entspräche sicherlich der Idealvorstellung!

Oft kann besonders ängstlichen Frauen bereits durch das Bewußtmachen ihrer eigenen Stärke (Steigerung ihres Selbstwertgefühls) geholfen werden.

Übung 4: „Persönliche Angsthiearchie"

Erstellen eines Angstkataloges. Die TN sollen 10 Situationen benennen bzw. aufschreiben (evtl. „anonym"), die ihnen Angst machen oder ihnen zumindest äußerst unangenehm sind. Dies kann z.B. sein, eine Gehaltsforderung an den Chef stellen; den Ehemann zum Spüldienst bitten; zum Frauenarzt gehen; abends in den Keller zum Getränke holen gehen; ...

Selbstverteidigung: Erarbeiten und Durchspielen „realistischer“ Angriffe.

Gruppenarbeit:

Welche Angriffsformen entsprechen der Realität am ehsten?

1. Das „Opfer“ wird von hinten mit dem Unterarm um den Hals gegriffen und zu Boden gerissen.

2. Das „Opfer“ wird von vorne an den Haaren gepackt und zu Boden gerissen.

3. Das „Opfer“ wird von hinten über den Armen umklammert, hochgehoben und zu Boden geschleudert.

4. Das „Opfer“ wird mit dem Rücken zur Wand gedrängt und „begrapscht”. Der „Täter“ drückt ihm dabei den Unterarm von vorne gegen den Hals.

5. Das „Opfer“ wird rücklings auf einen erhöhten Gegenstand (Tisch) geschoben bzw. gedrückt. Der „Täter“ versucht, zwischen dessen Beine zu gelangen und sich währenddessen selbst seine Hose zu öffnen. Das „Opfer“ drückt er, mit einer Hand an dessen Hals würgend, nach unten.

6. Das „Opfer“ wird vorwärts über einen Tisch geworfen, der „Täter“ versucht es von hinten zu vergewaltigen.

7. Das „Opfer“ liegt am Rücken. Der „Täter“ kniet seitlich neben ihm. Er belastet es mit dem Gewicht seines Oberkörpers. Während er den einen Unterarm würgend an den Hals des Opfers drückt, versucht er mit der freien Hand sich und das Opfer auszuziehen.

8. Das „Opfer“ liegt am Rücken, der „Täter“ hält ihm ein Kissen über den Kopf und beginnt, es zu vergewaltigen.

9. Das „Opfer“ liegt bäuchlings auf einer weichen Unterlage (Bett). Der Täter hält dessen Arm auf den Rücken gedreht (ähnlich wie beim Kreuzfesselgriff) und beginnt, es von hinten zu vergewaltigen.

10. ...

Es ist darauf zu achten, daß auch hier Szenen aus dem „persönlichen Nahfeld“ mit eingebaut werden. Sexuelle Übergriffe durch einen „bekannten“ Täter in der eigenen Wohnung stehen ganz oben auf der Tagesordnung.

Während der Gruppenarbeit wird erneut deutlich, daß die Frauen primär fast ausschließlich an sog. „überfallartige“ Vergewaltigungssituation denken und der private Bereich völlig ausgeklammert wird.

Die erarbeiteten Situationen werden in Szene gesetzt.

Hierbei wie folgt vorgehen:

- Den Angriff stets **in eine Handlung „einbetten"**, d.h. den Angriff nicht isoliert trainieren, sondern die Konfrontation „verbal" beginnen lassen, bis es schließlich zu einer Eskalation kommt.
- Stets auf optimale **Eigensicherung** achten.
- Während der körperlichen Verteidigung, **offene, verletzbare Stellen (Vital- und Schockpunkte)** beim Täter angreifen.
- Die Abwehr muß **gezielt, effektiv und konsequent** erfolgen.
- **Abrufen von Leitsätzen**, wie z.B.: „Denke an Deine Folgen, nicht an die für den Angreifer", „Höre nicht auf zu kämpfen, bevor die Konfrontation vorbei ist", „Jeder Angriff ist anders, hänge nicht am Modell", „Funktioniert eine Technik nicht, benutze eine andere - sofort danach", „Man gibt zuerst im Kopf auf - sieh Dich als Siegerin", ...
- Nach erfolgter Verteidigung schnellstmöglich die **Flucht ergreifen** und **Hilfe holen**.

Keine Kombinationen vorgeben! Der ÜL soll lediglich unterstützend bzw. hinweisend die individuelle Abwehr der einzelnen TN fördern.

Übung 1: „Parcours im Freien"

Allein durch die Tatsache, daß dieser Parcours im Freien stattfindet, steigt die Realitätsbezogenheit enorm. Die einzelnen Stationen können entweder vorher mit den TN zusammen erarbeitet werden, oder „geheim" vom ÜL mit „fremden" Angreifern organisiert werden.

Übung 2: „Parcours in unbekannten bzw. ungewohnten Räumlichkeiten"

Diesmal wird das Training nicht in der eigentlichen „Sporthalle" abgehalten, sondern in die dazugehörigen Räumlichkeiten verlegt (Umkleidekabinen, Toiletten, Gänge,...). Auch hier entweder in vorheriger Absprache mit den TN oder „geheim" verfahren.

Übung 3: „Parcours mit Aufgaben"

Will man die oben beschriebenen Parcoursmöglichkeiten noch ein wenig interessanter gestalten, kann man Aufgaben mit einbauen, welche die TN während des „Durchlaufens" erfüllen müssen. Es kann sich hierbei z.B. um das Mitnehmen bzw. Suchen bestimmter Gegenstände handeln oder um das Überwinden von Hindernissen bzw. das Zurücklegen von vorgegebenen Strecken in einer gewissen Zeit, ...

Durch die gestellten Aufgaben wird die Aufmerksamkeit der TN vom „eigentlichen" Angriff abgelenkt.

Übung 4: „Parcours mit Personenschutz“

Eine interessante Parcours-Variante. Eine TN hat die Aufgabe, eine andere Person während des Parcours-Laufs zu beschützen. Selbstverständlich kann diese - je nach vorgegebener Rolle - die Verteidigung unterstützen bzw. verhindern.

Übung 5: „Durchlaufen eines Parcours mit verbundenen Augen“

Diese Möglichkeit der Parcoursgestaltung sollte nur bei fortgeschrittenen Gruppen durchgespielt werden. Auch die Angreifer müssen reaktionsschnell und gut gepolstert sein.

Aufgrund der Verletzungsgefahr muß die aktive TN von einer weiteren TN begleitet werden, die, falls erforderlich, unterstützend eingreifen kann.

Auch ein Abdunkeln der Räumlichkeiten bzw. Ausschalten des Lichtes ist in diesem Zusammenhang möglich.

Der Phantasie sind hier keine Grenzen gesetzt.

Bei der Parcoursgestaltung ist es wichtig, daß auch gewöhnliche, alltägliche Anmach-Situationen oder das „belanglose“ Fragen nach der Uhrzeit oder nach einem „Markstück“ eingebaut werden.

Die TN sollen nicht zu „Kampfmaschinen“, die in jeder Situation völlig überreagieren, ausgebildet werden, sondern vielmehr für mögliche Gefahrensituationen „sensibilisiert“ werden.

Cool Down: Progressive Muskelentspannung (-relaxation)

Diese Art der Relaxation (Entspannung) wirkt über die aktive Wahrnehmung der Muskelentspannung auf die aktuelle Befindlichkeit ein.

Die Methode der progressiven Muskelentspannung wurde zum Abbau von Angst und Spannungen entwickelt. Untersuchungen haben gezeigt, daß bei einem Menschen, der Angst hat, Verspannungen auftreten und daß an diesem Spannungserleben Muskelkontraktionen beteiligt sind. Erstaunlicherweise kam es durch das Beheben der Muskelverspannung auch zu einem Beseitigen der Angst.

Durch gezieltes An- und Entspannen verschiedener Muskelgruppen und dem dadurch hervorgerufenen Lernprozeß sowie das konkrete Erleben der daraus resultierenden Gefühle der Spannung und Entspannung können fast alle Muskelverspannungen beseitigt und ein Gefühl tiefer Entspannung erlebt werden.

Übung 1: „Progressive Muskelentspannung“

Alle TN liegen auf dem Rücken und versuchen sich zu entspannen. Sie halten die Augen dabei geschlossen. Der ÜL weist die TN in die Übungen ein. Beim Kommando „Anspannen“ werden die zuvor bezeichneten Muskelgruppen angespannt. Beim Kommando „Loslassen“ werden sie wieder entspannt. Wobei das „Loslassen“ spürbar schnell erfolgen soll. Die Anspannphase dauert ca. 5 -7 Sekunden. Wir gehen wie folgt vor:

1.	Muskelgruppe:	Dominante Hand und Unterarm (bei Rechtshändern meist rechts)
2.	Muskelgruppe:	Dominanter Oberarm
3.	Muskelgruppe:	Nichtdominate Hand und Unterarm
4.	Muskelgruppe:	Nichtdominanter Oberarm
5.	Muskelgruppe:	Stirn
6.	Muskelgruppe:	Obere Wangenpartie und Nase
7.	Muskelgruppe:	Untere Wangenpartie und Kiefer
8.	Muskelgruppe:	Nacken und Hals
9.	Muskelgruppe:	Brust, Schulter und obere Rückenpartie
10.	Muskelgruppe:	Bauchmuskulatur
11.	Muskelgruppe:	Dominanter Oberschenkel
12.	Muskelgruppe:	Dominanter Unterschenkel
13.	Muskelgruppe:	Dominanter Fuß
14.	Muskelgruppe:	Nichtdominanter Oberschenkel
15.	Muskelgruppe:	Nichtdominanter Unterschenkel
16.	Muskelgruppe:	Nichtdominanter Fuß

Beherrscht man erst einmal das Grundverfahren, kann der anfänglich erhebliche Zeitaufwand auf ein Minimum reduziert werden. Im Idealfall kommt man mit wenigen Augenblicken aus. Das Entspannungserleben kann sozusagen „abgerufen“ werden.

Bei der „Progressiven Muskelrelaxation“ stehen zeitlicher Aufwand und Wirkung im Vergleich zum „Autogenen Training“ in einem außerordentlich günstigen Verhältnis. Drei bis sechs Sitzungen zu je 15 Minuten reichen erfahrungsgemäß aus, um erste „Entspannungserfolge“ zu empfinden.

9. EINHEIT

Konkrete Auseinandersetzung mit dem Thema: Vergewaltigung, Verteidigung in engen Räumlichkeiten

Aufwärmen: Gymnastik mit Musik

DAUER	MUSIKTITEL	ÜBUNGEN
3 min.	**"Do you love me"** (More Dirty Dancing)	Lockeres Aufwärmen (Durcheinanderlaufen, Hopsassa-Laufen, Kniehebelauf, Anfersen, Seit-Galopp, Übersetzen,...)
5 min	**"Sexy"** (Marius Müller-Westernhagen)	"Aerobicübungen auf der Stelle" (Hüpfen, Hampelmann, SV-Techniken im Musiktakt simulieren, ...)
3 min.	**"Fallen"** (Pretty Woman)	Dehnen und Stretchen (gezielt die einzelnen Muskelgruppen ansprechen, dabei sinnvollerweise von oben nach unten bzw. in umgekehrter Richtung vorgehen)
3 min.	**"Nothing Compares 2 U "** (Sinead O'Connor)	- " -
3 min.	**"Think of Laura "** (Christopher Cross)	- " -

Selbstbehauptung: Konkrete Auseinandersetzung mit dem Thema: Vergewaltigung

Text: „Vergewaltigt - Betroffene berichten ..." (siehe Anhang)

Die sexuelle Gewalt gehört leider immer noch zur alltäglichen Lebensrealität von Frauen und Mädchen.

Unabhängig von Alter, sozialer Schicht und äußerer Erscheinung sind alle Frauen und Mädchen von Angriffen auf ihre sexuelle Selbstbestimmung betroffen.

VERGEWALTIGUNG IST DER EXTREMSTE AUSDRUCK MÄNNLICHER MACHTDEMONSTRATION GEGEN FRAUEN.

Vergewaltigung im Bewußtsein der Öffentlichkeit

Jenseits von jeder Realität gilt nach wie vor als typische Vergewaltigung ein Geschehen, in dem **ein fremder kranker Triebtäter**, infolge einer plötzlichen Explosion seiner Sexualtriebe, meist nachts aus dem Gebüsch hervorspringt und das sich bis zuletzt heftig wehrende Opfer mit Schlägen oder Waffengewalt niederzwingt.

72 % der im Rahmen einer im Stadtverband Saarbrücken erfolgten repräsentativen Bevölkerungsumfrage interviewten Personen waren der Meinung, daß die meisten Vergewaltigungen von Fremden begangen werden .

Seit Jahren werden in der BRD **lediglich 20 % der Opfer überfallartig von fremden Tätern** angegriffen. Noch geringer ist ihr Anteil am sog. Dunkelfeld, d.h. Vergewaltigungen, die sich im persönlichen Nahfeld des Opfers abspielen und, oft aus Angst vor mangelnder Glaubwürdigkeit, nicht angezeigt werden.

Ebensoweit verbreitet ist die Annahme, daß eine anständige Frau von Vergewaltigung nicht bedroht bzw. betroffen ist, da sie sich ja gar nicht in gefährliche Situationen begibt.

Frauen hätten also somit selbst die Macht, Vergewaltigungen zu verhindern. Der Vorwurf der Mitschuld wird mehr oder minder deutlich hervorgehoben.

So glauben 75 % der Befragten, daß Frauen sich absichtlich aufreizend kleiden und so die Vergewaltigung provozieren.

Weitere 41 % unterstellen in solchen Situationen sogar, daß diese Frauen an die Möglichkeit einer Vergewaltigung denken.

Polizeistatistische Daten zeigen, daß Frauen in **allen Lebenssituationen** sexuelle Gewalt erleiden müssen:

- In einsamen Gegenden und
- in ihrer eigenen Wohnung,
- auf dem Weg zur Arbeit und
- in der Disco,
- am Arbeitsplatz und
- in der Freizeit,
- im eigenen Auto und
- per Anhalter,
- ob sie sich gewehrt haben oder nicht,
- ob zurückhaltend oder aufreizend gekleidet,

- tagsüber oder nachts,
- ob sie hübsch oder häßlich waren,
- ob sie sich zuvor auf Zärtlichkeiten einließen oder nicht,
- ob sie sich selbstbewußt oder unterwürfig verhielten,
- ob sie den Vergewaltiger kannten oder nicht.

**ES GIBT KEIN BESTIMMTES VERHALTEN, DAS EINE SEXUELLE GEWALT PROVOZIEREN ODER GAR VERHINDERN KANN.
UND KEIN VERHALTEN EINER FRAU GIBT DEM MANN DAS RECHT ODER DIE BERECHTIGUNG DAZU, GEWALT ANZUWENDEN.**

89 % der befragten Frauen und 79 % der Männer sind der Ansicht, daß Männer deshalb eine Vergewaltigung begehen, weil ihr **Sexualtrieb übermächtig** *sei.*

79 % der Frauen und 75 % der Männer sind der Ansicht, daß Männer **sehr viel schlechter aufhören** *können, wenn z.B. ein Flirt erst einmal begonnen habe.*

ENTGEGEN DER WEITVERBREITETEN MEINUNG IST DER „TYPISCHE" SEXUELLE GEWALTTÄTER WEDER PSYCHISCH KRANK NOCH ÜBERMÄßIG SEXUELL TRIEBHAFT.

Die größte Gruppe sind **rücksichtslose, unkontrolliert aggressive Täter** mit häufig mehrfacher Vorstrafenbelastung durch andere Gewaltdelikte. Männer, die sich auch in anderen Situationen mit Gewalt nehmen, was ihnen nicht freiwillig gewährt wird.

Bei einer weiteren großen Gruppe sonst **angepaßter, unauffälliger Männer** ist die gewaltsame Sexualität nur ein Mittel, um **unterdrückte Aggressionen,** vor allem gegenüber Frauen, auszuleben. Vergewaltigung aus Machtverlangen und auch aus Frauenverachtung.

Nur ein geringer Teil der Täter - maximal 10 % - kann als **psychisch abnorm oder sexuell abweichend** gelten.

Auch seien die Folgen einer Vergewaltigung nicht so schlimm oder weniger schlimm ...

So halten 22 % der Befragten die Unterschiede zwischen einer Verführung und einer Vergewaltigung für gar nicht so groß und nahezu 20 % glauben, daß eine Vergewaltigung von der betroffenen Frau nicht viel anders erlebt wird als eine besonders aggressive Form des Geschlechtsverkehrs, sie sogar ganz unerwartet große Lust erfahren können (16 % der Frauen und 23 % der Männer).

28 % glauben, daß eine Vergewaltigung für Frauen, die seit längerer Zeit ohne Partner leben, sogar angenehm sei.

Zwar tragen nicht alle Opfer sexueller Gewalttaten äußerlich sichtbare physische Verletzungen davon; nahezu alle sind jedoch psychisch so stark und langandauernd verletzt, daß sexuelle Gewalt auch als **„Mord an der Seele“** bezeichnet werden könnte.

Es bleibt ein Gefühl des totalen Ausgeliefertseins, der völligen Ohnmacht, von Hilf- und Wehrlosigkeit und des Benutztwerdens beim Opfern zurück. Die Folge davon ist der fast gänzliche Verlust ihrer Selbstachtung und ihres Selbstwertgefühls. Viele sind außerstande, eine „normale“ heterogene Beziehung aufrechtzuerhalten bzw. neu einzugehen.

40 % sind der Ansicht, man könne nie wissen, ob eine Frau, die sich gegen Annäherungsversuche wehrt, nun wirklich nicht mit dem Mann schlafen wolle oder ob sie sich nur ziert, weil sich das so gehört.

DAS „OPFER“ IST NIEMALS SCHULD, DIE SCHULD LIEGT AUSSCHLIEßLICH BEIM „TÄTER“ (SCHULDUMKEHR!).

Text: “Mögliche Ursachen sexueller Gewalt” (siehe Anhang).

Täter

Altersmäßig liegt der Löwenanteil der Täter im Bereich zwischen 25 und 50 Jahren.

Es gibt keine bestimmten „Tätertypen“. Ein gemeinsames Merkmal haben sie jedoch alle: Sie vergewaltigen ihre Opfer nicht, um sich an ihnen sexuell zu befriedigen, sondern sie wollen „Macht“ ausüben, ihr Opfer erniedrigen, unterdrücken, demütigen. Der Akt der Vergewaltigung ist somit nicht durch sexuelle Motive gesteuert, sondern stellt die

extremste Form männlicher Machtdemonstration

dar - ist Ausdruck gezielter Demütigung und Erniedrigung der Frau.

Tatort/ Tatzeit

Generell gibt es keinen typischen Tatort und keine typische Tatzeit.

Bei den überfallartigen, durch Fremdtäter verursachten Delikten kann man schwerpunktmäßig „eher abends“, „eher in warmen Jahreszeiten“ und „eher im Freien“ festhalten.

Sexuelle Gewalt geschieht überall - in der Wohnung (50 %), im Freien (25 %), im Auto (20 %).

Kurzer Exkurs zur Gewaltentwicklung in Bayern:

Aus einer Analyse polizeistatistischer Daten von 1972 bis 1986 in Bayern:

Tatzeit:

„Bei vergleichbaren Delikten werden **Frauen bei Mord, Totschlag und Körperverletzung seltener als Männer am Wochenende und zur Nachtzeit Opfer** - ihre Opferrisiken verteilen sich gleichmäßiger , da sich Frauen vermutlich nach wie vor nicht in gleichem Ausmaß in die besonders kriminogenen Situationen der Dunkelheit und des Wochenendes begeben wie Männer. Diese Vermutung wird dadurch gestützt, daß die häufigste Tatzeit bei Frauen bei beiden Delikten zwischen 18.00 und 21.00 Uhr liegt, bei Männern dagegen bei Mord/Totschlag zwischen 21.00 und 24.00 Uhr, bei der Körperverletzung sogar zwischen 00.00 und 03.00 Uhr."

- „Bei vergleichbaren Delikten werden auch bei den **Bereicherungs-Gewalttaten Frauen gleichmäßiger über den Tag verteilt Opfer als Männer,** hier sogar mit noch deutlicheren Unterschieden. Nur 45 % aller weiblichen Opfer eines Raubes werden dies zur Nachtzeit, wobei bei Frauen die häufigste Tatzeit bereits zwischen 18.00 und 21.00 Uhr liegt, bei Männern dagegen zwischen 21.00 und 03.00 Uhr; ähnliche Werte gelten für den Handtaschenraub."

- Die Nachtzeit ist für Frauen nur bei „ihren" Delikten, den sexuellen Gewalttaten, besonders gefährlich, vor allem bei Vergewaltigungen: 80 % aller Vergewaltigungen ereignen sich zwischen 18.00 und 06.00 Uhr, die häufigste Tatzeit liegt zwischen 0.00 und 03.00 Uhr; sexuelle Nötigungen geschehen dagegen nur zu 68 % zur Nachtzeit und ihre häufigste Tatzeit liegt früher, nämlich zwischen 21.00 und 24.00 Uhr (eine Erklärung dafür liegt im jüngeren Alter der Opfer)."

Analysen zum Täterverhalten

Ziel der nachfolgenden Übungen ist es, die unterschiedlichen Verhaltensweisen der Täter aufzuzeigen und zu analysieren. Im Anschluß daran versuchen wir, geeignete Abwehrmaßnahmen gemeinsam zu erarbeiten.

Übung 1: „Vertrauensmasche"

TN 1 nähert sich TN2 und versucht, sie in ein Gespräch zu verwickeln. TN1 ist entweder selbst hilfsbereit oder bittet TN2 um einen Gefallen. Im Laufe der Unterhaltung versucht TN1, einen positiven, vertrauenserweckenden Eindruck bei TN2 zu hinterlassen. TN1 versucht dabei, möglichst viele Informationen über sie zu erhalten. Plötzlich, völlig unvermittelt, wird TN1 aggressiv und belästigt TN2 auf massive Art und Weise.

Hierbei handelt es sich um die sog. **„Vertrauensmasche“**. Der Täter nähert sich seinem Opfer ‚offen‘. Sein Annäherungsversuch ist erfolgreich. Er kann gut mit Frauen umgehen. Er bittet sie um einen Gefallen oder gibt sich selbst gefällig. Sobald er das Opfer unter seinen Einfluß gebracht hat, beginnt er plötzlich, aggressiv zu werden. Typische Fälle dieser Art sind: Männer treten als Amtspersonen auf, nehmen Anhalterinnen mit oder sprechen Frauen z.B. im Restaurant an. Auch verwandte bzw. bekannte Täter gehören dieser Gruppe an.

Der Täter sucht nach Anzeichen, aus denen er schließen kann, daß sein Opfer harmlos ist, ihm wahrscheinlich keinen Widerstand entgegensetzen wird und gut zu manipulieren ist. Ein Gespräch bietet hierfür eine günstige Möglichkeit. Er erhält so konkrete Informationen aus der Unterhaltung heraus und indirekte über die Körpersprache.

Unbewußt gegebene Signale der Unterwürfigkeit - wie z.B. Achselzucken, das Hochziehen der Schultern, den Kopf zur Seite neigen, den eigenen Körper oder Teile davon festhalten, kurzer Augenkontakt mit darauffolgendem Niederschlagen der Augen und einem Senken des Kopfes - versprechen ihm ein leichtes Spiel.

Diese Signale werden meist völlig unbewußt registriert und interpretiert. Sie führen jedoch dazu, daß sich der Mann der Frau überlegen fühlt.

Einer Frau sollte auch bewußt sein, daß - z.B. ein Lächeln, längerer und häufiger Augenkontakt, Körperkontakt, eine Unterhaltung, die sie ausschließlich mit ihm führt und die länger als ca. 20 Minuten dauert, etwas gemeinsam essen oder trinken, enges Tanzen, so tun als ob man ungebunden ist oder vertrauliche Gespräche - von einem Mann als anziehende und einladende Signale verstanden werden, obwohl es die Frau vielleicht gar nicht so gemeint hat.

Übung 2: „Überraschungsmasche“

TN1 hat einen „Gameboy“ vor sich und versucht, möglichst viel Punkte zu machen (Ansporn: Wer hat die meisten Punkte ---> Belohnung) oder sie versucht, mit Spielkarten ein dreistöckiges Häuschen zu bauen, etc., pp. Leise nähert sich TN2 mit einem (Gummi-)Messer, einem Kopftuch, einem Schal oder sonst einem beliebigen Gegenstand und bedroht TN1, sowohl verbal als auch mit Gesten. TN2 wird handgreiflich.

Hier haben wir es augenscheinlich mit der „Überraschungsmasche“ zu tun. Der Täter hat sich sein Opfer nach sorgfältiger, jedoch unauffälliger Beobachtung ausgesucht. Er wartet auf eine günstige Gelegenheit, er weiß, wann sie alleine ist und nähert sich ihr unbeobachtet.

Verbale Drohungen wie z.B. „Schrei nicht, sonst bringe ich dich um ...“, „Ich hab‘ ein Messer ...“, „Tu, was ich sage, und dir passiert nichts ...“ dienen dazu, das völlig überraschte Opfer einzuschüchtern. Diesen Drohungen wird auch hin und wieder mit Waffen Nachdruck verliehen. Dem Opfer werden jedoch in den meisten Fällen keine körperlichen Verletzungen zugefügt.

Diese Methode wird meist von Männern angewandt, die zu wenig Selbstvertrauen haben, sich ihr Opfer durch körperliche Gewalt oder durch Überredungskunst gefügig zu machen. Der Ort des Verbrechens wird nach den Vorteilen des Täters (Fluchtmöglichkeiten, Ungestörtheit, schlechte Einsehbarkeit, unzureichende Außenbeleuchtung) ausgesucht.

Übung 3: „Überfall“

TN1 wird von TN2 tätlich angegriffen und zu Boden gezerrt. TN2 schlägt dabei mit der flachen Hand auf den Körper von TN1 ein. TN2 stößt dabei fortlaufend verbale Drohungen und Beschimpfungen aus.

Hier wird die **„Überfall“- Methode** demonstriert. Der Täter wendet unvermittelt körperliche Gewalt an. Das Opfer wird eingeschüchtert und/oder körperlich verletzt. In wenigen Fällen benutzt der Täter zusätzlich ein Waffe, meist genügt ihm jedoch seine bloße Körperkraft. Auch hier sucht sich der Täter ein schwaches, leicht zu manipulierendes Opfer aus. Er will keinen Kräftevergleich provozieren, sondern fordert von vornherein die bedingungslose Unterwerfung des Opfers.

Empfindungen des Opfers während der Tat

- Todesangst, übermächtiger Überlebenstrieb
- Ekel
- geistige Leere
- Teilnahmslosigkeit, Apathie
- Gefühl völliger Ohnmacht
- Fassungslosigkeit
- Bewegungslosigkeit, Handlungsunfähigkeit
- Verfall in infantile Verhaltensmuster
- Schock, Panik
- Angst vor weiterer Gewalteinwirkung („besser stillhalten, damit es schneller vorbei geht“)
- völlige Selbstentfremdung
- Unfähigkeit, klare Gedanken zu fassen
- keine realistische Beurteilung der Situation mehr möglich.

Das Opfer versucht nicht, die Vergewaltigung zu verhindern, sondern einzig und allein zu überleben!

Im Anschluß an die Tat ist bei manchen Opfern sogar eine Art „Dankbarkeitsgefühl" gegenüber dem Täter (nämlich dankbar darüber, daß er sie am Leben gelassen hat) zu beobachten. Dies erscheint für einen rational denkenden Menschen in hohem Maße unverständlich und krankhaft, ist jedoch aus psychologischer Sicht in der zuvor erlebten, überdimensionalen Todesangst zu begründen. Unter Umständen wird aus diesem Grund auch von einer Anzeige abgesehen. Ein ähnliches Verhaltensmuster wurde beim sog. Stockholm--Syndrom beobachtet. Hier solidarisierten sich die Geiseln mit den Geiselnehmern gegen die Polizei.

- **Im Zustand existenzieller Angst beugen sich Menschen nicht nur dem Aggressor, sondern sie kooperieren bzw. verbünden sich sogar mit ihm.**

Angst vor Gegenwehr

„Laß es über dich ergehen, es wird schon nicht so schlimm werden!
So bleibst du wenigstens am Leben!"

Diese und ähnliche Sätze spuken in den Köpfen der Opfer während der Gewalttat umher. Die Tatsache, daß die Opfer in der Mehrzahl der Fälle die Bedrohung durch den Täter als unmittelbare Todesdrohung empfinden, erklärt vieles an einem zunächst oft unverständlichen Opferverhalten. So kommt es z.B. immer wieder vor, daß Opfer Hilfs- und Fluchtmöglichkeiten nicht nutzen und auch nach der Tat nicht sofort fliehen, sondern noch beim Täter bleiben, mit ihm gemeinsam heimgehen oder sogar bei ihm übernachten. Solche Verhaltensweisen lassen jedoch keinen unmittelbaren Schluß auf die Glaubwürdigkeit oder Mitschuld des Opfers zu, sondern allenfalls auf seine von Todesangst bestimmte psychische Verfassung während und nach der Tat.

Die

gezielte Gegenwehr zum sinnvollen Zeitpunkt

stellt das oberste Gesetz der Selbstverteidigung dar. Betroffene berichten:

„... die körperlichen Verletzungen verheilten bald, schlimmer waren die psychischen Schäden, die blieben ... und das Allerschlimmste ist es, daß ich mich nicht zur Wehr gesetzt und dadurch die Geschehnisse aktiv mitgestaltet habe ... das werfe ich mir heute noch vor...".

IN DER UNERWARTETEN GEGENWEHR LIEGT DIE CHANCE DER ERFOLGREICHEN VERTEIDIGUNG. DER ÜBERRASCHTE IST JETZT DER TÄTER!

Verhaltensmaßnahmen nach einer Vergewaltigung

Gespräch mit einer Vertrauensperson führen

Als erstes muß sich das Opfer jemanden suchen, mit dem es offen reden kann. Viele Opfer quälen sich, aus Angst vor Vorwürfen bzw. Unglaubwürdigkeit oder aus Schamgefühl, ganz allein mit der Tat und ihren Folgen. Findet sich eine solche Bezugsperson nicht, kann man sich an den Notruf z.B. *„Frauen helfen Frauen e.V."* (Telefonbuch!) wenden. Vor allem nachts kann die *„Telefonseelsorge"* eine erste Anlaufstelle sein.

Was spricht für eine Anzeige?

Vergewaltigungen sind Verbrechen, die öffentlich gemacht werden müssen. Je mehr davon angezeigt werden, desto weniger sicher können sich die Täter fühlen. Handelt es sich um Mehrfachtäter, können durch eine Anzeige evtl. weitere Straftaten verhindert werden. In einigen Staaten der USA ist man inzwischen, aufgrund der hohen Zahl der Wiederholungstaten, dazu übergegangen, überführte Täter nach Ablauf des Strafvollzugs ‚öffentlich' zu machen. Diese Methode verfehlt sicherlich ihre Wirkung nicht. Für den Täter besteht jedoch so keinerlei Hoffnung mehr, nach dem ‚Absitzen' der Strafe ein ‚normales' Leben zu führen und er hat somit keine Chance auf Rehabilitation. Über diese Handhabung kann man geteilter Meinung sein.

Was spricht gegen eine Anzeige?

In erster Linie wohl die enormen psychischen Belastungen, denen sich das Opfer aussetzen muß. Zwischen der Vernehmung durch die Polizei und dem Prozeß vor Gericht liegen oft längere Zeiträume. Häufig muß zusätzlich ein Glaubwürdigkeitsgutachten durch einen Psychologen erstellt werden. Das Opfer befürchtet, auf wenig verständnisvolle Beamten zu treffen. Es muß damit rechnen, daß der Anwalt des Beschuldigten unangenehme, peinliche Fragen stellen wird. Ferner wird er versuchen, die Glaubwürdigkeit des Opfers anzuzweifeln. Es ist allein die Entscheidung des Opfers, ob es sich dieser Belastung gewachsen fühlt.

Ein wichtiger Gesichtspunkt ist meiner Ansicht nach aber auch die Tatsache, daß mitunter durchaus auch unschuldige Menschen verurteilt wurden.

Dennoch Beweise sichern!

Das Opfer soll sich nach der Tat zunächst nicht waschen oder duschen. Die zur Tatzeit getragenen Kleidungsstücke sollen trocken und ungewaschen aufbewahrt werden.

Gedächtnisprotokoll anfertigen

Es ist ratsam, ein Gedächtnisprotokoll anzufertigen, damit sich das Opfer auch später vor Gericht wieder an gewisse Passagen erinnern kann.

Arzt/Klinik

Nach dem Tathergang sofort einen Arzt aufsuchen. Am besten sollte sich das Opfer an die Notaufnahme eines Krankenhauses wenden, dort kann es sicher sein, daß alles Notwendige getan wird.

Der Arzt wird zum einen akute Verletzungen behandeln, zum anderen einen Hygieneabstrich vornehmen, um festzustellen, ob während der Tat Krankheiten übertragen wurden. Wenn es erforderlich erscheint, wird er die „Pille danach" verordnen. Weiterhin wird er bemüht sein, Beweise zu sichern (Auskämmen der Schamhaare, Untersuchungen auf Spermaspuren bzw. Blutspuren unter den Fingernägeln, Bescheinigung von Verletzungen). Zuletzt wird er den Befund schriftlich festhalten.

Therapie

Aufgrund der psychischen Spätfolgen ist unter allen Umständen ein Psychologe zu konsultieren. Leider sieht es in der heutigen Rechtsprechung noch so aus, daß zwar der Täter psychologisch betreut wird, das Opfer jedoch ganz alleine auf sich gestellt ist und keine Hilfestellung von Seiten des Gesetzes erwarten kann.

Folgen für das Opfer

Soziale Folgen

- Distanzierung (Außenseiterstellung)
- Minderwertigkeit („gebrandmarkt", wertlos)
- Verachtung („mir könnte das nicht passieren")
- Vorwürfe (Belehrungen)
- Ignoranz des Problems (Ausweichen, Bagatellisierung)
- übertriebenes Mitgefühl (Mitleidstour)
- Rollenweisung (Psychisch angeknackst, gebrochen, rachsüchtig ,...)
- Verlust des Arbeitsplatzes
- Verlassen der Schule
- Trennung vom Partner
- Unfähigkeit, erneut eine heterogene Beziehung einzugehen

Psychische Folgen

- aggressive, hektische Verhaltensweisen
- Selbstisolation
- Angstzustände, Alpträume
- Selbstvernachlässigung
- Verlust des Selbstwertgefühls und des Vertrauens in andere Personen
- Selbstmordgedanken
- Schuldgefühle, Selbstvorwürfe
- tiefe Traurigkeit, Depression
- Minderwertigkeitsgefühl
- Verfolgungswahn

Physische Folgen
- Schlafstörungen
- Konzentrationsstörungen, Verwirrtheit
- verminderte Urteilsfähigkeit
- erhöhter Nikotin-, Drogen- und Tablettenkonsum
- Veränderungen der Eßgewohnheiten
- Erschöpfungserscheinungen
- Kopfschmerzen
- Unwohlsein
- Magen-Darm-Probleme.

Anzeigebereitschaft

Vergewaltigung ist die erniedrigendste Form sexueller Gewalt und wird vom Opfer fast immer als **„lebensbedrohlich“** erlebt.

Kaum eine Frau kann danach ohne weiteres in ihren normalen Alltag zurückkehren. Frauen erleben danach - wie bereits erläutert - intensive Ohnmacht und Erniedrigung; psychosomatische Beschwerden wie Kopfschmerzen, Schlaf- und Konzentrationsstörungen, Alpträume, Depressionen, aber auch generelles Mißtrauen und Rückzug aus dem sozialen Leben sind Folgen, an denen sie oft ihr ganzes Leben lang leiden.

Vergewaltigung **ist nicht nur ein körperlicher Angriff**, sondern trifft die betroffene Frau **als ganze Person - ihr Selbstwertgefühl, ihre Identität und ihre Autonomie.**

Frauen, die Gewalt erfahren haben, schweigen aus Scham und Angst vor **Vorwürfen**, die ihnen eine **Mitschuld** unterstellen oder ihnen gänzlich die **Schuld zuweisen**.

Oder sie befürchten, sie werden nicht ernstgenommen, ihnen wird **kein Glaube** geschenkt. Zu verbreitet sind nach wie vor die Muster des Schweigens, des Verharmlosens und der Rechtfertigung. Der vergewaltigten Frau wird zu oft vorgeworfen, sie habe sich leichtsinnig verhalten, den Mann provoziert oder sich nicht ausreichend klar ausgedrückt bzw. zur Wehr gesetzt.

1989 wurden in der BRD 8.393 - das sind immerhin ca. 0,04 % aller 10- bis 60jährigen Frauen und Mädchen - sexuelle Gewalttaten bei der Polizei angezeigt. Darunter waren 4.987 Vergewaltigungen (nach § 177 StGB) und 3.406 sexuelle Nötigungen (nach § 178 StGB). Die sexuellen Gewalttaten hatten zusammengefaßt einen Anteil von 0,2 % an allen polizeilich registrierten Straftaten und werden im Vergleich zu anderen Straftaten nur sehr selten angezeigt.

Anders als andere Straftaten wurden sexuelle Gewalttaten in den letzten Jahren sogar seltener angezeigt als in den Jahren davor (Rückgang um 13 % von 1979 bis 1989). Insgesamt zeichnet sich die Registrierungshäufigkeit von sexuellen Gewalttaten über die letzten Jahre hinweg durch eine im Vergleich zu anderen Delikten bemerkenswerte Gleichförmigkeit aus.

Schätzungsweise werden nur 10 % der tatsächlich verübten sexuellen Gewalttaten bei der Polizei angezeigt. Im sog. Dunkelfeld bleiben vor allem die Taten, die sich im **sozialen Nahraum** ereignen. Diese geringe Anzeigenbereitschaft bedeutet jedoch keineswegs, daß die im sozialen Nahraum verübten Gewalttaten weniger schwer sind als die Überfälle durch fremde Täter. Im Gegenteil: Taten im sozialen Nahraum werden häufig nicht nur besonders gewalttätig begangen, sondern haben für ihre Opfer regelmäßig auch **besonders schwerwiegende Folgen**. Durch die Tat wurde die **„garantierte Sicherheitszone"** der Privatsphäre verletzt, ging Gefahr und Gewalt von Personen aus, von denen man eigentlich Schutz und Hilfe erwartet und denen man im täglichen Leben auch nicht ohne weiteres ausweichen kann.

Tatbestandsmerkmale

Auszüge aus dem Strafgesetzbuch:

§ 177 (StGB) Vergewaltigung.

(1) Wer eine Frau mit Gewalt oder Drohung mit gegenwärtiger Gefahr für Leib und Leben zum außerehelichen Beischlaf mit ihm oder einen Dritten nötigt, wird mit Freiheitsstrafe nicht unter zwei Jahren bestraft.

(2) In minder schweren Fällen ist die Strafe Freiheitsstrafe von sechs Monaten bis zu fünf Jahren.

(3) Verursacht der Täter leichtfertig den Tod des Opfers, so ist die Freiheitsstrafe nicht unter fünf Jahren.

Eine Vergewaltigung liegt somit vor, wenn mit Gewalt oder mit Drohung von Gewalt **(= gegenwärtige Gefahr für Leib und Leben**) zum außerehelichen, vaginalen Geschlechtsverkehr gezwungen wird.

Unter **Gewalt** werden sowohl die

- vorausgehende körperliche Mißhandlung,
- die körperliche Überwältigung des sich wehrenden Opfers, als auch
- die Anwendung betäubender Mittel ohne Einwilligung des Opfers

erfaßt.

Nur die Gewalt, die dazu geeignet ist, einen erheblichen Widerstand der Frau zu überwinden, wird als Tatbestand anerkannt. Von Frauen wird also der **körperliche Widerstand erwartet**, sie setzten sich somit u.U. einem erhöhten Verletzungsrisiko aus. Verbaler Widerstand, Abdrehen oder Wegstoßen ist keine Gegenwehr im Sinne des § 177 StGB. Nur wenn der Täter den Widerstand des Opfers mit Gewalt bricht, ist der Tatbestand der Vergewaltigung erfüllt. Ist dies nicht der Fall, kann die Tat lediglich z.B. nach den §§ 185 (Beleidigung) oder 223 (Körperverletzung) verfolgt werden.

Neben der Gewaltanwendung oder der Drohung mit gegenwärtiger Gefahr für Leib und Leben muß es **zum vollendeten außerehelichen Beischlaf** kommen. Es genügt hier ‚jedoch' das Eindringen des männlichen Penis in die Vagina. Ein Ejakulation ist zur Vollendung der Tat nicht erforderlich.

§ 178 (StGB) Sexuelle Nötigung.

1) Wer einen anderen mit Gewalt oder durch Drohung mit gegenwärtiger Gefahr für Leib und Leben nötigt, außerehelich sexuelle Handlungen des Täters oder eines Dritten an sich zu dulden oder an dem Täter oder einem Dritten vorzunehmen, wird mit Freiheitsstrafe von einem Jahr bis zu zehn Jahren bestraft.

(2) In minder schweren Fällen ist die Strafe Freiheitsstrafe von drei Monaten bis zu fünf Jahren.

(3) Verursacht der Täter leichtfertig den Tod des Opfers, so ist die Strafe Freiheitsstrafe nicht unter fünf Jahren.

Von sexueller Nötigung spricht man somit bei einem erzwungen außerehelichen Anal- bzw. Oralverkehr.

Nachfolgend weitere 'themenbezogene' Paragraphen:

Exhibitionismus

„Der Exhibitionismus", eine Form der gestörten Geschlechtsentwicklung beim Menschen, „bedeutet, daß jemand seine Geschlechtsorgane ohne eine Aufforderung anderen, meist fremden Personen zeigt, um sich dadurch sexuelle oder emotionale Befriedigung zu verschaffen. Nicht selten hängt diese Befriedigung dabei vom Schock oder der Überraschung der unfreiwilligen Betrachter ab. Exhibitionismus ist sehr oft zwanghaft. Die meisten Täter sind Männer. Es hat den Anschein, daß Exhibitionisten häufig sexuell gehemmt oder unbefriedigt sind. Durch ihre Handlungen versuchen sie, plötzliches Erschrecken und Abscheu hervorzurufen, um sich so von psychischen Spannungen zu befreien. Aus diesem Grunde fühlen sie sich auch frustriert und gedemütigt, wenn man mit Gelassenheit auf sie reagiert oder sie sogar auslacht. *In der Regel greifen sie ihre „Opfer" nicht an.* Sie kommen nicht einmal näher, sondern fliehen nach der Exhibition. Manche werden hochgradig erregt und masturbieren dann. *Obwohl Exhibitionisten nicht so gefährlich sind, wie man früher annahm, steht es außer Frage, daß ihr Verhalten darauf angelegt ist, Ärgernis zu geben und daher nicht toleriert werden kann."*

(Haeberle, E. J., Sexualität des Menschen, Berlin, 1985, S. 294)

In der Literatur werden Exhibitionisten im allgemeinen als „harmlos" beschrieben. Dennoch sollte man - meiner Ansicht nach - vorsichtig sein. Nach obiger Erläuterung erscheint es wenig ratsam, sich über den Exhibitionisten lustigzumachen oder ihn auszulachen. Eine geeignete (Abwehr)Maßnahme wäre hier wohl eher ein Nichtbeachten bzw. ein einfaches Ignorieren des Vorgangs.

§ 183 (StGB): „Exhibitionistische Handlungen"

(1) Ein Mann, der eine andere Person durch eine exhibitionistische Handlung belästigt, wird mit Freiheitsstrafe bis zu einem Jahr oder mit Geldstrafe bestraft.

(2) Die Tat wird nur auf Antrag verfolgt, es sei denn, daß die Strafverfolgungsbehörde wegen des besonderen öffentlichen Interesses an der Strafverfolgung ein Einschreiten von Amts wegen für geboten hält.

(3) Das Gericht kann die Vollstreckung einer Freiheitsstrafe auch dann zur Bewährung aussetzen, wenn zu erwarten ist, daß der Täter erst nach einer längeren Heilbehandlung keine exhibitionistischen Handlungen mehr vornehmen wird.

(4) Absatz 3 gilt auch, wenn ein Mann oder eine Frau wegen einer exhibitionistischen Handlung

1. nach einer anderen Vorschrift, die im Höchstmaß Freiheitsstrafe bis zu einem Jahr oder Geldstrafe androht, oder

2. nach §174 Abs. 2 Nr. 1 (Sexueller Mißbrauch von Schutzbefohlenen) oder § 176 Abs. 5 Nr. 1 (Sexueller Mißbrauch von Kindern) bestraft wird.

§ 183 a (StGB): „Erregung öffentlichen Ärgernisses"
Wer öffentlich sexuelle Handlungen vornimmt und dadurch absichtlich oder wissentlich ein Ärgernis erregt, wird mit Freiheitsstrafe bis zu einem Jahr oder mit Geldstrafe bestraft, wenn die Tat nicht in § 183 mit Strafe bedroht ist.

§ 185 (StGB): „Beleidigung"
Die Beleidigung wird mit Freiheitsstrafe bis zu einem Jahr oder mit Geldstrafe und, wenn die Beleidigung mittels einer Tätlichkeit begangen wird, mit Freiheitsstrafe bis zu zwei Jahren oder mit Geldstrafe bestraft.

Vergewaltigung in der Ehe

Seit vielen Jahren setzten sich Frauen und Männer dafür ein, auch die Vergewaltigung in der Ehe juristisch als solche zu definieren und zu ahnden. Die Problematik war bekannt, dennoch herrschte in sog. Fachkreisen kein Bedürfnis für das Eindringen des Strafrechts in eheliche Beziehungen. (Dieser Standpunkt konnte sich lange halten, obwohl eine Befragung des Bundesministeriums für Justiz ergab, daß 20% der Angesprochenen von Fällen wußten, in denen die Ehefrau von ihrem Mann vergewaltigt worden war. Erfahrungen von Beschäftigten in Frauenhäusern bestätigten diese Aussagen.)

Durch Beschluß des Bundestages vom 09.05.96 wurde nun endlich eine gesetzliche Regelung geschaffen, die der gesellschaftlichen Wirklichkeit etwas näher kommt und Frauen, die sexuelle Nötigung und Mißhandlung durch ihre Ehemänner erfahren haben, eine effektive Rechtsverfolgung ermöglicht.

Nach dem neuen § 177 StGB (Sexuelle Nötigung, Vergewaltigung) ist nunmehr die Vergewaltigung in der Ehe dem Straftatbestand der Vergewaltigung außerhalb der Ehe gleichgestellt.. Ebenso werden jetzt dem erzwungenen Beischlaf auch Handlungen gleichgestellt, die vom Opfer als genauso belastend und demütigend empfunden werden. Für den Fall, daß die Staatsanwaltschaft das Delikt verfolgt, die Ehefrau jedoch keinen Prozeß anstrengen will und Gründe dafür vorträgt, besteht für die sie die Möglichkeit des Widerspruchs. Das neue Gesetz ist geschlechtsneutral definiert

§ 240 (StGB) Nötigung.

(1) Wer einen anderen rechtswidrig mit Gewalt oder durch Drohung mit einem empfindlichen Übel zu einer Handlung, Duldung oder Unterlassung nötigt, wird mit Freiheitsstrafe bis zu drei Jahren oder mit Geldstrafe, in besonders schweren Fällen mit Freiheitsstrafe von sechs Monaten bis zu fünf Jahren bestraft.
(2) Rechtswidrig ist die Tat, wenn die Anwendung der Gewalt oder die Androhung des Übels zu dem angestrebten Zweck als verwerflich anzusehen ist.
(3) Der Versuch ist strafbar.

§ 223 (StGB) Körperverletzung.

(1) Wer einen anderen körperlich mißhandelt oder an der Gesundheit beschädigt, wird mit Freiheitsstrafe bis zu drei Jahren oder mit Geldstrafe bestraft.
(2) Ist die Handlung gegen Verwandte aufsteigender Linie begangen, so ist auf Freiheitsstrafe bis zu fünf Jahren oder auf Geldstrafe zu erkennen.

Körperliche Mißhandlung ist eine üble, unangemessene Behandlung, durch die das körperliche Wohlbefinden oder die körperliche Unversehrtheit nicht nur unerheblich beeinträchtigt wird. Als körperliches Wohlbefinden bezeichnet man den Zustand vor der Einwirkung. Das Zufügen eines Schmerzes durch Mißhandlung ist für diesen Tatbestand nicht unbedingt gefordert, ausreichend ist zum Beispiel auch die Erregung von Ekel, etwa durch Anspeien. Eine ganz unerhebliche Einwirkung reicht jedoch nicht zur Verurteilung aufgrund von Körperverletzung aus. Die Beeinträchtigung der körperlichen Unversehrtheit muß „nicht ganz unerheblich" sein. Ein paar blaue Flecken durch festes Zufassen sollen danach nicht ausreichend sein, ebenfalls nicht oberflächliche Kratzer oder ganz leichte Brandverletzungen. Eine Gesundheitsbeschädigung ist das Hervorrufen oder Steigern eines, wenn auch vorübergehenden, krankhaften Zustandes. Körperverletzung wird grundsätzlich nur auf Antrag (durch Anzeige) verfolgt. Sie ist Privatklagedelikt.

§ 232 (StGB) Strafantrag

Die vorsätzliche Körperverletzung nach § 223 StGB und die fahrlässige Körperverletzung nach § 230 StGB werden nur auf Antrag verfolgt, es sei denn, daß die Strafverfolgungsbehörde wegen des besonderen öffentlichen Interesses an der Strafverfolgung ein Einschreiten von Amts wegen für geboten hält.

§ 223 a. (StGB) Gefährliche Körperverletzung.

(1) Ist die Körperverletzung mittels einer Waffe, insbesondere eines Messers oder eines anderen gefährlichen Werkzeugs, oder mittels eines hinterlistigen Überfalls oder von mehreren gemeinschaftlich oder mittels einer das Leben gefährdenden Behandlung begangen, so ist die Strafe Freiheitsstrafe bis zu fünf Jahren oder Geldstrafe.

(2) Der Versuch ist strafbar.

Grundsätzlich ist davon auszugehen, daß vor Gericht mit allen nur denkbaren Tricks gearbeitet wird. Aus diesem Grund ist dem Opfer anzuraten auf einen Alkohol(Blut)test zu bestehen. Die Verteidigung kann so keinen möglichen Alkoholeinfluß des Opfers (Klägers) für sich ausschöpfen und auf „Verleitung zur Tat“ appellieren.

Strafmaß

Mindeststrafmaße nach dem Strafgesetzbuch (StGB):

- Bei Vergewaltigung (§ 177):

  „ ... wird mit Freiheitsstrafe nicht unter zwei Jahren bestraft.“ „In minder schweren Fällen ist die Strafe Freiheitsstrafe von sechs Monaten bis zu fünf Jahren.“ „Verursacht der Täter leichtfertig den Tod des Opfers, so ist die Freiheitsstrafe nicht unter fünf Jahren.“

- Bei sexueller Nötigung (§ 178):

  „ ... wird mit Freiheitsstrafe von einem Jahr bis zu zehn Jahren bestraft.“ „In minder schweren Fällen ist die Strafe Freiheitsstrafe von drei Monaten bis zu fünf Jahren.“ „Verursacht der Täter leichtfertig den Tod des Opfers, so ist die Strafe Freiheitsstrafe nicht unter fünf Jahren.“

Vom oben bezeichneten Mindeststrafmaß werden im Regelfall 3/4 bzw. 2/3 der Strafe abgesessen *(Freiheitsentzug)*, der verbleibende Rest kann bei erfolgreicher Therapie zur Bewährung ausgesetzt werden.

Besonders traurig ist hier die Tatsache, daß sehr wohl für den Täter eine *„kostenlose“* Therapie gestellt wird, das Opfer hingegen *leer* ausgeht und selbst schauen muß, wie es zurecht kommt.

Text: „Plädoyer einer Staatsanwältin in einem Strafverteidigungsprozeß (Vergewaltigung)“ (siehe Anlage).

Falschbezichtigungen

Alle polizeistatistischen Untersuchungen, die sich mit der tatsächlichen Häufigkeit von Falschbezichtigungen befaßt haben, kommen zu dem Ergebnis, daß Falschbezichtigungen bei sexuellen Gewalttaten Anteile von 2 % bis maximal 10 % an allen Anzeigen haben. Das heißt, daß man bei mindestens 90 % der Fälle davon ausgehen kann, daß die Wahrheit gesagt wird.

Falschbezichtigungen sind relativ selten und richten sich überwiegend gegen fiktive (unbekannte) Täter und nicht gegen Männer, die der Anzeigeerstatterin bekannt sind. Ein Mißtrauen gegenüber den Angaben des Opfers ist daher nicht angebracht, insbesondere nicht bei Straftaten im sozialen Nahraum.

Sexueller Mißbrauch von Kindern

Text:„Im Schatten der Lawine ...“ (siehe Anlage).

Beim *„Sexuellen Mißbrauch von Kindern“* liegt die Rate der Dunkelziffer noch weitaus höher als bei Vergewaltigung und sexueller Nötigung von Frauen und Mädchen. Die Täter stammen in diesen Fällen meist aus dem engeren Bekannten- bzw. Verwandtenkreis. Die Kinder stehen also meist in einem direkten Abhängigkeitsverhältnis mit den Tätern, so daß eine Anzeige für sie oft unmöglich wird. Noch dazu handelt es sich bei den „Opfern“, rechtlich gesehen, um unmündige Personen.

In einem Großteil der Fälle werden die sexuellen Übergriffe von den Betroffenen erst Jahre später bewußt wahrgenommen. Aus Furcht vor Unglaubwürdigkeit und noch schlimmeren Mißhandlungen kommt es dennoch meistens zu keiner Anzeige.

Einige wenige Kinder werden durch die völlige Aussichtslosigkeit ihrer Situation zu den - in der Presse hin und wieder berichteten und für die meisten Leser völlig unverständlichen - Fällen von kaltblütig geplanten Elternmorden getrieben.

In Fachkreisen wird behauptet, daß bis zum Alter von 10 Jahren jedes dritte Mädchen und jeder 20ste Junge in irgendeiner Form bewußt oder unbewußt sexuell mißbraucht wird.

§ 174 (StGB): „Sexueller Mißbrauch von Schutzbefohlenen“

(1) Wer sexuelle Handlungen
1. an einer Person unter sechzehn Jahren, die ihm zur Erziehung, zur Ausbildung oder zur Betreuung in der Lebensführung anvertraut ist,
2. an einer Person unter achtzehn Jahren, die ihm zur Erziehung, zur Ausbildung oder zur Betreuung in der Lebensführung anvertraut oder im Rahmen eines Dienst- oder Arbeitsverhältnisses untergeordnet ist, unter Mißbrauch einer mit dem Erziehungs-, Ausbildungs-, Betreuungs-, Dienst- oder Arbeitsverhältnis verbundenen Abhängigkeit oder

3. an seinem noch nicht achtzehn Jahre alten leiblichen oder angenommenen Kind vornimmt oder an sich von dem Schutzbefohlenen vornehmen läßt, wird mit Freiheitsstrafe bis zu fünf Jahren oder mit Geldstrafe bestraft.

(2) Wer unter den Voraussetzungen des Absatzes 1 Nr. 1 bis 3
1. sexuelle Handlungen vor dem Schutzbefohlenen vornimmt,
2. den Schutzbefohlenen dazu bestimmt, daß er sexuelle Handlungen vor ihm vornimmt, um sich oder den Schutzbefohlenen hierdurch sexuell zu erregen, wird mit Freiheitsstrafe bis zu drei Jahren oder mit Geldstrafe bestraft.

(3) Der Versuch ist strafbar.

(4) In den Fällen des Absatzes 1 Nr. 1 oder des Absatzes 2 in Verbindung mit Absatz 1 Nr. kann das Gericht von einer Bestrafung nach dieser Vorschrift absehen, wenn bei Berücksichtigung des Verhaltens des Schutzbefohlenen das Unrecht der Tat gering ist.

§ 176 (StGB): „Sexueller Mißbrauch von Kindern"

(1) Wer sexuelle Handlungen einer Person unter vierzehn Jahren (Kind) vornimmt oder sich von dem Kind vornehmen läßt, wird mit Freiheitsstrafe von sechs Monaten bis zu zehn Jahren, in minder schweren Fällen mit Freiheitsstrafe bis zu fünf Jahren oder mit Geldstrafe bestraft.

(2) Ebenso wird bestraft, wer ein Kind dazu bestimmt, daß es sexuelle Handlungen an einem Dritten vornimmt oder von einem Dritten an sich vornehmen läßt.

(3) In besonders schweren Fällen ist die Strafe Freiheitsstrafe von einem Jahr bis zu zehn Jahren. Ein besonders schwerer Fall liegt in der Regel vor, wenn der Täter
1. mit dem Kind den Beischlaf vollzieht oder
2. das Kind bei der Tat körperlich schwer mißhandelt.

(4) Verursacht der Täter durch die Tat leichtfertig den Tod des Kindes, so ist die Strafe Freiheitsstrafe nicht unter fünf Jahren.

(5) Mit Freiheitsstrafe bis zu drei Jahren oder mit Geldstrafe wird bestraft, wer
1. sexuelle Handlungen vor einem Kind vornimmt,
2. ein Kind dazu bestimmt, daß es sexuelle Handlungen vor ihm oder einem Dritten vornimmt, oder
3. auf ein Kind durch Vorzeigen pornographischer Abbildungen oder Darstellungen, durch Abspielen von Tonträgern pornographischen Inhalts oder durch entsprechende Reden einwirkt, um sich, das Kind oder einen anderen sexuell zu erregen.

(6) Der Versuch ist strafbar; dies gilt nicht für Taten nach Absatz 5 Nr. 3.

Dies ist jedoch ein Bereich, der durch unsere „Selbstbehauptung und Selbstverteidigung" nicht abgedeckt werden kann.

Es kommt jedoch nicht selten vor, daß unsere Kurse von „Betroffenen“ aufgesucht werden. Der Umgang mit diesen Personen verlangt dem ÜL ein hohes Maß an Sensibilität und Verständnis ab. Manchmal kommt es zu anscheinend völlig grundlosen körperlichen Zusammenbrüchen oder zu einem nicht nachvollziehbaren Verweigern einer an sie gestellten Anforderung. Hier darf nicht weiter in die Personen eingedrungen werden. Besser ist hier ein anschließendes Gespräch unter vier Augen.

Selbstverteidigung: Verteidigung in engen Räumlichkeiten

Siehe Kapitel 5 ....

Verteidigung im Auto

Siehe Einheit 5 -> Sicherheitsvorkehrungen in Verbindung mit dem Auto

Selbst im Hinblick auf die Einhaltung der in Einheit 5 ausführlich beschriebenen Sicherheitsvorkehrungen kommt es dennoch vor, daß wir uns in manchen Fällen sogar recht bereitwillig von einem Bekannten heimfahren lassen. Schließlich ist es weitaus bequemer, mit dem Auto direkt vor die Haustür gefahren zu werden, als auf eine strapaziöse Busfahrt oder eine teuere Taxifahrt ausweichen zu müssen.

Gerade in diesen Fällen kann es passieren, daß der eigentlich sonst eher zurückhaltende Bekannte - sei es durch den erhöhten Alkoholeinfluß oder durch den zuvor gemeinsam verbrachten Abend - unbewußt zu sexuellen Übergriffen animiert wird. Vor allem wenn Alkohol im Spiel ist, reichen oft gute Worte und entsprechende Gesten nicht mehr aus, um ihn von seinem Vorhaben abzubringen. Zu sehr ist der sichtlich „Enthemmte“ mit der Befriedigung seiner Bedürfnisse beschäftigt. Unter Umständen wird er der Frau obendrein vorwerfen, sie hätte ihn durch ihr aufreizendes Verhalten erst verrückt gemacht und wolle ihn jetzt einfach wie eine ‚heiße Kartoffel‘ fallen lassen. Nein, mit ihm könne sie dieses Spielchen nicht treiben, das würde er sich nicht ungestraft gefallen lassen...usw.

Oder - ein anderes Beispiel - was nützen einer Taxifahrerin, die ihren Lebensunterhalt damit verdient, Fahrgäste zu transportieren, die besagten Sicherheitsvorkehrungen...?

Im Auto hindern uns in erster Linie die beengten Räumlichkeiten daran, die ‚gewohnten‘ Verteidigungsmaßnahmen ergreifen zu können. Viele Techniken sind hier aufgrund des Platzmangels nicht durchführbar.

Übung 1: „Verteidigungstechniken im Auto"

Die TN sollen partnerweise mögliche Verteidigungstechniken erarbeiten. Hierbei muß besondere Rücksicht auf die beengten Platzverhältnisse genommen werden. Anschließendes Vorstellen der benutzten Techniken.

Man wird schnell erkennen, daß im Auto grundsätzlich alle „Beintechniken" wegfallen. Ebensowenig kann die eigene Körperkraft ‚voll' eingesetzt werden. Letztendlich verbleiben einem eigentlich nur noch die Hände als „Waffen".

Mögliche Verteidigungstechniken können sein:

- alle Arten von Nervendruck
- Hand- und Fingerstiche
- Handballenstöße bzw. -schläge
- Hammerfaustschlag
- Handkantenschläge
- Ellenbogentechniken
- Augenpresse
- Hodengriff
- Gebrauch von Hilfsmitteln (Kugelschreiber, Autoschlüssel, ...)

Es dürfte klar sein, daß der Einsatz von CS-Gas (Sprays) im Auto nicht anzuraten ist. Aufgrund der 'abgeschlossenen Räumlichkeiten' würde es die Verteidigerin in gleichem Maße wie den Angreifer schädigen.

Übung 2: „Übergriff im Auto"

Wir versuchen, die beengten Räumlichkeiten, die wir im Auto antreffen, nachzustellen. Zwei kleine Kastenoberteile werden in eine Ecke nebeneinandergelegt (= Autositze). Die eine Wand dient als „Rückenlehne", die andere stellt eine „Autotür" dar. Die zweite „Autotür" wird durch eine aufrecht stehende Matte simuliert. Zwei TN sitzen nebeneinander im ‚Auto'. Die TN, die auf der Fahrerseite sitzt, beginnt die andere TN erst verbal und schließlich auch körperlich zu belästigen.

Falls die Möglichkeit dazu vorhanden ist, kann die Szene natürlich in einem „wirklichen" Auto viel besser nachgestellt werden.

Die gespielten Situationen werden fortlaufend variiert:

- *Fahrer belästigt Beifahrerin während der Fahrt verbal*
- *Fahrer belästigt Beifahrerin während der Fahrt verbal und körperlich*
- *Fahrer hält auf einem Parkplatz an und wird zudringlich*

- *Fahrer hält in einem Waldstück an und versucht, die Beifahrerin zu vergewaltigen*
- *Fahrerin wird während der Fahrt vom Beifahrer verbal belästigt*
- *Fahrerin wird während der Fahrt vom Beifahrer verbal und körperlich belästigt*
- *Fahrerin wird während der Fahrt vom Beifahrer gezwungen, anzuhalten. Anschließend versucht er, sie zu vergewaltigen.*
- *Fahrlehrer wird während einer „Überlandfahrt" zudringlich*
- *Abhängigkeitsverhältnis zwischen Fahrlehrer und Fahrschülerin berücksichtigen!)*
- *...*

Die einzelnen Situationen können auch von den TN selbst erarbeitet (eigene Erlebnisse) bzw. abgewandelt werden.

Verteidigung in der Telefonzelle

siehe Einheit 5 -> Sicherheitsvorkehrungen in Verbindung mit dem Telefon

Übung 3: „Überfall in der Telefonzelle"

Wir stellen eine Telefonzelle nach, indem wir vier Matten senkrecht im Quadrat aneinanderstellen. Jeweils zwei Matten werden durch TN an den Kanten festgehalten. Eine TN spielt das „Telefon". TN1 befindet sich in der Telefonzelle, TN2 reißt die „Tür" auf und greift TN1 auf engem Raum an. Diese setzt sich zur Wehr.

Mögliche Verteidigungstechniken können sein:

- *Fußstoß, (um den Angreifer am Betreten der Telefonzelle zu hindern und sich somit den einzigen Fluchtweg frei zu machen)*
- *Hilfsmittel: Telefonhörer zum Schlagen benutzen*
- *Fingerstiche, Handstich, Handballenstoß, Hammerfaust (zum Gesicht), Knieschlag (in den Unterleib)*
- *Pressluftschlag*
- *Nervendruck.*

Verteidigung im Fahrstuhl

Siehe Einheit 5 -> Sicherheitsvorkehrungen in Verbindung mit dem Fahrstuhl

Übung 4: „Überfall im Fahrstuhl“

Da uns im Fahrstuhl, im Vergleich zur Telefonzelle, die Sicht nach außen völlig verwehrt wird, versuchen wir dies durch das senkrechte Aufstellen von Turnermatten in einer Hallenecke nachzustellen. TN1 und TN2 befinden sich im „Fahrstuhl“. TN2 greift TN1 an. Diese setzt sich entsprechend zur Wehr!

Im Vergleich zu Telefonzelle und Auto bleibt uns hier mehr Platz zur Verteidigung. Jedoch kommt der ‚verheerende‘ Aspekt der völligen Abgeschlossenheit hinzu.

Um den Gegner abwehren und die Flucht aus dem Fahrstuhl einleiten zu können, sind hier sehr ‚harte‘ Techniken notwendig, die den Gegner weitgehend unschädlich machen.

Mögliche Verteidigungstechniken können sein:

- Knieschläge
- alle Arten von Ellenbogentechniken
- sowie das gesamte Repertoire der oben bereits bezeichneten Abwehrmöglichkeiten.

Cool Down: Partnermassage

Übung 1: „Partnermassage“

Die TN gehen partnerweise zusammen. TN1 legt sich auf den Rücken und entspannt sich. Sie hält dabei die Augen geschlossen. TN2 kniet neben ihr und umfaßt ihr Handgelenk mit beiden Händen. Unter leichtem Zug beginnt sie, den Arm locker zu schütteln. Nach oben, nach unten, nach links und nach rechts. Nachdem sie den Arm langsam abgelegt hat, widmet sie sich dem anderen in der gleichen Art und Weise. Anschließend sind die Beine an der Reihe. Nach einem mehrmaligen, geführten Abbeugen derselben, werden diese in gleicher Weise wie zuvor die Arme gelockert. Es ist dabei darauf zu achten, daß die Kniegelenke nicht durch starkes Durchhängen belastet werden.

TN1 soll die Anwendung als angenehm empfinden. Anschließend dreht sich TN1 auf den Bauch und läßt sich von TN2 den Rücken durchkneten. TN2 setzt sich dabei nicht auf TN1 ab, sondern kniet mit erhobenem Gesäß über ihr. Mit dem Nacken-Schulter-Bereich beginnend, massiert TN2 gleichmäßig kreisend bis hinunter zum unteren Lendenbereich. Die Wirbelsäule wird dabei ausgespart. Anschließend Partnerwechsel.

10. EINHEIT

Vom Umgang mit Rollenspielen,
Realitätsbezogene SV in Streßsituationen

Aufwärmen: Gymnastik mit Musik

DAUER	MUSIKTITEL	ÜBUNGEN
3 min.	**"Luv 4 luv"** (Robin S.)	Lockeres Aufwärmen (Durcheinanderlaufen, Hopsassa-Laufen, Kniehebelauf, Anfersen, Seit-Galopp, Übersetzen,...)
5 min	**"The key, the secret"** (Urban Cookie Collective)	"Aerobicübungen auf der Stelle" (Hüpfen, Hampelmann, SV-Techniken im Musiktakt simulieren, ...)
3 min.	**"Lady in red"** (Chris de Burgh)	Dehnen und Stretchen (gezielt die einzelnen Muskelgruppen ansprechen, dabei sinnvollerweise von oben nach unten bzw. in umgekehrter Richtung vorgehen)
3 min.	**"Heaven"** (Bryan Adams)	- " -
3 min.	**"What am I supposed to believe"** (Christopher Cross)	- " -

Selbstbehauptung: Vom Umgang mit Rollenspielen

Um generell mit der Thematik „Rollenspiele" vertraut zu werden, bietet es sich in den meisten Fällen an, einige prägnante Szenen vorzuspielen. Sie sollen Betroffenheit bei den Zuschauern auslösen. Das Gefühl: „Ja, so etwas ähnliches ist mir auch schon einmal passiert" soll hervorgerufen werden.

Besonders realistisch wirken die einzelnen Szenen natürlich im passenden Outfit. Leider fehlt hierzu meistens die Zeit.

Szene 1: „Film wechseln"

Eine ängstlich, etwas verwirrt dreinblickende Frau steht an einer Straßenkreuzung. Sie dreht und wendet ihre an einem Riemen um ihren Hals hängende Kamera hilflos nach allen Seiten. Augenscheinlich versucht sie gerade einen neuen Film einzulegen. Ein junger Mann beobachtet die Szene und geht zielstrebig auf die Dame zu. „Kann ich ihnen helfen, Lady?" Etwas verwirrt über die unvermittelte Anrede bestätigt die Frau zögernd. Mit einem anfänglich belehrenden, später überheblichen Tonfall, erklärt er, wie kinderleicht es doch sei, einen Film zu wechseln, vorausgesetzt, man bringe ein wenig technisches Verständnis mit.

Während er den Film erneuert, zerrt er, wohl eher unabsichtlich, an dem Riemen. Die Frau fühlt sich durch die so entstehende unmittelbare Nähe des Mannes zusehends belästigt. Durch den um ihren Hals hängenden Riemen kann sie sich nicht zurückziehen.

Als der Mann die Situation erkennt, meint er, wohl mehr aus Belustigung über das „ungewöhnliche" Verhalten der Dame: „Na, so ganz allein in dieser fremden Stadt? Wie wär's denn mit einer Tasse Kaffee? Sie sehen aus, als könnten sie einen brauchen!" Jetzt nahezu völlig aus der Fassung gebracht, greift die Frau abrupt nach ihrem Fotoapparat und eilt schnellen Schrittes mit den gemurmelten Worten: „Immer muß mir so etwas passieren" von dannen. Immer noch hört sie das spöttische Gelächter des jungen Mannes hinter sich herhallen.

Szene 2: „Hinterherpfeifen"

Ein jugendlich wirkender Mann mit einer Schirmmütze auf dem Kopf schlendert wie zufällig an einer jungen Frau vorbei und pfeift ihr anerkennend hinterher. Völlig unvermutet dreht sich die Frau zu dem jungen Mann um und fragt ihn mit scharfem Tonfall: „Ist was - meinst Du mich?" Der Mann wendet sich, sichtlich erschrocken über die ungewöhnliche Reaktion der Frau, leicht beschämt ab.

Szene 3: „Kurzer Weg zum Bus"

Eine Frau steht am Straßenrand und blickt erschrocken auf ihre Armbanduhr. Es ist später geworden als sie eigentlich geplant hatte. In einem Selbstgepräch macht sie sich klar, daß sie auch noch den letzten Bus verpassen wird, wenn sie den gewohnten Weg nehmen würde. Kurzerhand entschließt sie sich, diesmal ausnahmsweise den erheblich ‚kürzeren' Weg, der sie allerdings an einer etwas verrufenen Kneipe vorbeiführt, zu nehmen. Schon des öfteren wurde sie dort von Betrunkenen angequatscht. Trotzdem, es hilft nichts, wenn sie den Bus noch bekommen will, muß sie diesen Weg einschlagen.

Entschlossen beginnt sie loszulaufen. Bereits von weitem sieht sie mehrere Männer lauthals krakeelend an der Eingangstür der Kneipe lehnen. Schnellen Schrittes, ihren Blick dabei starr geradeaus gerichtet, versucht sie, an den Typen vorbeizukommen. Doch ihr Plan geht nicht auf. Die Männer pöbeln sie auf ziemlich primitive Art und Weise an. Nach ihren anfänglichen Beschwichtigungsversuchen beginnen diese, sie hin und her zu stoßen. Sie schreit um Hilfe. Trotz der Tatsache, daß mehrere Passanten die Szenerie beobachtet hatten, kommt ihr niemand zu Hilfe.

Die „Zuschauer" sollen während dieser Szene direkt angesprochen und um Hilfe gebeten werden. Meistens rührt sich, genau wie in der Realität, auch hier keiner vom Fleck, nach dem Motto, es sind doch genug andere da, die helfen könnten. Keiner fühlt sich konkret betroffen, und jeder wartet erst einmal ab, was die anderen unternehmen werden.

Im Bezug auf die eben gespielte Szene erzähle ich oft folgende selbst miterlebte Geschichte:

„Ich saß mit ein paar Leuten - wohlgemerkt, fast alle waren erfahrene Kampfsportler - in einer Kneipe. Wir waren den ganzen Tag über Ski gelaufen und ziemlich gerädert. Bei einem gemütlichen Bierchen wollten wir den Abend ausklingen lassen. Plötzlich wurde unsere Aufmerksamkeit auf einen sich an der nahegelegenen Theke anbahnenden Streit gelenkt. Ein massig wirkender, leicht angetrunkener, Mann versuchte, sein eher zierlich wirkendes Gegenüber offensichtlich zu provozieren. Die beiden schienen sich zu kennen. Aus irgendeinem Grund, der uns nicht so recht klar wurde, suchte der eine Stunk. Der andere Mann wollte sich jedoch nicht so recht darauf einlassen. Erst als er mit Schlägen attackiert wurde, setzte er sich mit Tritten zur Wehr. Jedoch mußte er bald einsehen, daß er gegen den Hünen nicht die geringste Chance hatte. Sichtlich von Panik ergriffen, raste er durch die Kneipe, um dem augenscheinlichen Aggressor auf diese Weise zu entkommen. Die ganze Kneipe beobachtete regungslos die Szene - wir eingeschlossen. Wie es der Zufall so wollte, wurden wir dennoch in Mitleidenschaft gezogen. Der hagere Mann hatte sehr schnell begriffen, daß er mit keiner Hilfe von Seiten der übrigen Gäste rechnen konnte. Aus diesem Grund nahm er kurzentschlossen ein volles Weizenbierglas, zerschlug es auf dem Tisch und bedrohte damit seinen Widersacher. Leider handelte es sich hierbei, rein zufällig, um das Weizenbierglas meines Tischnachbarn. Durch diese ziemlich heftige Aktion kam blitzartig Bewegung in die Kneipe. Im Handumdrehen hatten zwei Leute den Streitsuchenden gepackt und nach draußen gezerrt."

Offensichtlich hatte der Mann, in seiner Hilflosigkeit, das einzig Richtige getan. Er hatte in dem Geschehen gewissermaßen ein unmißverständliches Zeichen gesetzt. Er hatte auf diese Weise ausgedrückt, daß er, falls es erforderlich sein würde, aufs Ganze gehen würde, ohne Rücksicht auf Verluste. Plötzlich waren mit einem Mal alle betroffen. Nein - ein Blutvergießen wollte man auf gar keinen Fall, das würde dem Ruf der Kneipe schaden!

Szene 4: „Kaffeetrinken"

Eine Frau lernt in einer Kneipe einen Mann kennen. Er wirkt sympathisch auf sie und bietet ihr an, sie nach Hause zu fahren. Da es bereits ziemlich spät ist und er dem Anschein nach nichts getrunken hat, willigt sie dankbar ein. Vor der Haustür angekommen, ändert sich die Situation jedoch. Er fragt, ob er nicht noch schnell eine Tasse Kaffee bekommen könne, er sei plötzlich sehr müde geworden und müsse noch eine ziemliche Strecke bis zu sich nach Hause zurücklegen. Mißtrauen steigt in ihr hoch. So eine plumpe Anmache. Oder war er vielleicht wirklich müde? Schließlich hatte er sie extra nach Hause gebracht und dabei offensichtlich einen ziemlichen Umweg in Kauf nehmen müssen. Sollte sie da wirklich so unfreundlich sein und ihm eine Tasse Kaffee verweigern? Man mußte ja nicht immer gleich vom Schlimmsten ausgehen! Gesagt getan! Oben angekommen, macht er es sich auch schon auf der Couch bequem. Etwas überrascht über die Ungezwungenheit, mit der er sich der junge Mann in ihrer Wohnung bewegte, stellt sie den Kaffee ab und überlegt sich gleichzeitig, wie sie ihn wohl am schnellsten dazu bewegen könnte, gleich wieder zu gehen. Doch ganz so einfach sollte es nicht werden. Der junge Mann dachte augenscheinlich überhaupt nicht daran zu gehen.

Wie wird diese Szene wohl ausgehen? ,Open end?

Machen wir uns doch einmal die Mühe und stellen uns die obige Szene anders herum vor. Wie „gewöhnlich" und völlig ungefährlich wäre diese Begebenheit dann mit einem Mal! Und wie „unüblich" wäre es dennoch für eine Frau, nach einer Tasse Kaffee zu fragen. Gerade diese Tatsache wirkt äußerst deprimierend auf mich. Hier kommt so richtig zum Ausdruck, wie voreingenommen man doch sogar sich selbst gegenüber ist und wie viele Einschänkungen man als Frau in Kauf nehmen muß.

Szene 5: „Reifenpanne"

Eine Frau steht auf einem Parkplatz neben ihrem Wagen. Sichtlich hilflos blickt sie auf ihren platten Vorderreifen hinunter. Ein Mann läuft auf sie zu und bietet ihr bereitwillig seine Hilfe an. Erleichtert nimmt sie das Angebot an. Ohne größere Probleme wechselt der Mann routiniert den Reifen. Sie bedankt sich erfreut für seine Hilfsbereitschaft und möchte sich gerne mit einer Einladung auf eine Tasse Kaffee revanchieren. Der Mann lehnt jedoch dankend ab. Erfreut über die prompte Hilfeleistung, steigt die Frau in ihr Auto und setzt ihre Fahrt fort.

Tja, hier wären wir nun an der Kehrseite der Medaille angelangt! Manchmal ist es eben doch ganz schön einfach, *nur* eine Frau zu sein. Ich bin sicher, daß es auch einige Männer gibt, die keinen Reifen wechseln können und denen mit ziemlicher Sicherheit nicht so selbstverständlich Hilfe angeboten wird.

Dennoch birgt diese Szene eine Gefahr in sich. Wäre diese Frau auf sich alleine gestellt geblieben, hätte sie es mit ziemlicher Sicherheit ebenso fertiggebracht, den Reifen zu wechseln. Dieses Erfolgserlebnis könnte sie dann auf ihrem Konto unter „Selbstbewußtsein" verbuchen. Der „bequemere" Weg ist sozusagen nicht immer der „gewinnbringendere".

Jetzt ist es an der Zeit, die zuvor gespielten Szenen gemeinsam zu analysieren. Kommt die Diskussion nicht so recht in Gange, kann der ÜL hier durch gezielte Fragestellung animieren: „Haben einige TN schon einmal etwas ähnliches erlebt?" „Was wollen uns die Szenen mitteilen?" „Entsprechen sie der Realität oder läuft das in Wirklichkeit ganz anders ab? Wenn ja, wie?" .

Übung 1: „Nachspielen von Erlebtem"

Die TN erarbeiten gemeinsam eine Situation oder aber der ÜL gibt eine Begebenheit vor. Die TN gehen in Vierergruppen zusammen und spielen die Szene nach. Die Gruppen werden aufgefordert, untereinander selbständig zu arbeiten, d.h. eigene Gedanken und Eindrücken untereinander auszutauschen, ohne dabei den ÜL um Rat zu fragen.

Im Anschluß daran bietet es sich an, sich in einem gemeinsamen Gespräch mit den anderen TN über die eben „erlebte" Situation auszutauschen.

Text: „Ich werd' angemacht - na und!?" (siehe Anhang).

Nur allzuoft legen sich Frauen selbst Steine in den Weg, indem sie von sich erwarten, sie müßten auf jede noch so banale Anmache möglichst schlagfertig reagieren. Anschließend sind sie in den meisten Fällen davon enttäuscht, daß ihnen wieder mal nicht der passende Konter eingefallen ist.

Im Rollenspiel kann solches Verhalten nachgestellt und eingeübt werden. Die Frauen lernen, wie sie mit wenigen stereotypen Sätzen das scheinbar so mächtige Gegenüber aus der Fassung bringen und sogar zum Rückzug bewegen können.

Sätze wie z.B. „Ist was?!" oder „Willst Du was?!" sind hier nicht mehr länger als Frage zu verstehen. Sie drücken vielmehr eine deutliche Mißbilligung aus. ‚Frau' will damit sagen: „Es hat *nichts* zu sein. Er hat ganz einfach *nichts* zu wollen". Dem Aggressor wird keine Chance gelassen, seine Demütigungen an die Frau zu bringen.

Erweist sich der ‚Übeltäter' als besonders hartnäckig, genügt es einfach, die Sätze mehrmals hintereinander monoton zu wiederholen. Ohne sich dabei über die eigene Spontanität große Gedanken machen zu müssen. Auch klare Handlungsanweisungen wie „Hau ab!" oder „Zieh' Leine" verfehlen nur äußerst selten ihre Wirkung.

Möglichkeiten der Fragestellung zur Analyse von Rollenspielen

- Was war die Ursache für das Eskalieren der Situation?
- Wie wirken die Spielerinnen, zum einen aufeinander, zum anderen auf die Zuschauer?
- Wie wirkt das Verhalten des „Opfers" (effektiv oder eher weniger effektiv, vielleicht sogar provokativ)?
- Wie haben sich die Spielerinnen dabei selbst gefühlt?
- Welche Möglichkeiten existieren, um sich effektiver zu verhalten?
- Wie hätte vielleicht dann die Reaktion des Angreifers ausgesehen? (evtl. ein erneutes Durchspielen mit verändertem Verhalten).

In Gruppen, die gerne mit „Rollenspielen" arbeiten, ist eine Nachbereitung durch Videoaufnahmen äußerst effektiv. Jedoch ist hierbei ganz besonders darauf zu achten, daß das gezeigte Verhalten nicht verurteilt wird, sondern daß gemeinsam neue, bessere Verhaltensweisen ermittelt werden.

Selbstverteidigung: Realitätsbezogen in Streßsituationen

Gefahren-Parcours

Beim ersten Durchlesen erscheint der „Gefahren-Parcours“ eine ziemlich aufwendige Geschichte zu sein. Hat man jedoch erst einmal die dafür erforderliche Musik zusammengestellt, kann man den Parcours immer wieder ohne große Vorbereitung durchführen.

Durchführung:

Die TN müssen innerhalb einer vorgegebenen Zeit bestimmte Stationen durchlaufen. An jeder Station oder kurz danach lauert eine „Gefahr“. Zum Parcours-Ende hin wächst die Anforderung.

Die Musik wird als stilistisches Hilfsmittel eingesetzt. Das unerwartete Einsetzen der Musik ist sozusagen das Startsignal für einen plötzlichen Angriff. Mit dem Stoppen der Musik sollte auch die Verteidigung abgeschlossen sein.

Wichtig ist es, daß sich die Verteidigerin kontinuierlich zur Wehr setzt, dem Grundsatz nach: „Setze Dich solange zur Wehr, bis die Konfrontation vorbei ist!“ In diesem Fall, bis die Musik aufgehört hat. Selbstverständlich müssen auch die Täter immer wieder erneut angreifen.

Ziel ist es, einen möglichst realen Bezug zur Wirklichkeit herzustellen. Mit zunehmendem Durchlaufen des Parcours wächst die Anforderung an die Person. Der Streß steigt. Reaktionsschnelligkeit unter Zeitdruck und Schärfen der Sinne wird der Verteidigerin abverlangt.

Hier wird deutlich, ob die TN auch in Streßsituationen genauso wie im Training dazu fähig ist, gezielt und dynamisch vorzugehen.

Der gesamte Parcours steht und fällt mit dem Geschick und den Ideen der Angreifer. Spätestens an dieser Stelle sollten männliche Angreifer eingesetzt werden. Durch das Einbinden von „Anpöbeleien“, dem gleichzeitigen „scheinbaren“ Erscheinen mehrerer Angreifer, dem „Hervorspringen“ der Angreifer hinter irgendwelchen Hindernissen, etc. können der Verteidigerin weitere ‚Probleme‘ bereitet werden.

Der Parcours kann nach eigenen Vorstellungen und Ideen beliebig erweitert bzw. ausgedehnt werden, z.B. durch:

- *das Abdunkeln der Räumlichkeiten;*
- *das Aufstellen von Hindernissen, die überwunden werden müssen;*
- *bestimmte Aufgaben, die auf dem Weg zur nächsten Station bewältigt werden müssen; (Zerschlagen eines Bruchtesters oder einen Luftballon zum Platzen bringen, ...)*

- *das Befreien einer dritten Person aus einer Notlage;*
- *das Auftreten von, mit Haargel und Gesichtscreme „präparierten“ Angreifern; (auch das Tragen eines mit Alkohol durchtränkten Halstuchs bringt zusätzliche Effekte)*
- ...

Mögliche Stationen können sein:

1. Station:	Verbale Belästigung, evtl. Hin-und Herstoßen durch mehrere Personen. Beim Musikeinsatz greift eine der Personen nach dem Handgelenk (beliebig) der TN und versucht diese wegzuzerren.
2. Station:	Beliebige Umklammerungsangriffe im Stand. Mit und ohne Ausheben.
3. Station:	Umfassen des Hals/Kopfbereiches in beliebiger Form (Würgen mit dem Unterarm im Stand, Schwitzkasten, Doppelnelson, etc.)
4. Station:	Die TN wird zu Boden gerissen. Verteidigung aus der Bodenlage bzw. am Boden.
5. Station:	Verteidigung auf engem Raum. Hier: in der Telefonzelle. Vier Matten bilden, senkrecht aufgestellt und von zwei Personen gehalten, eine Telefonzelle; eine der Personen ist gleichzeitig das Telefon; der Angreifer lauert hinter einer der Matten, reißt beim Musikeinsatz die „Tür“ auf und fällt über TN her.

Musik als stilistisches Element:

Nachfolgend die genaue Gestaltung der Musikeinsätze. Die Sekundenangaben beziehen sich jeweils auf den Beginn der Musik bzw. der Pause.

SEKUNDEN		AKTIONEN	MUSIK
0:00	1.Musik	TN wartet am Parcoursanfang	"Eye of the Tiger" (Survivor)
0:07	Pause	TN beginnt langsam loszulaufen	
0:12	2. Musik	TN wird vom 1. Angreifer angegriffen	"Bad" (Michael Jackson)
0:19	Pause	TN läuft in Richtung nächste Station	
0:23	3.Musik	TN wird vom 2. Angreifer angegriffen	"Thriller" (Michael Jackson)
0:29	Pause	TN läuft zur nächsten Station	
0:33	4.Musik	TN wird vom 3. Angreifer angegriffen	"Bad" (Michael Jackson)
0:42	Pause	TN läuft zur nächsten Station	
0:47	5. Musik	TN wird vom 4. Angreifer angegriffen	"Thriller" (Michael Jackson)
0:57	Pause	TN läuft zur nächsten Station	
1:06	6. Musik	TN wird vom 5. Angreifer angegriffen	"Bad" (Michael Jackson)
1:14	Pause	MUSIK-STOP (ca 15 Sekunden)	

Es hat sich für die TN als hilfreich erwiesen, als „Start-(Warte)-Musik" stets das gleiche Stück zu verwenden. Auf diese Weise können sich die wartenden TN besser einprägen, wann es losgeht. In diesem Beispiel wurde der Anfang von „Eye of the Tiger" gewählt.

Um das ständige Zurückspulen zu vermeiden ist es ratsam, die Musik mehrere Male (10 - 12) hintereinander aufzunehmen.

Nachteilig am Parcours ist, daß für die übrigen TN lange Wartezeiten entstehen. Durch „Anfeuern" und „Applaudieren" können sie sich jedoch am Geschehen beteiligen.

Cool Down: Massage mit dem Tennisball

Übung 1: „Massage mit dem Tennisball"

Die TN gehen partnerweise zusammen. Jedes Paar erhält einen Tennisball. TN1 legt sich entspannt auf den Bauch und schließt die Augen. Leise Musik ertönt im Hintergrund. TN2 kniet neben TN1 und massiert deren Rücken mit Hilfe des Tennisballs, den sie in kreisenden Bewegungen mit der flachen Hand führt. Die Wirbelsäule selber wird ausgespart. Je nach Empfindung kann der Druck auf den Tennisball erhöht bzw. vermindert werden. Die Massage erfolgt über den ganzen Körper, einschließlich der Beine und der Arme. Anschließend Partnerwechsel.

11. EINHEIT

Das Rollenspiel als psychologisches Hilfsmittel
Sinnvoller Gebrauch von alltäglichen Hilfsmitteln und Waffen
Individuelle Verteidigung gegen unbekannte Angriffe

Aufwärmen: Kleine Zweikampfspiele

Übung 1: „Rechts - links"

Partnerweise zusammengehen. Die TN sitzen Rücken an Rücken und haben die Arme untergehakt. Auf das Kommando „rechts" versuchen beide gleichzeitig, die Partnerin ‚nach rechts' zu drücken und zwar so weit, bis deren Schulter den Boden berührt. Beim Kommando „links" wird entsprechend zur anderen Seite gedrückt.

Übung 2: „Oben - unten"

Partnerweise zusammengehen. Gleiche Ausgangsposition wie bei Übung 1. Diesmal versuchen die TN, entsprechend dem Kommando ‚oben' bzw. ‚unten' entweder unter oder über der Partnerin zum Liegen zu kommen. Da dies natürlich von beiden gleichzeitig versucht wird, entsteht ein lustiges Gerangel.

Übung 3: „Umdrehen"

Partnerweise zusammengehen. Eine der beiden TN liegt flach auf dem Bauch. Ihre Partnerin hat die Aufgabe, sie beim Kommando „Los" auf den Rücken zu drehen. Die Liegende versucht, dies so gut es geht zu verhindern. Partnerwechsel.

Übung 4: „Festhalten"

Partnerweise zusammengehen. Beide sitzen im Kniestand gegenüber. Auf das Kommando „Los" versucht jede TN, ihre Partnerin in einen „Haltegriff" zu bekommen, d.h. so am Boden festzuhalten, daß diese sich nicht mehr befreien kann.

Zur Auflockerung können hier verschiedene Haltegriffvariationen vorgestellt werden. Vielleicht auch einmal einen besonders gelungenen ‚Griff' einer TN den übrigen vorstellen.

Übung 5: „Beinhakeln"

Zwei TN liegen rücklings Kopf an Fuß, Seite an Seite nebeneinander. Sie halten sich jeweils an den Unterarmen (in Höhe der Ellenbogen) der innenliegenden Körperseite fest. Bei den Kommandos „eins", „zwei", „drei", ... schwingen beide gleichzeitig im Takt das innere Bein hoch und legen es anschließend wieder ab. Beim Kommando „Los" haken sich beide mit den Knien ein und versuchen, die Partnerin nach hinten umzudrücken.

Übung 6: „Armdrücken"

Beide Partnerinnen liegen Kopf an Kopf auf dem Bauch und geben sich jeweils die rechte Hand. Die Ellenbogen werden dabei auf gleicher Höhe aufgestützt. Es gilt nun, den Handrücken der Partnerin auf den Boden zu drücken. Anschließend Seitenwechsel - Revanche.

Übung 7: „Liegestützkampf"

Die Spielerinnen begeben sich Kopf an Kopf in Liegestütz-Position. Es gilt, der Partnerin möglichst oft auf die Hände zu klatschen und dabei selbst möglichst wenig getroffen zu werden. Die Partnerin, welche die meisten Treffer für sich verbuchen kann, hat gewonnen.

Übung 8: „Liegestütz-Distanzkampf"

Die gleiche Ausgangsposition wie bei Übung 7 einnehmen. Jetzt gilt es, die Distanz zwischen den beiden Handflächen der Partnerin zu überbieten, d.h. jede versucht abwechselnd, den Abstand zwischen den beiden unterstützenden Händen zu erhöhen, ohne dabei jedoch die Liegestützstellung aufzugeben. Wer den „letzten" Versuch vor dem Zusammenbrechen erfolgreich absolviert hat, ist Gewinnerin.

Übung 9: „Sibirischer Krafttest"

Beide Partnerinnen lehnen stehend Rücken an Rücken aneinander. Jetzt heißt es, die Fersen so weit wie möglich voneinander zu entfernen, ohne jedoch dabei den Kontakt an den Schultern zu verlieren. Diese Übung gelingt besser, wenn die Köpfe jeweils seitlich (entgegengesetzt) auf die Schultern der Partnerin abgelegt werden. Das Paar, welches die geringste Distanz zum Boden erreicht und diese Stellung 5 s halten kann, hat gewonnen.

Übung 10: „Zwei gegen eine"

Die TN schließen sich in Dreiergruppen zusammen. Eine Spielerin legt sich auf den Rücken. Die übrigen beiden begeben sich in „Bankstellung" über Beine und Oberkörper der Partnerin, ohne diese jedoch zu berühren. Auf das Kommando „Los" halten sie die Liegende am Boden fest. Diese versucht aufzustehen.

Selbstbehauptung: Das Rollenspiel - als psychologisches Hilfsmittel

Anwendungsgebiete von Rollenspielen

Wir sprechen im Bezug auf Mann und Frau oft von einem ‚geschlechtsspezifischen Rollenverhalten'. Eines scheinen wir dabei jedoch immer wieder zu vergessen, nämlich die Tatsache, daß jede Rolle ihre Ergänzung braucht, um funktionieren zu können.

So liegt folgender Schluß nahe:

- **Läßt sich die Frau zum 'Opfer' machen, stabilisiert sie dadurch die Rolle des 'Angreifers'.**

Gleichzeitig erfahren Frauen, indem sie im Rollenspiel den Part des Mannes übernehmen, daß auch sie ohne weiteres dazu fähig sind, eine andere Frau zu demütigen.

Ebenso lernen sie umgekehrt, daß sie mit ihrem Verhalten nur dann ‚durchkommen', wenn die Partnerin bereit ist, das Spiel ‚mitzuspielen'. Fällt diese jedoch sozusagen „aus ihrer Rolle", d.h. verläßt sie die ihr zugedachte Opferrolle und vertritt eindeutig und bestimmt ihre eigenen Interessen, hat die Aggressorin nicht die geringste Chance.

Indem die Frau auf diese Weise in die Rolle des Demütigers schlüpft, kann sie die ‚Lust am Quälen' selbst erleben, erfährt jedoch ebenso schnell deren Grenzen.

Sie lernt bisher „vielleicht" unerkannte eigene Stärken kennen und erlebt, wie die vermeintliche Übermacht des Mannes plötzlich zu schrumpfen beginnt, wenn das Opfer nicht weiter bereit ist mitzuspielen.

Man spricht hier von einer ‚Entmystifizierung' des Angreifers.

- **Ihr eigenes Selbstbild wird dadurch in hohem Maße aufgewertet und stabilisiert.**

Diese Wandlung vollzieht sich jedoch nicht ohne Widerstände und Hindernisse. Oft getrauen es sich die Frauen anfänglich nicht, die erforderlichen offensiven Verhaltensmuster (Blickkontakt, laut werden, sich vor dem Gegner aufbauen, ...) anzuwenden. Die jahrelang geübten ‚weiblichen' Verhaltensweisen stehen ihnen dabei erheblich im Weg und müssen erst allmählich ‚Schritt für Schritt' abgebaut werden.

Sind es doch in unserer ‚normalen' Gesellschaft gerade die sanften, charmanten und zurückhaltenden Frauen, die für ihr Verhalten belohnt werden. Jedes offensive, selbstbewußte Auftreten scheint unpassend und unerwünscht - entspricht eher dem Bild eines „zänkischen, aggressiven Weibsbildes".

Dieser Vorstellung möchten verständlicherweise nur wenige Frauen entsprechen. Sie fürchten, durch ein derartiges Verhalten die Zuwendung und Zuneigung der anderen zu verlieren.

Wagen sie es dennoch, ihre Interessen direkt vorzutragen, erfahren sie nicht selten, daß ihnen dadurch nicht nur Respekt entgegengebracht wird, sondern sie dafür sogar von ihrer Umwelt anerkannt und auf neue Weise akzeptiert werden.

- **Ein weiterer wesentlicher Zielpunkt von Rollenspielen besteht darin, erlebte Situationen bewußt nachzubearbeiten bzw. zu verarbeiten.**

Durch das bewußte ‚Nachspielen' (Rekonstruieren) eines erlebten Ereignisses können Konfliktlösungsstrategien bzw. situationsangemessene Verhaltensweisen erarbeitet und geübt werden. Durch das aktive Auseinandersetzen mit bisher verdrängten Erlebnissen können solche Rollenspiele falsches Verhalten aufdekken und helfen, den „Täter" nicht weiterhin übermächtig erscheinen zu lassen.

Das „Rollenspiel“ - falsch angewandt - kann jedoch andrerseits, gerade bei ‚betroffenen‘ Personen, durch erneute Schuldzuweisungen ebensogut genau das Gegenteil bewirken.

Vorteile von Rollenspielen

- Durch das Nachspielen bestimmter alltäglicher Situationen werden gewisse „eingeschliffene“ Verhaltensmuster verdeutlicht. Erst durch das Erkennen bzw. Bewußtwerden dieser ‚typischen‘ Angewohnheiten kann Abhilfe geschaffen und im Ernstfall auf diese Erfahrung zurückgegriffen werden.
- Eine bereits ‘gespielte’ Situation würde im Ernstfall nicht mehr fremd sein und hätte somit an Bedrohung verloren. Bereits geübte Verhaltensmuster können abgerufen werden.
- Eine belastende Situation kann von der Betroffenen erneut „erlebt“ und emotional verarbeitet werden.
- Duch das Erkennen und Analysieren des eigenen Verhaltens verliert das Erlebte an Schrecken.
- Durch einen Rollentausch („Opfer“ wird zum „Täter“), kommt es zu einer „Entmystifizierung“ des Täters. Die Betroffene erkennt, daß der Täter keinesfalls ‚übermächtig‘ und somit überwindbar ist.
- Effektives bzw. uneffektives Verhalten wird erkannt. Eine mögliche Diskrepanz zwischen Verbalem und Nonverbalem wird deutlich.
- Durch das Erkennen des eigenen ‘falschen’ Verhaltens und dem daraus resultierenden Bewußtsein, dieses künftig selbständig ändern zu können, kommt es zu einer unmittelbaren Steigerung des Selbstbewußtseins.
- Ferner können eigene provokative Handlungsweisen erkannt und künftig vermieden werden.
- Durch den Partner- bzw. Rollenwechsel erhält die „Spielerin“ sofort eine Rückmeldung in Bezug auf Wirksamkeit und Wirkungsweise ihres eigenen Verhaltens.

Nachteile von Rollenspielen

- Bei der Auswertung eines „Rollenspiels“ kann es sehr leicht zu einer unbeabsichtigten Bewertung bzw. Verurteilung des Verhaltens der Spielerin kommen. Es sollen hier jedoch keine Schuldgefühle zugeschrieben, sondern vielmehr allgemeine Lösungsmöglichkeiten und effektivere Verhaltensmuster aufgezeigt und entwickelt werden.
- Bisher erfolgreich verdrängte Erlebnisse können erneut ins Bewußtsein zurückgerufen werden. Betroffene reagieren in diesen Fällen oft überverhältnismäßig heftig und unkontrolliert.

- Es kann zu Situationen kommen, die sich durch ein entsprechendes Verhalten nicht verändern bzw. verhindern lassen. Hier kommen wir an die Grenzen unserer Hilfestellung: „Selbstbehauptung und Selbstverteidigung ist eine Chance, jedoch keine 100%ige Versicherung."

Ich möchte an dieser Stelle deutlich davor warnen, mit 'betroffenen' Personen bereits erlebte Vorfälle (z.B. eine versuchte Vergewaltigung) nachzuspielen. Auf diesem Gebiet fehlt uns jegliche psychologische Ausbildung. Es wäre in hohem Maße unverantwortlich gegenüber der Betroffenen, wenn wir es uns anmaßen würden, auf den Spuren eines Psychologen oder gar eines Psychiaters zu wandeln.

Selbstverteidigung: Sinnvoller Gebrauch von alltäglichen Hilfsmitteln und Waffen

Was versteht man unter 'alltägliche Hilfsmittel'?

(Fragestellung an die Gruppe...)

Unter Hilfsmitteln versteht man, in diesem Zusammenhang, alle Gegenstände, welche die eigenen Abwehrhandlungen unterstützen. Dies kann sein: ein Schlüsselbund, eine Handtasche, ein Regenschirm, ein Kerzenständer, ein Kugelschreiber, eine Zeitschrift, ein Stein oder ein Stock, Schuhe, Kleidungsstücke oder vielleicht auch ein Stuhl.

Welche Vorteile hat der Gebrauch von Hilfsmitteln?

- Hilfsmittel verlängern unsere Reichweite und halten gleichzeitig den Gegner auf Distanz.
- Hilfsmittel sind unempfindlicher. Wir schonen dadurch beim 'Schlagen' unsere eigenen Körperteile.
- Hilfsmittel haben u.U. eine härtere Konsistenz als unsere Extremitäten. Ihr Wirkungsgrad ist somit effektiver.
- Hilfsmittel (Stuhl, Tisch) können als Hindernisse benutzt werden, die dem Gegner die Verfolgung erschweren. Andererseits können sie uns neue Fluchtwege ‚öffnen' (Fensterscheibe einschlagen).
- Hilfsmittel können eine 'zusätzliche' Bedrohung für den Angreifer darstellen. Vielleicht sieht er, aus Angst vor Verletzung, von seinem geplanten Vorhaben ab.
- Hilfsmittel können die Aufmerksamkeit anderer Personen erregen (Trillerpfeife).
- ...

Welche Nachteile können beim Gebrauch von Hilfsmitteln entstehen?

- Hilfsmittel können, genau wie Waffen, gegen einen selbst verwendet werden.

- Man sollte nur solche Hilfsmittel benutzen, auf deren Benutzung man später nicht mehr angewiesen ist. (Autoschlüssel ---> Fluchtmöglichkeit mit dem Wagen; Wohnungsschlüssel;...)

- Durch Hilfsmittel kann ein ‚trügerisches' Sicherheitsgefühl vermittelt werden. Wird der Verteidigerin das Hilfsmittel abgenommen, verliert sie u.U. völlig den Mut, sich weiterhin zur Wehr zu setzen.

- Bei unsachgemäßem Gebrauch eines Hilfsmittels, könnte sie sich u.U. selbst verletzen (zerbrochene Flasche).

Übung 1: „Gebrauch von alltäglichen Hilfsmitteln"

Jede TN hat die Aufgabe, sich drei ‚alltägliche' Hilfsmittel zu beschaffen. Haben alle TN geeignete Dinge gefunden, müssen sie diese der gesamten Gruppe vorstellen und zeigen, wie sie sich ggf. damit verteidigen würden.

Nachfolgende Punkte sollten nach Möglichkeit erarbeitet werden:

- Hilfsmittel können als Stech-, Stoß- oder Schlaginstrument benutzt werden, wobei 'harte' Gegenstände, aufgrund der höheren Effektivität, grundsätzlich eher zum Stechen bzw. Stoßen verwendet werden sollten.

- Genau wie die 'herkömmlichen' Abwehrtechniken, richten sich auch Techniken, die mit Hilfsmitteln ausgeführt werden, gegen geeignete Schock- und Vitalpunkte.

- Der Einsatz von Hilfsmitteln kann auch dazu als Ablenkungsmanöver dienen.

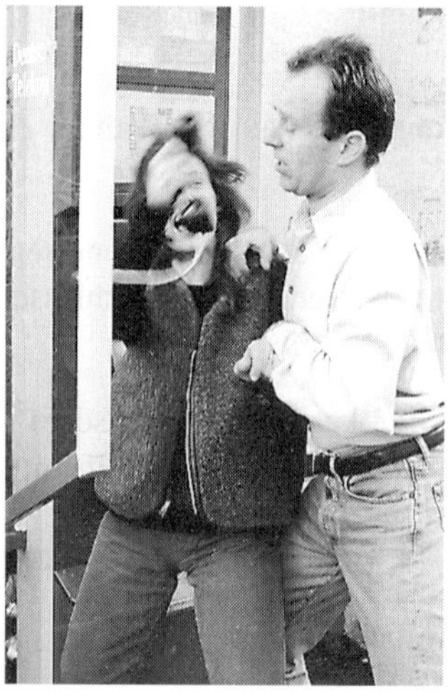

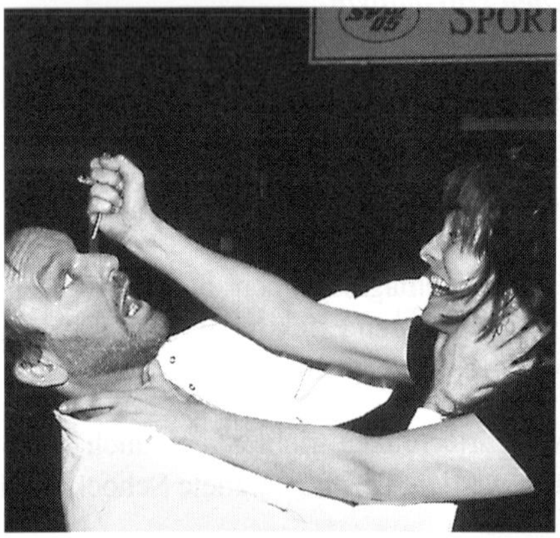

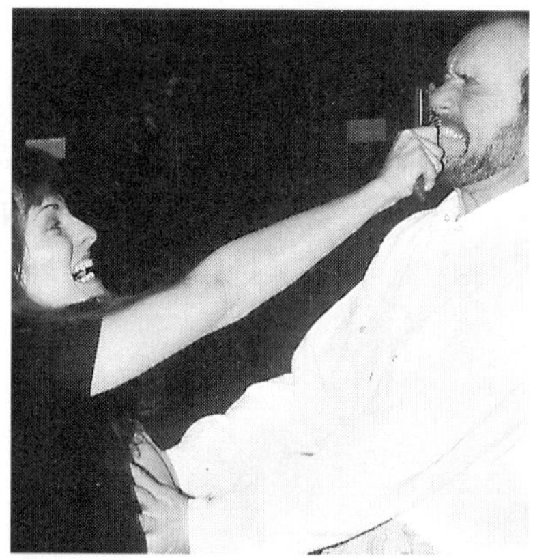

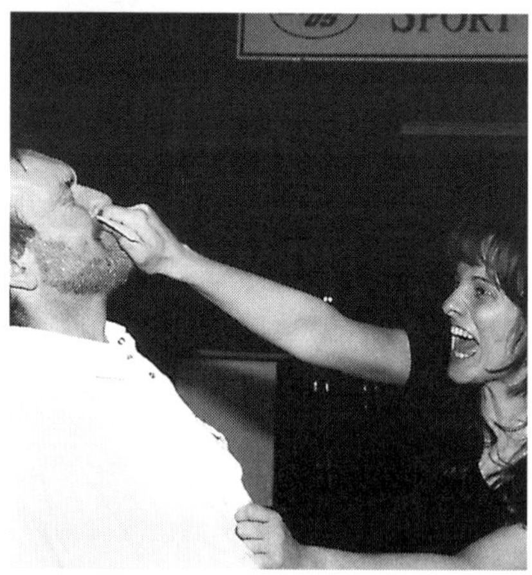

Selbstverteidigung: Individuelle Verteidigung gegen unbekannte Angriffe

Waffen als Schutz vor Verbrechen

Welche Frau hat nicht schon einmal darüber nachgedacht, sich eine Waffe anzuschaffen oder sogar diesen Gedanken in die Tat umgesetzt und sich eine Waffe gekauft?

Und was glaubte sie, sich damit erkauft zu haben?

Als allererstes wohl mehr Sicherheit und mehr Schutz vor Verbrechern (Vergewaltigern). Gewiß, so habe ich auch gedacht, als ich mir aus lauter Angst vor Verbrechen eine Gaspistole zulegte. Damals war ich gerade sechzehn und wohnte noch bei meinen Eltern in einer ziemlich abgelegenen Gegend. Tapfer hielt ich abends auf dem Nachhauseweg meine entsicherte Gaspistole in meiner Jackentasche fest umschlossen, den Finger am Abzug ...

Ob ich die Waffe einmal ausprobiert habe?

Nein, davor hatte ich viel zuviel Angst. Ich hätte mich ja selbst verletzen können!

Was passiert wäre, wenn mich plötzlich jemand angegriffen hätte?

Mit ziemlicher Sicherheit wäre mir wahrscheinlich vor Schreck die Waffe aus der Hand gefallen oder sie hätte sich zuvor in der Jackentasche verheddert.

Was wäre danach geschehen?

Wahrscheinlich das „Übliche“... Ich hatte zuvor keine Sekunde an eine Abwehr ohne Waffe gedacht. Ich hatte mich völlig auf die Waffe verlassen.

Nachteile, die beim Umgang mit Waffen auftreten können

- So wie es mir damals ergangen ist, geht es vielen Frauen und Mädchen heute noch. Kaum eine wird ihre Waffe zuhause ausprobieren, geschweige denn, die teilweise komplizierte **Handhabung** derselben mehrmals einüben.
- Noch dazu sind die meisten Waffen ziemlich **unhandlich**. Bedenkt man, daß 70 % der Übergriffe im persönlichen Nahfeld geschehen, kann man davon ausgehen, daß man die Waffe im Ernstfall sowieso nicht griffbereit hat.
- Gerade bei Pistolen und Revolver (durchaus gängige Verteidigungswaffen) liegt die große Gefahr in der mangelhaften Pflege. Wird die Waffe nicht von Zeit zu Zeit durchgecheckt bzw. gereinigt, kann es beim plötzlichen Einsatz zu **Ladehemmungen** kommen.

- Ein weiterer Nachteil, den fast alle Waffen gemeinsam haben, ist der, daß der Angreifer **ziemlich nah herangekommen sein** muß, um sie effektiv einsetzen zu können.

- Ebenso leicht kann der dennoch überraschten Frau in den meisten Fällen problemlos die **Waffe aus der Hand geschlagen** werden. Dann ist der Schreck (Schock) besonders groß, denn genau auf diese Waffe hatte sie sich doch verlassen. Nun ist sie hilflos und der Willkür des Täters völlig ausgesetzt.

- Unter besonders ungünstigen Umständen benutzt der Angreifer die **Waffe als Drohmittel** gegen sie.

Einen, wenn auch kleinen, positiven Nebeneffekt haben jedoch alle Waffen. Aus **psychologischer Sicht** stellt jede Waffe eine Art ‚Rückhalt' für ihre Besitzerin dar. Die Frau ist so - wohlgemerkt in ihren Augen - einem potentiellen Angreifer nicht völlig hilflos ausgesetzt. Sie fühlt sich gewissermaßen sicher und drückt dieses Gefühl - meist unbewußt - durch ihr Verhalten aus (Prävention).

Dein Körper ist Deine beste Waffe - er kann Dir weder genommen, noch gegen Dich verwendet werden!

Nicht zuletzt aus diesem wichtigen Grund ist jeder Frau besser **ein Gutschein für einen Selbstverteidigungs- und Selbstbehauptungs-Kurs** zu empfehlen als sie zum Kauf einer Waffe aufzufordern.

Sollte aus irgendwelchen Gründen dennoch eine **bestimmte Waffe empfohlen** werden, würde ich generell von Messern und Schlagwaffen abraten. Die sind zu gefährlich und lassen sich nicht so einfach einsetzen, wie man das in Kinofilmen oft sieht. Auch Elektroschocker sind in den meisten Fällen zu kompliziert zu handhaben. Gegen Gaspistolen spricht, daß der Täter sie für eine scharfe Schußwaffe halten könnte und dementsprechend mit ‚eigenen' gefährlichen Waffen dagegenhält.

Ganz egal, für welche ‚Waffe' sich eine Frau letztendlich entscheiden wird: Wichtig ist es, daß sie im Ernstfall ihre innere Hemmschwelle vor eigener Gewaltanwendung überwindet.

Kurzbeschreibung handelsüblicher Waffen

Waffe	Beschreibung	Wirkung	Vorteil	Nachteil
Elektro-schocker	Als Stab, im Format einer Taschenlampe oder eines Rasierapparates, mit Schlaufe oder Gürtelclipper erhältlich. Das Gerät entwickelt, je nach Modell, eine Spannung zwischen 60.000 und 200.000 Volt. Preis: ca. DM 150 bis 280	Bei Körperberührung erfolgt ein Stromschlag, der schmerzhafte, nicht steuerbare Muskelverkrampfungen verursacht. Bei längerem Kontakt kann der Angreifer zu Fall gebracht werden.	Gerät ist handlich und macht den Gegner für einige Minuten kampfunfähig.	Der Angreifer muß bis auf Armlänge herangekommen sein. Dicke Kleidung wirkt isolierend. Hat nicht bei jedem die gleiche Wirkung. Man kann leicht selbst davon getroffen werden.
Reizgas	In der Sprühdose mit 20 bis 50 ml erhältlich. Preis: ca. DM 14 bis 20. Auch als Patrone in der Pistole oder Revolver erhältlich. Preis bis DM 1.000.	Verwendet werden Tränengas (reizt Augen und Schleimhäute) oder CS-Gas (reizt zusätzlich Haut und Atemwege). Wirkt bis zu max. 1,5 m Entfernung (Gasspray) bzw. bis zu max. 4 m (Pistole oder Revolver).	Gasspray: Ist leicht und paßt in jede Handtasche. Handhabung wie die einer Haarspray-Dose Pistole/Revolver: Knall kann mögliche Helfer herbeiholen. Wirkt auf größere Entfernung.	Sprühdose: Der Sprühnebel reicht nicht weit. Kann in engen Räumlichkeiten oder bei Zugluft auch die Verteigerin selbst treffen. Pistole/Revolver: Die Drohung mit der Waffe kann auf manche Angreifer provozierend wirken. Pistolen müssen erst entsichert werden. Manchmal kommt es zu Ladehemmungen. Der volle Reizeffekt tritt erst nach einiger Zeit ein.
Schreck-schußwaffe	Als Pistole oder Revolver erhältlich. Mit Platzpatronen geladen.	Erzeugt einen lauten Knall.	Der Lärm kann den Angreifer verwirren. Signalwirkung für mögliche Helfer.	Die Waffe kann ebenfalls leicht mit einer scharfen Schußwaffe verwechselt werden und macht den Täter möglicherweise aggressiv.

Waffe	Beschreibung	Wirkung	Vorteil	Nachteil
Hiebwaffen	Als Gummi-, Holz- oder Kunststoffknüppel, z. T. mit Schlaufe erhältlich. Bei einer Länge von 25 bis 60 cm schlecht zu verbergen. Preis: DM 25 bis DM 1000. Auch als Teleskop-Schlagstock aus Metall. Im eingezogenen Zustand 14 cm lang. Preis: DM 50,- bis 80,-.	Je nach Treffsicherheit und Kraftaufwand können die Schläge leicht bis schwer verletzen.	Schlagwerkzeuge sind mit viel Kraft, Schnelligkeit und Geschicklichkeit erfolgreich einzusetzen.	Erfordern das nötige Können. Sie sind recht unhandlich und wirken nur im Nahkampf.
Akustische Warngeräte	Als Triller oder Druckluftpfeife. Preis: ca. DM 20. Auch als batteriebetriebenes Alarmgerät mit Schlaufe. Preis: DM 50 bis 80.	Erzeugen allesamt einen unangenehmen hohen Ton. Bei manchen Alarmgeräten wird gleichzeitig ein rotes Signalblitzlicht ausgelöst. Ist das Gerät entrissen, kann es nicht von fremder Hand abgestellt werden.	Abschreckung des Angreifers. Alarmsignal für die Umgebung. Trillerpfeife. gute Erfolge bei "Telefonterror"	Batteriebetriebene Geräte können leicht versagen. Bei den mechanischen Pfeifen ist ein wirklicher Effekt, vor allem im Freien, fraglich.
Messer	Als Küchen-, Taschen-, Fahrten-, Butterfly-, Spring- oder Stiefelkampfmesser erhältlich. Sind in der Tasche, am Gürtel oder am Stiefel zu tragen. Preis: DM 3 bis 300.	Messerstiche können leicht tödlich verlaufen.		Die Gefahr der Eigenverletzung ist zu hoch. Um einen Angreifer abhalten zu können, muß er schwer verletzt werden.
Stinktieröl	Künstlich hergestelltes Stinktier-Sekret in einer winzigen Glas-Ampulle erhältlich. Mit einem Clip an Kette oder Kleidung zu befestigen. Preis: ca. DM 50.	Wird in der Ampulle mit den Fingern zerdrückt und verströmt einen ekelerregenden Gestank. Bei Berührung des Opfers haftet er sofort für mehrere Stunden am Angreifer. Das Opfer selbst kann den Geruch auf der eigenen Haut mit Hilfe eines mitgelieferten Deodorizers neutralisieren.	Die Stinktier-Bombe muß nicht erst aus der Tasche gekramt werden. Es besteht keine Selbstverletzungsgefahr.	Ist ein völlig defensives Verteidungsmittel. Bei einem angetrunkenen oder stark erkälteten Angreifer ist die Geruchswahrnehmung stark eingeschränkt.

Waffe	Beschreibung	Wirkung	Vorteil	Nachteil
Farbspray	Als Farbstoff in der Sprühflasche erhältlich. Preis: ca. DM 50.	Sprüht bis zu 2 m Entfernung auch bei Gegenwind einen grünen Farbstoff (Dauer ca 6 Sekunden). Kann im Freien und in geschlossenen Räumen eingesetzt werden.	Nimmt dem Angreifer, wenn man das Gesicht trifft, die Sicht. Der Farbstoff dient der späteren Identifizierung.	Effektvoll zur Abwehr nur, wenn der Farbstrahl den Gegner voll trifft.

Selbstverteidigung: Individuelle Verteidigung gegen unbekannte Angriffe

Übung 2: „Innenkreis - Außenkreis“

Die TN bilden 'partnerweise' einen Innen- und einen Außenstirnkreis. Der Abstand zwischen den Personen im Innenkreis, den Angreifern, sollte nicht zu klein sein. Auf Kommando des ÜL wechselt der Innenkreis im Uhrzeigersinn.

Diese Übung kann auf unterschiedliche Weise durchgeführt werden:

Einmal in der vereinfachten Form, bei welcher der ÜL die Angriffe (dem Innenkreis) vorgibt, oder in der etwas schwereren Ausführung, bei der die TN (Innenkreis) auf ein bestimmtes Kommando des ÜL beliebig angreifen.

Nach einiger Zeit wechselt der Innenkreis mit dem Außenkreis.

Übung 3: „Gefährliche Gasse“

Die TN stellen sich in einer Gasse auf. Blickrichtung zueinander. Eine beliebige TN (TN1) steht am Kopfende der Gasse mit dem Rücken zur Gruppe gewandt. Der ÜL durchläuft leise die Gasse und tippt mit dem Zeigefinger mehrere Personen, die später als Angreifer fungieren müssen, an. Anschließend dreht sich TN1 der Gruppe zu und beginnt, die Gasse vorsichtig zu durchlaufen. Sie erwartet einen Angriff. Sie weiß nur nicht, wie dieser aussehen und wer sie angreifen wird. Jede TN muß einmal die Gasse durchlaufen. Die Angreifer werden jeweils immer neu vom ÜL bestimmt.

Es ist ratsam, einen bestimmten ‚Angriffsrahmen‘, wie z.B. nur Angriffe mit Kontakt, vorzugeben. Ansonsten würde es passieren, daß die ‚Läuferin‘ sich erst gar nicht ‚mit Kontakt‘ angreifen läßt, sondern sofort abwehrt.

Auch ist darauf zu achten, daß genügend Platz für die Verteidigungshandlungen der ‚Aktiven‘ vorhanden ist.

Um die Übung etwas interessanter zu gestalten, können auch durchaus ganz ‚normale' Dinge, wie z.B. die Frage nach der Uhrzeit, oder die Bitte, ein Geldstück zu wechseln, eingebaut werden. Umso schwieriger wird es für TN1, sich ‚verhältnismäßig' zur Wehr zu setzen.

Cool Down: Slow motion

Übung 1: „Slow motion"

Die TN versuchen, sich genau nach den Vorgaben des ÜL, zu bewegen. Er beschreibt eine Technik in kleinen Schritten. Die TN sind aufgefordert, diese einzelnen Passagen in Zeitlupe nachzumachen. Je langsamer dies geschieht, desto besser.

Haben sich die TN an diese Trainingsmethode gewöhnt, fordert sie der ÜL auf, jetzt mit geschlossenen Augen vorgegebene Angriffe abzuwehren. Zur besseren Konzentration kann im Hintergrund leise Musik gespielt werden.

Diese Übungsform kann auch in das ‚normale' Techniktraining eingebaut werden. Vor allem beim Einüben von schwierigen Bewegungsabläufen oder Abwehrtechniken, bei denen die Partnerinnen ‚ständig' fallen müssen, bietet sich diese Trainingsform an.

Vorteile dieser Trainingsform (Vorstufe des mentalen Trainings):

- Besseres Einprägen der Abläufe durch das langsame Durchspielen der Techniken
- Etappenmäßiges Einübung von schwierigen Bewegungsabläufen
- Einsetzen eines gewissen Automatismus durch erhöhte Wiederholungsfrequenz
- Verbesserung von falsch angeeigneten Bewegungsabläufen
- Energiesparende Trainingsform
- Partnerin wird durch die eigene Vorstellungskraft ersetzt
- Trainingsmethode kann 'überall' durchgeführt werden.

12. EINHEIT

Sexuelle Belästigung am Arbeitsplatz,
Intensive Wiederholung der erlernten
Verteidigungstechniken,
Rechtlicher Aspekt der Selbstverteidigung:
Notwehr - Nothilfe

Aufwärmen: Gymnastik mit dem Gürtel oder einem Seil

Übung 1: „Hindernislauf"

Alle TN laufen im Kreis. Der ÜL hält, zusammen mit einer TN, ein Seil gespannt und bewegt sich mit ihr gegenläufig dem Kreis entgegen. Die TN müssen, je nach Höhe des Seils, darüberhüpfen oder unten durchkriechen. Wir erhöhen unser Tempo allmählich.

Übung 2: „Seil schwingen"

Der ÜL knotet mehrere Gürtel aneinander, so daß ein langes Seil entsteht. Dieses schwingt er gemeinsam mit einem TN. Die übrigen TN haben die Aufgabe, dieses Seil zu ‚überwinden', d.h. sie müssen auf die andere Seite der Halle gelangen. Es steht ihnen dabei frei, ob sie das Seil hüpfend überwinden, oder einfach nur im richtigen Moment durchrennen.

Übung 3: „Gürtelkreisel"

Partnerweise zusammengehen. Jedes Paar erhält einen Gürtel und faßt ihn mit einer Hand jeweils an einem Ende. Eine der beiden rollt sich am gespannten Gürtel auf bis sie neben ihrer Partnerin angelangt ist. Diese rennt jetzt, immer noch das Ende des Gürtels in der Hand, davon, so daß ihre Partnerin sozusagen wieder ‚aufgerollt' wird.

Übung 4: „Gürtel sammeln"

Alle TN stecken sich ihren Gürtel, mit einem Ende, hinten in den Hosenbund. Der übrige Gürtel schleift am Boden. Die TN haben nun die Aufgabe, so viele Gürtel wie möglich zu sammeln. Sie dürfen diese jedoch nicht in den Händen halten, sondern müssen sie allesamt hinten in ihrer Hose, in der oben beschriebenen Weise, verstauen. Alle sind gleichberechtigt und müssen somit möglichst viele Gürtel sammeln, jedoch gleichzeitig darauf achten, daß ihre Gürtel nicht durch die übrigen TN erneut geklaut werden.

Damit sich die TN allmählich an Seil bzw. Gürtel gewöhnen können, beginnen wir mit einem einfachen "Seilhüpfen". Je nach Lust und Laune kann Musik im Hintergrund dazugeschaltet werden.

Übung 5: „Seilhüpfen im Laufschritt"

Jede TN faßt ihr Seil so kurz, daß es in angespanntem Zustand (auf dem Seil stehend) bis zu ihrer Taille reicht. Die TN schwingen das Seil und beginnen, im Laufschritt auf der Stelle zu hüpfen. Rechts, links im Wechsel.

Ist in der Halle genügend Platz, kann auch mal durcheinander gelaufen werden. Anschließend versuchen alle, im ‚Rock n' Roll- Schritt' zu laufen. Und jetzt das Ganze rückwärts...

Übung 6: „Schlußsprünge"

Als nächstes sind ‚Schlußsprünge' mit und ohne Zwischenhüpfer angesagt. Vorwärts und rückwärts.

Als Variante kann versucht werden, die Hände während des Schwingens vor dem Körper zu kreuzen.

Übung 7: „Seilhüpfen zu zweit"

Partnerweise zusammen gehen. Beide stellen sich dicht aneinandergedrängt hintereinander und versuchen, in dieser Position gemeinsam mit einem Seil zu springen. Gelingt dies einigermaßen, versuchen wir das Ganze rückwärts.

Übung 8: „Gürtelhüpfen"

Jede TN nimmt ihren Gürtel und faltet ihn auf eine Länge von ca. 40 cm. Mit beiden Händen gehalten versucht sie nun, über den Gürtel zu hüpfen. Erst vorwärts und anschließend rückwärts im Wechsel.

Übung 9: „Gürtelschwingen"

Jede TN nimmt ihren Gürtel an einem Ende und beginnt, ihn kreisförmig am Boden entlang zu schwingen. Um dabei nicht jedes Mal an ihre Beine zu stoßen, weicht sie durch Hochhüpfen aus.

Übung 10: „Gürtelschlagen"

Die TN stehen sich partnerweise gegenüber. Eine der beiden hält einen Gürtel (ca. 40 cm lang) und beginnt, ‚vertikal' auf ihre Partnerin einzuschlagen. Diese weicht durch einen Ausfallschritt, verbunden mit einem Körperabbiegen und einem schützenden Hochhalten der Arme, den Schlägen aus. Anschließend Partnerwechsel.

Variante:

- *Horizontales Schlagen mit dem Gürtel. Hierbei ist darauf zu achten, daß sich die ausweichende TN nicht mit dem Kopf nach vorne duckt, sondern mit den Knien in die Hocke geht. Den Blick auf den Angreifer gerichtet.*
- *Gleiches ist auch in der Liegestützstellung möglich. Der Gürtel wird hier von der ‚Angreiferin' kreisförmig von vorne nach hinten am Boden entlanggezogen. Die Partnerin muß sich dabei erst mit den Händen und anschließend mit den Füßen vom Boden abdrücken. Auch in umgekehrter Reihenfolge möglich..*

Übung 11: „Pferderennen"

Die TN gehen partnerweise zusammen. Eine Partnerin hat den Gürtel um den Bauch geschlungen, die andere hält die beiden Gürtelenden mit den Händen fest umschlossen. Das ‚Pferdchen' beginnt loszulaufen. Die ‚Reiterin' versucht, es unter Kontrolle zu halten. Anschließend Partnerwechsel.

Variante:

- *Das ‚Pferdchen' läuft rücklings.*

Selbstbehauptung: Sexuelle Belästigung am Arbeitsplatz

Text: "Sexuelle Belästigung am Arbeitsplatz - ein Kavaliersdelikt" (siehe Anhang).

Jede(r) weiß, daß diese Art der Belästigung vorkommt, doch ist sie schwer zu fassen. Das Vergehen entzieht sich krimineller Einordnung. Soll es öffentlich gemacht werden, scheint es in den Bereich des Läppischen zu entschwinden.

DEFINITION:
SEXUELLE BELÄSTIGUNG AM ARBEITSPLATZ - DAS SIND ANNÄHERUNGSVERSUCHE JEDER ART IN FORM VON GESTEN UND ÄUßERUNGEN, JEDER UNERWÜNSCHTE KÖRPERLICHE KONTAKT, SEXUELL ABFÄLLIGE ANSPIELUNGEN, DIE WIEDERHOLT VON JEMANDEM AM ARBEITSPLATZ GEMACHT WERDEN UND VON DER PERSON, AN DIE SIE SICH RICHTEN, ALS BELEIDIGEND EMPFUNDEN WERDEN UND ZUR FOLGE HABEN, DAß DIESE SICH BEDROHT, ERNIEDRIGT ODER BELÄSTIGT FÜHLT ODER SIE IN IHRER ARBEITSLEISTUNG BEEINTRÄCHTIGEN, IHRE ANSTELLUNG GEFÄHRDEN ODER AM ARBEITSPLATZ EINE UNANGENEHME ODER EINSCHÜCHTERNDE ATMOSPHÄRE SCHAFFEN.

Bei sexueller Belästigung geht es nicht um den ‚Flirt' am Arbeitsplatz, der auf gegenseitigem Einverständnis basiert. Als sexuelle Belästigung gilt jede Annäherung, die von einer Seite unerwünscht ist. Jede Frau empfindet und reagiert auf sexuelle Belästigung anders. Sexuelle Belästigung ist ein Ausspielen von Macht, das darauf abziehlt, eine Kollegin einzuschüchtern, zu nötigen oder zu erniedrigen.

Nachfolgend die Ergebnisse einer INFAS-Untersuchung:

- Als sexuelle Belästigung empfinden die Frauen:

- hinterherpfeifen	11 %
- anzügliche Witze	31 %
- Küssen	38 %
- Pornobilder	55 %
- auf den Po klatschen	57 %
- Einladung mit eindeutiger Absicht	63 %
- Berühren der Brust	72 %
- Aufforderung zum sexuellen Verkehr	75 %
- Nötigung zum sexuellen Verkehr	84 %

- Person des Belästigers:

- Kollege	52 %
- Vorgesetzter	35 %

- Von den berufstätigen Frauen, die sich sexuell belästigt fühlten,

  - wurden an den Genitalien berührt 26 %
  - mußten die Genitalien des Mannes berühren 7 %
  - wurden zum sexuellen Verkehr gezwungen 7 %
  - wurden am Busen gegrapscht 47 %

- Gesprochen haben darüber

  - mit einem Vorgesetzten 3 %
  - mit dem Betriebsrat 6 %

- Über direkte Nachteile klagen 25 %
  (betriebsinterner Klatsch, wird nicht mehr ernst genommen, Witze)

- Nach einer sexuellen Belästigung

  - wurden gekündigt 2 %
  - kündigten selbst 5 %

„Das Schweigen der Betroffenen darf nicht länger die Macht der Belästiger sein."

Durch Aufklärung soll vor allem den Frauen Mut gemacht werden, das Schweigen zu brechen, die Belästigung nicht länger zu erdulden, sich zu wehren - auch durch rechtliche Schritte.

Wie können sich betroffene Frauen verhalten?

- Den Belästiger zur Rede stellen. Deutlich und unmißverständlich sagen, was sie stört und wodurch sie sich belästigt fühlen!
- Den Belästiger in einem Gespräch auffordern, sein Verhalten zu ändern und sich evtl. körperlich zur Wehr setzen.
- Den Belästiger ggf. schriftlich auffordern, das unerwünschte Verhalten zu unterlassen; Notizen machen und Beweismaterial sammeln!
- Mit den Kollegen am Arbeitsplatz darüber sprechen. Vor dem Belästiger warnen und versuchen, Unterstützung zu finden.
- Vertrauenspersonen informieren (Personal-/Betriebsräte; Jugend- und Auszubildendenvertretungen, Ansprechpartnerinnen für Frauenfragen, Frauenbeauftragte).
- Beim Vorgesetzten beschweren und ihn zum Handeln auffordern.
- Wie zufällig ein Glas nehmen und es scheinbar 'unabsichtlich' dem Belästiger auf die Jacke kippen.
- Den Belästiger bloßstellen! Schlagfertig reagieren - vorausgesetzt, man besitzt das nötige Selbstvertrauen und es handelt sich nicht gerade um einen Vorgesetzten - wie z.B. „Soll ich Ihnen ein Paßbild von mir geben, dann brauchen Sie mich nicht ständig so anzustarren!".
- Versuchen das ganze ins „Lächerliche" zu ziehen und scherzhaft mit der Situation umgehen.
- Damit drohen, sich beim Vorgesetzten zu beschweren, es den Kollegen weiterzuerzählen oder sich - falls vorhanden - mit der Ehefrau oder Freundin des Belästigers in Verbindung zu setzen.

Selbstverteidigung: Intensives Wiederholen des gesamten Technikrepertoirs

Gerade in der letzten Stunde, deren Ziel es sein soll, alle erlernten Abwehrmaßnahmen noch einmal kurz ins Gedächtnis zu rufen, bietet sich die Durchführung eines **Hilfsmittel-Parcours** besonders an.

Hilfsmittel-Parcours

In der Halle werden unterschiedliche Stationen aufgebaut, an denen bestimmte Trainingshilfsmittel positioniert werden. An jeder Station liegt bzw. hängt ein A4-Blatt, auf dem die auszuführenden Techniken, gemeinsam mit dem jeweiligen Trainingshilfsmittel, beschrieben werden:

> **Schulterbeinzug**
>
> **Stock (Besenstiel)**
> Der Stock wird vom Partner senkrecht neben dem eigenen Bein gehalten („Beinersatz").

Alle Übungen werden gemeinsam mit einer Partnerin ausgeführt. „Aggressive" Hintergrundmusik dient als stilistisches Element. Setzt die Musik ein, werden die Stationen im Uhrzeigersinn gewechselt. Es wird solange geübt, bis die Musik erneut stoppt. Zwischen den beiden Partnerinnen ist ein fortlaufender Wechsel nötig, da im Vorfeld nicht klar ist, wie lange die Musik dauert.

Die Musik soll nach Möglichkeit mit einem kräftigen Kiai (Kampfschrei) übertönt werden. Der Partner ‚feuert' entsprechend an.

Die Gestaltung der einzelnen Stationen richtet sich weitgehend nach den vorhandenen Räumlichkeiten und den zur Verfügung stehenden Trainingsmitteln.

Nachfolgend die einzelnen Stationen des Parcours:

Station 1: **SCHULTERBEINZUG**

Hilfsmittel:
Stock (Besenstiellänge); senkrecht neben dem eigenen Bein gehalten, sowohl rechts als auch links einüben.

Technik:
Die Technik soll dynamisch, ähnlich einem 100-Meter-Start, durchgeführt werden. Der Ansatzpunkt für die Schulter liegt unterhalb des Knies. Die Technik soll auch hier in dieser Höhe durchgeführt werden. Der gegnerische Fuß (Stock) wird nicht angehoben, sondern mit beiden Händen und dem Einsatz des gesamten Eigengewichts der Verteidigerin in die Matte (Boden) gedrückt.

Station 2: **FUSSTRITT**

Hilfsmittel:
Matte (Tatami), möglichts von zwei Partnern waagerecht gehalten. (An dieser Station evtl. einen Helfer postieren)

Technik:
Die Technik wird von unten nach oben bogenförmig, in einer Art „Schnappbewegung“, mit dem Spann geschlagen. Gedanklicher Zielpunkt der Technik ist der Unterleib.

Station 3: **RÜCKRISS**

Hilfsmittel:
Wurfpuppe (Dummy). Falls keine zur Verfügung steht, einen kleinen Medizinball (oder sonstigen Ball) in Kopfhöhe halten.

Technik:
Die Puppe soll mit beiden Händen in Augenhöhe gefaßt und dynamisch nach hinten oder zur Seite zu Boden gerissen werden.

Station 4: **PRESSLUFTSCHLAG**

Hilfsmittel:
Luftballon oder „kopfgroßer“ Ball, wobei ein normaler Ball dem Luftballon vorzuziehen ist. Das „Sich-zusammendrükken-lassen“ des Luftballons ist im Grunde genommen unrealistisch, ein Kopf bleibt auch stabil.

Technik:
Die Handflächen sollen die Ohren treffen (evtl. aufzeichnen). Im günstigsten Fall stellt die Hand einen Hohlraum (Muschel) dar und hält die Finger dicht aneinandergepreßt. Hier kommt es vor allem auf die dynamische Ausführung an.

Station 5: **SCHIENBEINRUTSCHE**

Hilfsmittel:
Stock (Besenstiellänge); senkrecht neben dem eigenen Bein gehalten, sowohl rechts als auch links einüben. Bitte mit Schuhen trainieren lassen, da es sonst durch die Reibung zu „Brandverletzungen kommen kann.

Technik:
Die Technik kann beliebig von vorne oder seitlich angesetzt werden, wobei sie mir seitlich einfacher erscheint, da hier die Treffwahrscheinlichkeit höher ist. Man rutscht noch dazu nicht so leicht zur Seite weg.

Station 6: **AUGENPRESSE**

Hilfsmittel:
Luftballon (Eventuell ein Gesicht aufmalen).

Technik:
Mit beiden Händen fest die Ohren ergreifen und die Daumen ruckartig in die Augenhöhlen drücken. Wichtig ist hier, daß die Technik, wenn überhaupt, nur einmal und nicht mehrmals hintereinander ausgeführt werden kann. Also gleich mit voller Kraft ausführen.

Station 7: **ELLENBOGENTECHNIKEN**

Hilfsmittel:
Medizinball in Kopf- bzw. Unterleibshöhe gehalten. Den Medizinball seitlich nicht vor dem eigenen Körper halten, sonst setzt sich unter Umständen der Aufprall fort und verursacht dem „Halter" Schmerzen.

Technik:
Trefferfläche ist die Stelle kurz über bzw. unterhalb der Ellenbogenspitze, Richtung Oberarm bzw. Unterarm, je nach Technikausführung nach hinten, seitlich bzw. nach vorne.

Station 8: **KNIESCHLAG**

Hilfsmittel:
Medizinball bzw. Matte (möglichst von zwei Personen waagrecht gehalten).

Technik:
Zielpunkt der Technik ist der Kopf bzw. der Unterleib. Wie bei allen Schlägen, Stößen und Tritten liegt der Zielpunkt stets hinter der Auftrefffläche. Also durch das Hilfsmittel hindurchzielen. Wichtig ist es hier, daß beide Hände mit eingesetzt werden. Sie ziehen den Angreifer (Matte, Medizinball) dem Knieschlag entgegen.

Station 9: **HODENGRIFF**

Hilfsmittel:
Ein „Quietsche-Entchen" bzw. zwei Tischtennisbälle in eine Socke gesteckt.

Technik:
Die Technik besteht aus einem Greifen, Drehen und Reißen. Das „Quietsche-Entchen" dient dazu, daß ein akustischer Nachweis vorhanden ist, daß auch wirklich fest zugegriffen wird.

Station 10: **GENICKHEBEL**

Hilfsmittel:
Medizinball oder Ball, der in eigener Kopfhöhe gehalten wird

Technik:
Der Kopf (Ball) soll mit beiden Händen fest gegriffen werden und ruckartig zur Seite gedreht und dynamisch zu Boden gerissen werden. Gerade die „korrekte" Drehrichtung erfordert erfahrungsgemäß einige Übung. Grundsätzlich sollte der Genickhebel, aufgrund des hohen Verletzungsrisikos, fast ausschließlich am Trainingsgerät und nicht am Partner geübt werden.

Station 11: **FINGERSTICHE**

Hilfsmittel:
Luftballon, Ball bzw. Kissen (evtl. mit aufgedrucktem Gesicht)..

Technik:
Bei der Ausführung soll die Hand krallenförmig nach vorne gestoßen werden. Zielpunkt ist das gegnerische Gesichtsfeld. Die Technik ist gerade mit langen Fingernägeln sehr schmerzvoll und kann gut als Schocktechnik eingesetzt werden.

Station 12: **HANDBALLENSTOSS**

Hilfsmittel:
Matte, Medizinball, Weichbodenmatte, Bruchtester (bitte nur von erfahrenen Personen halten lassen).

Technik:
Darauf achten, daß der Handballen die Auftrefffläche darstellt. Körpereinsatz unbedingt nötig.

Station 13: **HAMMERFAUST**

Hilfsmittel:
Medizinball, Ball.

Technik:
Die Hand wird bei dieser Technik zur Faust geballt (egal wie!) und von oben nach unten mit der Kleinfingerseite geschlagen. Ähnlich wie der „Bud-Spencer-Faustschlag", wem dies etwas sagt. Zielpunkt stellt auch hier wieder die Nase dar.

Station 14: **GESAMTES TECHNIKREPERTOIRE**

Hilfsmittel:
Luftballon.

Technik:
Sämtliche bekannten Techniken sollen hintereinander am Luftballon durchgeführt werden. Ein „Vor-einem-Hertreiben" des Luftballons erschwert die ganze Sache. Achtung: Hier muß genügend Platz zur Verfügung gestellt werden, da das Augenmerk der TN fast ausschließlich auf den Luftballon gerichtet ist und sonst Zusammenstöße vorprogrammiert sind.

Dadurch, daß die Gestaltung der einzelnen Stationen im Grunde genommen der TN selbst überlassen bleibt, stellt der Parcours letztendlich ein positives Erlebnis für sie dar. Gerade richtig für die ‚letzte' Unterrichtseinheit!

Völlig verfehlt wäre es, hier in der letzten Stunde Übungen durchzugehen, die unter Umständen einen negativen Eindruck bei den TN zurücklassen könnten. Im Idealfall sollen die Frauen den Kurs selbstsicher und hochmotiviert verlassen.

Selbstverständlich - mit dem Wissen, daß

Selbstverteidigung und Selbstbehauptung nur ein Weg, niemals jedoch eine 100%ige Versicherung

ist.

Selbstverteidigung: Rechtliche Aspekte dieser Verteidigung, Notwehr - Nothilfe

Immer wieder wird in den Kursen nach dem juristischen Hintergrund der 'Selbstverteidigung' gefragt:

„Mache ich mich strafbar, wenn ich mich zur Wehr setze und den Angreifer unter Umständen dabei vielleicht sogar verletzte?"

Juristisch gesehen ist die Notwehr zunächst eine Körperverletzung und solange strafbar, bis ein **Rechtfertigungsgrund** nachgewiesen wird.

Dieser Gedankengang ist wichtig, um verstehen zu können, daß nicht die eigene (subjektive) Meinung über die Notwendigkeit und das Ausmaß einer Verteidigung entscheidend ist, sondern das Rechtsempfinden eines (objektiven) Außenstehenden.

§32 (StGB): „Notwehr"

(1) Wer eine Tat begeht, die durch Notwehr geboten ist, handelt nicht rechtswidrig.
(2) Notwehr ist die Verteidigung, die erforderlich ist, um einen gegenwärtigen rechtswidrigen Angriff von sich oder einem anderen anzuwenden.

Wer sich gegen einen Angriff (Rechtfertigungsgrund) zur Wehr setzt, handelt nicht rechtswidrig. Ein Angriff ist die unmittelbare Bedrohung rechtlich geschützter Güter durch menschliches Verhalten.

Notwehrfähig ist somit jedes Rechtsgut, z.B. Leben, körperliche Unversehrtheit, Freiheit, Eigentum, Besitz, Intimsphäre, Hausrecht.

Voraussetzungen hierfür sind jedoch folgende Maßregeln:

Der Angriff muß

- **gegenwärtig** , d.h. er muß gerade stattfinden oder unmittelbar bevorstehen

  und

- **rechtswidrig** , d.h. alle Taten, die vom Gesetz mit Strafe verfolgt werden, wie z. B. Diebstahl, Raub, Körperverletzung, Bedrohung, sexuelle Nötigung, Vergewaltigung oder versuchter Totschlag,

sein.

Die Notwehrhandlung besteht in der *erforderlichen* Verteidigung, die im konkreten Fall objektiv nötig ist, um den Angriff endgültig zu brechen und die dabei den geringsten Schaden anrichtet.

Auch ein Gegenangriff, die sog. **Trutzwehr**, kann neben der **Schutzwehr** die erforderliche Verteidigungshandlung sein.

Richtet sich der Angriff gegen eine dritte Person, so spricht man bei deren Verteidigung von Nothilfe.

Verhältnismäßigkeit der Mittel

Jedoch muß grundsätzlich die Verteidigung so gewählt werden, daß die Verhältnismäßigkeit gegenüber dem Angriff nicht zu weit überschritten wird. Ferner darf die Abwehr nicht über die erforderliche Verteidigung fortgesetzt werden. Man spricht hier von der **„Verhältnismäßigkeit der Mittel"**. Gesetzt den Fall, man wird an den Haaren gezogen und, weil man das nicht leiden kann, schlägt man den Widersacher mit einem Nudelholz krankenhausreif, so handelt man rechtswidrig.

Vorsicht ist ebenfalls geboten, falls sich die angegriffene Frau eines Messers oder eines gefährlichen Werkzeuges (Schlagstock, Schlagring, angebrochene Flasche, schwerer Stiefel am Fuß) bedient. Auch ein an sich ungefährlicher Gegenstand kann durch die Art seiner Anwendung zu einem gefährlichen Werkzeug werden (Stoß ins Auge mit einem Kugelschreiber, Schläge auf den Kopf mit der Absatzspitze eines Pumps). Soweit ein Tier zur Tatausführung benutzt wird, ist es rechtlich gesehen lediglich ein „Werkzeug".

Konkret heißt das:

Die Frau, die sich in Notwehr befindet, muß bei Vorhandensein eines Werkzeugs, etwa eines Messers, höchstmögliche Vorsicht anwenden. Grundsätzlich sollte jede weitere Angriffshandlung unterlassen werden, nachdem der Angriff abgewehrt wurde. Für alles, was qualitativ nicht dazu dient, den Angriff zu stoppen und für sich selbst Sicherheit herbeizuführen, könnte sie später vor Gericht belangt werden.

Notwehrüberschreitung

Grundsätzlich ist die Überschreitung der Notwehr *strafbar*, da der Täter (= Opfer) über die objektiv erforderliche Verteidigung und damit über die Grenzen des § 32 (StGB) hinausgeht.

Somit ist der Täter (= Opfer) zum *Schadensersatz gegenüber dem Geschädigten* verpflichtet.

Handelt die Verteidigerin jedoch aus **Bestürzung, Furcht oder Schrecken**, dann ist eine Übertretung nicht strafbar.

§33 (StGB): Überscheitung der Notwehr"

Überschreitet der Täter die Grenzen der Notwehr aus Verwirrung, Furcht oder Schrecken, so wird er nicht bestraft.

Sprechen die äußeren Umstände für eine Körperverletzung oder eine Vergewaltigung, geht die Justiz im Großteil der Fälle davon aus, daß sich die Frau in *Verwirrung, Furcht oder Schrecken* befunden hat.

Wer absichtlich einen Angriff provoziert und in der nun vorhandenen Notwehrlage den Angreifer verletzt, handelt nicht in Notwehr.

Achtung!

Bei einem abgewehrten sexuellen Übergriff in der eigenen Wohnung, bei dem es zu einer Verletzung des Täters gekommen ist, ist grundsätzlich die Polizei zu informieren und Anzeige zu erstatten. Wird dies versäumt und der Täter zeigt die ‚Betroffene' wegen Körperverletzung an, muß das ‚Opfer' sozusagen vor Gericht seine Unschuld beweisen.

Übung 1: „Nothilfesituation"

„Eine Frau wird von einem Mann an die Wand gedrängt, er drückt ihr seinen Unterarm gegen den Hals, versucht ihr zwischen die Beine zu greifen und sie zu küssen. Sie schreit um Hilfe..."

In Vierergruppen zusammengehen. Die oben beschriebene Situation wird von TN1 und TN2 nachgestellt. TN3 versucht TN1 so gut es geht zu helfen (Nothilfe). TN4 beobachtet die Szene und schildert hinterher ihre Eindrücke bezüglich der Wirkung der Hilfestellung bzw. der Eigensicherung von TN3.

Auch hier sollen die TN weitgehend selbständig arbeiten und nur vom ÜL beratend unterstützt werden.

Eine mögliche Abwehr könnte sein:

Tritt in die Kniekehlen des Angreifers von hinten; Preßluftschlag; mit beiden Händen in die Haare (falls sie lang genug sind) bzw. ins Gesicht (Nase, Augenhöhlen); Gegner energisch nach hinten umreißen; begleitet von verbalen Anweisungen; ....

Wesentliche Punkte:

- wenn möglich, andere Personen sofort in die Hilfeleistung mit einbeziehen
- nur äußerst effektive Techniken anwenden
- unbedingt auf Eigensicherung achten
- nach Möglichkeit weitere Personen zur Hilfeleistung auffordern
- vor und während der Handlung nach geeigneten Hilfsmittel Ausschau halten und/oder benutzen
- sich nach dem Befinden des 'Opfers' erkundigen
- die Möglichkeit, nach der Abwehr die Flucht zu ergreifen, ist in den meisten Fällen, aufgrund von möglichen Verletzungen des 'Opfers' nicht durchführbar

Merke:

„Es wird von 'niemandem' verlangt, daß er sich selbst in große Gefahr begibt, um einer dritten Person Hilfe zu leisten."

Erarbeiten und Nachspielen von weiteren ‚Nothilfesituationen' in Gruppenarbeit.

Diesem Thema sollte nicht allzuviel Aufmerksamkeit gewidmet werden, da es ziemlich unwahrscheinlich ist, daß eine ‚Frau‘ überhaupt in eine solche Situation kommen wird. Und falls doch, ist es immer der bessere Weg, Hilfe zu holen als selbst die ‚Heldin‘ zu spielen.

Cool Down: Resümee

Offene Diskussion über den Verlauf des Kurses:

Was waren die 'Highlights' des Kurses?
Was hat der Kurs der jeweiligen TN persönlich gebracht?
Was könnte man besser machen?

Es liegt im Ermessen des ÜL, ob er sich die Mühe machen will und den TN ‚Begleitmaterial‘ (z.B. geeignetes Textmaterial, diesen Leitfaden, Technikbeschreibungen, Sammlung von Leitsätzen, etc.) mit auf den ‚Nachhauseweg‘ gibt. Begrüßen würden es die TN auf jeden Fall!

Nachtrag: Persönliche Anmerkung

Ich habe lange mit mir gerungen, dieses Manuskript zu veröffentlichen. Immer wieder sind mir neue Dinge eingefallen, ständig erhielt ich, auf die unterschiedlichsten Weisen, neue Anregungen, stets war ich bemüht, hier noch eine Ergänzung einzubauen, dort eine Passage zu streichen, usw. Und immer wieder hatte ich Bedenken, daß der eigentliche Sinn und Zweck verloren gehen könnte - nämlich eine Anleitungshilfe für diejenigen zu entwickeln, die zwar gerne einen Frauen-SV-Kurs anbieten würden, sich jedoch nicht so richtig trauen, diesen Schritt alleine zu gehen, sei es nun aus Unkenntnis oder aus Angst, etwas falsch zu machen.

Keinesfalls soll dieses Manuskript eine Belehrung all derjenigen darstellen, die schon jahrelang Kurse erfolgreich abhalten. Ihnen könnte es lediglich als - hoffentlich - willkommene Erweiterung ihres sowieso schon umfangreichen Wissens dienen oder eine Bestätigung ihrer bisherigen Vorgehensweise darstellen.

Wie schon zu Beginn erwähnt, sprengt die Vielzahl der Informationen sicherlich den Rahmen jedes Kurses. Ich habe dennoch von einer Kürzung abgesehen und meine gesammelten Erkenntnisse und Erfahrungen vollständig niedergeschrieben. Zuviel wichtige Hintergrundinformation wäre ansonsten verloren gegangen. Mir ist auch klar, daß es viele Fachleute geben wird, die in zahlreichen Punkten nicht mit mir übereinstimmen. Aber das macht nichts. Ich möchte gerade deshalb nochmals betonen, daß es sich hier um meine persönliche Meinung und Vorgehensweise handelt und das Manuskript nicht den Anspruch eines allgemeingültigen Regelwerks erhebt.

Ich bitte auch jeden, der einen Kurs anbieten möchte, dieses Manuskript erst einmal vollständig durchzuarbeiten und es erst anschließend als ‚Nachschlagewerk' zu benutzen.

Zum Abschluß möchte ich allen Mutigen wünschen, daß sie möglichst oft das Gefühl erleben, mit ihrem Wissen und ihrer Erfahrung den Kursteilnehmerinnen wirklich geholfen zu haben.

Packt es an - die F r a u e n brauchen Euch!

Ganz zum Schluß möchte ich mich bei all denjenigen bedanken, die mir im Laufe meiner „Ju-Jutsu-Jahre" als Ausbilder und Lehrer zur Verfügung gestanden haben. Nur mit ihrer Hilfe war es mir möglich, eine so ausführliche Zusammenstellung anzufertigen.

ANHANG: TEXTE

Text: „Brainstorming zum Thema: Gewalt gegen Frauen (Vorwort)

PRÄVENTION	SELBSTBEHAUPTUNG	SELBSTVERTEIDIGUNG
Dumme Anmache	**Kollegen/Chef**	**Alter**
Angst	**“Es gibt auch nette Männer”**	**Zuschauer**
Parkanlage	**Hemmungen**	**Weniger Kraft**
Hilflos	**Selbstbewußtes Auftreten**	**David = Frau, Goliath = Mann**
Vorbeugung	**Exibitionismus**	**Überraschung**
Vermißt	**Belästigung**	**Selbstvertrauen**
Ablehnung/ Unverständnis	**Körpersprache**	**Hilferufe**
Unsicherheit	**Selbstbewußtsein**	**Waffen nicht immer griffbereit**
Frau	**Sicherheit**	**Gewalt**
Bekannte Person	**Psychoterror**	**Waffen - gegen mich**
Innere Einstellung	**Selbsthilfe**	**Verteidigumg**
Dunkelheit	**“netter” Kollege**	**Körpereigene Waffen kann niemand nehmen!**

Letztendlich wird klar, daß sich die Begriffe nicht eindeutig einem der drei Themenbereiche unter- bzw. zuordnen lassen, sondern daß vielmehr oft mehrere zutreffen bzw. Teile von ihnen beinhalten. An diesem Beispiel wird besonders deutlich, daß die drei Bereiche der Frauen-SV (Prävention, Selbstbehauptung und Selbstverteidigung) eng zusammen gehören und daß das eine ohne das andere wertlos und unvollständig ist.

Text: „Ganz alltägliche Situationen ... !?“ (Einheit 2)

Nach der Disco noch einen Kaffee...
Du lernst in der Disco einen netten Typen kennen. Du findest ihn auf Anhieb sympathisch. Er fragt, ob er dich nach Hause fahren soll. Super, denkst du dir, da ist dieses leidige Problem mit dem Heimkommen bereits gelöst! Es wird spät. Gegen 4:00 Uhr willst du dich vor deiner Haustür von ihm verabschieden. Schließlich fragt er ganz unverbindlich, ob er nicht eine kleine Tasse Kaffee haben könne, da er noch eine ziemliche Strecke vor sich hätte und er hundemüde sei. Zuerst ist es dir nicht ganz wohl bei dem Gedanken - aber dann denkst du dir, warum eigentlich nicht, was soll denn schon passieren, eigentlich ist doch nichts dabei. Oben in der Wohnung laufen die Dinge leider anders ab als du dir sie vorgestellt hast. Der Typ ist wie gedreht, wird aufdringlich und fängt an dich zu begrapschen, ...

Bauarbeiter auf der Straße ...
Du gehst die Straße entlang und mußt an einer Baustelle vorbei. Die Bauarbeiter sitzen auf dem Gerüst und essen ihre Brotzeit. Du tust so als würdest du sie nicht sehen. Dein Gesicht nimmt bewußt einen Ausdruck von Teilnahmslosigkeit an. Deine Schritte werden steifer. „Na Kleine, geile Titten hast du da unter der Bluse!“ Die Männer lachen anzüglich. Du weißt, daß die Situation nicht wirklich bedrohlich ist. Du wirst nicht körperlich attackiert. Die Worte, Gesten und Blicke verletzen dich dennoch. Du fühlst dich wie ein Stück Vieh, das zum Verkauf begutachtet wird. Wie ein Mensch zweiter Klasse! Du fühlst Dich erniedrigt...

Du bist 14 Jahre alt und sitzt in der Badewanne...
Du hast die Badezimmertür abgeschlossen. Dein Vater klopft ungeduldig an die Tür und schreit: „Mach' schon auf, ich muß mich rasieren, sonst komm' ich zu spät!“ Du rufst zurück: „Nein, ich bin ausgezogen und möchte in Ruhe baden!“ Dein Vater entgegnet leicht genervt: „Du hast wohl nicht mehr alle Tassen im Schrank? Du bist doch meine Tochter, ich guck' Dir doch nichts weg! Mach' jetzt sofort auf, sonst kannst Du was erleben!“ Du machst schließlich die Badezimmertür auf...

Nachhilfe...
Es war letzten Sommer ... Du hattest die Matheklausur vor Dir ... und der Thomas, der war gut in Mathe. Er meinte, er könne Dir beim Lernen helfen. Da Du in Mathe eine Niete bist, warst Du ziemlich froh über sein Angebot...
Naja, am Montagnachmittag kam er dann vorbei. Du warst allein zu Hause. Deine Eltern sind beide berufstätig und Dein Bruder wohnte nicht mehr bei Euch. Der Thomas hat Dir zunächst 'mal Mathe erklärt, wurde aber bald ziemlich ätzend. Er legte seinen Arm um Dich und versuchte, Dich zu küssen. Du sagtest ihm, er solle dies gefälligst lassen und Dir lieber Mathe erklären. Er ging jedoch nicht d'rauf ein und meinte nur, Du solltest Dich nicht so anstellen. Du bist aufgestanden und hast ihm gesagt, daß er jetzt gehen solle. Er ging aber nicht. Er sagte, ich wolle das doch auch und ich hätte es doch schon getan und ich solle mich nicht so zieren ... Du hast totale Angst bekommen. Er hat Dich auf's Bett geschubst und ... und dann wurde er so brutal. Du versuchtest, Dich

zu wehren, aber er war viel zu stark für Dich und Du hattest inzwischen große Angst ...
Er hat Dich vergewaltigt ... und hinterher hat er so getan, als wäre nichts passiert. Du warst total fertig, am Ende. Du hast nur noch geheult. Er ist dann einfach gegangen.
Du hast es nur Deiner besten Freundin erzählt. Die meinte, Du solltest lieber den Mund halten, da Dir eh' keiner glauben würde. Aber es war so schrecklich. Der Thomas hat noch ein paar Mal versucht, mit Dir zu reden. Aber Du hattest immer nur Herzklopfen und totale Angst bekommen ... Er läßt Dich jetzt in Ruhe! Du bist froh, daß die Schule dieses Jahr zu Ende geht. Du warst seitdem nie wieder mit einem Typen zusammen. Du denkst immer, die werden auch so brutal ...

Drängen des Freundes mit ihm zu schlafen...
Eigentlich hattest Du gar keine Lust schon wieder den ganzen Abend in der Disco 'rumzuhängen, aber Frank wollte unbedingt, daß Du mitkommst. Als ihr ankamt, war es wie immer. Draußen standen Kai und Anne und meinten, sie würden 'mal kurz 'ne Runde drehen. Drinnen trafen wir dann die anderen. Sie stürmten auf Frank zu und fragten, ob wir Kai gesehen hätten und machten vielsagende Gesichter. Also fing das schon wieder an! Den ganzen Abend redete Bernd auf Frank ein. Du hattest Dir schon gedacht, daß es darum ging, daß jetzt, wo Kai mit Anne, er noch der letzte „Jungmann" in der Clique war. Als Frank Dich dann irgendwann nach Hause brachte, fing er auch prompt wieder davon an. Du hast ihm erklärt, daß für Dich die Zeit, die ihr zusammen seid, unheimlich schön ist, aber Du jetzt noch nicht mit ihm schlafen möchtest. Frank zog wütend ab. Hoffentlich macht er jetzt nicht Schluß und sucht sich eine andere, nicht so prüde Freundin. Du hast Dir vorgenommen, ihn morgen anzurufen und ihn zu fragen, ob er noch mit Dir schlafen will. Obwohl Du keine Lust hattest ...

Du gehst so gegen 23:00 Uhr durch die Stadt - Richtung Kneipe ...
Auf dem Weg dorthin sprechen Dich vier Männer an:

„Du hast aber scharfe Titten!", rief der erste Mann Dir nach.

Der zweite fragte Dich, ob Du nicht mit ihm gehen wolltest, Du seist doch so alleine.

Der dritte Mann ging eine ganze Weile hinter Dir her, obwohl Du Deine Schritte beschleunigtest; dann sprach er Dich plötzlich an - „Heißer Rock, soll ich nicht mit Dir kommen, sonst passiert Dir noch was?" Du sagtest nein und bist weiter gegangen.

Der vierte Mann fragte Dich schließlich direkt, ob Du nicht mit ihm bumsen willst.

Text: „Wollen alle Frauen vergewaltigt werden?“ (Einheit 2)

„Alle Frauen wollen vergewaltigt werden.“

„Keine Frau kann gegen ihren Willen vergewaltigt werden.“

„Sie wollen es ja so.“

„Wenn du schon vergewaltigt wirst, entspann dich und genieß es.“

Vier von vielen Vorurteilen, Ansichten und Ratschlägen, die sich in unserer Gesellschaft hartnäckig halten.

Frauen wurde immer schon von Männern sexuelle Gewalt angetan. Jedoch erst Siegmund Freud und seine Schülerin Helene Deutsch - ausgerechnet eine Frau - entwickelten die These, daß Frauen vergewaltigt werden wollen. Sie gingen von dem Konzept aus, die „vollkommen passive Vagina“ warte auf den Penis, um „erweckt“ zu werden. Also hätten Frauen den Wunsch, überwältigt zu werden. Sie meinten, Sex sei für die Frau ein masochistisches Verlangen. Ihr Einfluß wirkt bis heute fort. Unsere Kriminologen, Juristen und medizinische Sachverständige haben bei ihnen und ihren Schülern studiert.

“Man kann keinen Faden einfädeln, wenn die Nadel nicht stillhält.“

Auf dieses Zitat aus Balzacs „Ergötzlichen Geschichten“ geht das nächste Vorurteil zurück. Es unterstellt, daß sich eine Frau nur genügend wehren müsse, um unbeschadet davon zukommen. Tatsächlich ist das Verhalten des Opfers aber von einer Schockreaktion und einem „Es-nicht-fassen-Können“ bestimmt, gefolgt von panischer Angst. Es fürchtet um sein Leben. Ihm geht es zunächst nicht darum, die sexuellen Aktivitäten zu vermeiden, sondern sein Leben zu retten.

Text: „Wölfe..." (Einheit 3)

"Wenn die Wölfe spüren, daß man bereit ist,

sie zu töten, dann greifen sie gar nicht erst an."

(... sagte einst Hemingway über „Vergewaltiger")

Text: „Sie sind nur nichts Gutes gewohnt..." (Einheit 4)

Café verkehrt:
Als neulich unsere Frauenbrigade im „Espresso" am Alex „Kapuziner" trank, betrat ein Mann das Etablissement, der meinen Augen wohl tat.

Ich pfiff also eine Tonleiter 'rauf und 'runter. Als er an unserem Tisch vorbei ging, sagte ich „Donnerwetter".

Dann unterhielt sich unsere Brigade über seine Füße, wo Socken fehlten. Den Taillenumfang schätzten wir auf siebzig, Alter auf zweiunddreißig.

Das Exquisithemd zeichnete die Schulterblätter ab, was auf Hagerkeit schließen ließ. Schmale Schädelform mit herausragenden Ohren, stumpfes Haar, das irgendein hinterwäldlerischer Friseur im Nacken rasiert hatte, wodurch die Perücke nicht zum Hemdkragen reichte - was meine Spezialität ist.

Wegen schlechter Haltung der schönen Schultern riet ich zum Rudersport.

Da der Herr in der Ecke des Lokales Platz genommen hatte, mußten wir laut sprechen.

Ich ließ ihm und mir einen doppelten Wodka servieren und prostete ihm zu, als er der Bedienung ein Versehen anlasten wollte.

Später ging ich zu seinem Tisch, entschuldigte mich, sagte, daß wir uns von irgendwoher kennen müßten, und besetzte den nächsten Stuhl.

Ich nötigte dem Herrn die Getränkekarte auf und fragte nach seinen Wünschen. Da er keine hatte, drückte ich meine Knie gegen seine, bestellte drei Lagen Slibowitz und drohte mit Vergeltung für den Beleidigungsfall, der eintrete, wenn er nicht tränke.

Obgleich der Herr weder dankbar noch kurzweilig war, sondern wortlos, bezahlte ich alles und begleitete ihn aus dem Lokal.

In der Tür ließ ich meine Hand wie zufällig über eine Hinterbacke gleiten, um zu prüfen, ob die Gewebestruktur in Ordnung war.

Da ich keine Mängel feststellen konnte, fragte ich den Herrn, ob er heute Abend etwas vorhätte, und lud ihn ins Kino „International“ ein.

Innere Anstrengung, die zunehmend sein hübsches Gesicht zeichnete, verzerrte es jetzt grimassenhaft, konnte die Verblüffung aber doch endlich lösen - also sprach der Herr:

„Hören Sie mal, Sie haben ja unerhörte Umgangsformen.“

„Gewöhnliche“ entgegnete ich, **„Sie sind nur nichts Gutes gewohnt, weil Sie keine Dame sind!“**

Text: „Das schwächere Geschlecht ...“ (Einheit 4)

Entgegen der landläufigen Meinung besitzt die Frau eine wesentlich stärkere Konstitution als der Mann. Sie verfügt über die höhere Vitalität, die größere Ausdauer, die besseren Widerstandskräfte und besitzt in der Regel eine höhere Lebenserwartung. Frauen sind besser ausgestattet, um die Härten des Lebens zu ertragen und zu meistern. Sie sind in der Lage, mit allen devitalisierenden Bedingungen erfolgreicher umzugehen als Männer, was Hunger, Entbehrungen jeder Art, Ausgesetztsein, Ermüdung, Schockerlebnisse und Krankheit betrifft. Diverse Untersuchungen, die im Zweiten Weltkrieg unternommen wurden, belegen, daß Männer erheblich öfter als Frauen unter Bedingungen von Beschuß, Belagerung und starken Bombardierungen zusammenbrachen. In Gefahrensituationen zeigen sich Frauen signifikant widerstands- und anpassungsfähiger als Männer.

Frauen sind gesünder als Männer; sie verfügen über bessere Abwehrmechanismen, wie neueste biochemische Ergebnisse belegen. Breite medizinische und medizinsoziologische Untersuchungen aus den USA, wie sie von Esther Greenglass (Geschlechterrolle als Schicksal, 1986); Joseph H. Pleck (The Myth of Masculinity, 1984) und John Nicholson (Men and Women, 1985) zusammengefaßt wurden, dokumentieren, daß bereits ein männlicher Säugling viel höheren Risiken unterliegt als ein weiblicher, wesentlich anfälliger für Infektionen ist und viel abhängiger von mütterlicher Pflege. Im Kindes- und Jugendalter ist die Sterblichkeit von Jungen größer als die von Mädchen. Mit Ausnahme von Krankheiten, die die funktionalen Systeme der Fortpflanzung betreffen, sind Männer für alle anderen Krankheiten anfälliger. Vier- bis fünfmal häufiger sterben Männer an Bronchitis und an Asthma. Kardiovaskuläre Krankheiten und Leberzirrhose lassen doppelt so viele Männer frühzeitiger sterben als Frauen. Ähnliches gilt für Bluthochdruck. Zwei Drittel mehr Männer als Frauen sterben an Lungenentzündung und an den Folgeerscheinungen von Erkältungskrankheiten. Tuberkulosekliniken haben 150 Prozent mehr männliche Patienten als weibliche. Entgegen hartnäckigen Vorurteilen sind auch die Spitäler und Heime für chronisch Kranke von doppelt so vielen Männern wie Frauen belegt.

Frauen verfügen über ein aktiveres Immunsystem; Frauen haben das bessere und „instinktsicherere“ Verhältnis zu ihrem Körper, und Frauen stehen auch in sinnvollerem Kontakt zu ihrer Seele. Frauen werden besser mit Lebenskrisen fertig, mit dem Alleinleben und auch mit der Zeit nach Trennung, Scheidung und Tod des Partners. Obwohl Frauen mehr Emotionalität zugeschrieben und daraus häufig Schwäche abgeleitet wird, sind Frauen stärker als Männer. Im Gegensatz zu herrschenden Vorurteilen befinden sich erheblich mehr Männer als Frauen in psychiatrischen Kliniken und anderen Institutionen für geistig Kranke. Schon Jungen im Kindergartenalter neigen stärker als Mädchen zu Verhaltensstörungen. Autismus kommt bei Jungen viermal so häufig vor wie bei Mädchen. In der Altersstufe bis 15 Jahre werden Jungen um mehr als 40 Prozent häufiger als schizophren diagnostiziert als Mädchen.

Männer zeigen sich in allen Altersstufen unsicherer und unausgeglichener in ihrer Geschlechtsidentität als Frauen. Das physische und psychische Wachstum der Frauen verläuft kontinuierlicher und harmonischer, während sich Männer mehr in Sprüngen und Schüben entwickeln. 1984 kam die franz. Ärztin und Psychoanalytikerin Colette Chiland nach einer Langzeituntersuchung von 15 Jahren an 8.000 Fällen zum Ergebnis, daß Jungen zwischen zwei- und sechzehnmal mehr psychische Schwierigkeiten haben als Mädchen, ob es dabei nun um gravierende Krankheitsbilder wie Autismus geht oder um einfachere Schulprobleme, Nägelkauen oder Bettnässen. Auch Chiland bestätigt, daß Knaben generell häufiger erkranken als Mädchen und grundsätzlich anfälliger sind: „Das schwache Geschlecht, das ist der Mann. Der männliche Organismus ist empfindlicher gegenüber Traumata, Krankheiten, Streß und Pressionen der Umwelt."

Frauen sind auch sexuell stärker. Jane Sherfex weist aufgrund langjähriger klinischer Beobachtungen nach, daß die weibliche Sexualität von ihrer Anlage her ein unersättlicher Trieb ist.
Die ungünstigen elementaren Bedingungen des Mannes werden sozial verstärkt. Die Männlichkeitserwartungen der bestehenden Leistungsgesellschaft machen aus dem Mann ein gestreßtes Wesen. Entsprechend einer Vielzahl medizinsoziologischer Untersuchungen aus den USA faßt der Sozialpsychologe Joseph H. Pleck die Gefährlichkeit der „männlichen Rolle" in neun Punkten zusammen.

- Aggressivität und Wettbewerbsstreben verursachen, daß sich der Mann in gefährliche Situationen begibt.
- Die Unfähigkeit, sich emotional auszudrücken, bedingt durch psychosomatische und andere Gesundheitsprobleme.
- Männer sind gezwungen, größere Risiken einzugehen.
- Ihre Berufe setzen Männer größeren körperlichen Gefahren aus.
- Ihre Berufe setzen Männer größerem psychischen Streß aus.
- Männlichkeit sozialisiert Männer zu Persönlichkeitsmerkmalen, die mit höherer Sterblichkeit korrelieren.
- Verantwortung für die Familie und vor allem für deren Unterhalt setzt Männer größerem Streß aus.

- Männlichkeit beinhaltet bestimmte Verhaltensweisen, die, wie z.B. Rauchen und Alkoholkonsum, die Gesundheit des Mannes stark beeinträchtigen.

- Männlichkeit entmutigt die Männer, sich rechtzeitig und angemessen um ihre Gesundheit zu kümmern und ärztliche Hilfe in Anspruch zu nehmen.

Im tiefsten Inneren hat dieser männlichkeitsorientierte Mann seine passiven Anteile des Entspannens, Ruhens, Genießens, der Hingabe und Abhängigkeit abgespalten und mit den „Idealen" der Konkurrenzgesellschaft überkompensiert. Eingesperrt in ihren Männlichkeitspanzer sind diese Männer nicht mehr in der Lage, jene entstressenden Verhaltensweisen zu leben, die sie wieder ins Gleichgewicht bringen könnten: sich jemanden anvertrauen, Schwäche zeigen, um Hilfe bitten, zum Arzt gehen, sich entspannen, zu sich selber in Distanz gehen und kritisch über sich selber reflektieren.

Die Eroberer und Regenten der Welt sind also wohl so robust nicht, wie sie es von sich selber verlangen oder wie es von ihnen verlangt wird. Die beiden Organisationen der US-amerikanischen Männerbewegung, die „Free Men" und die „National Organization for Changing Men" (NOCM) beklagen denn auch bereits auf ihren Faltblättern zur Mitgliederwerbung das schlimme Los des männlichen Geschlechts.
Die „Free Men" fragen:

„Warum ist es so, daß Frauen im Durchschnitt die Männer um acht Jahre überleben?
..., die Männer sich dreimal so häufig umbringen wie Frauen? ..., 75 % aller Mordopfer Männer sind?
..., die übergroße Mehrzahl von gravierenden Schulproblemen Jungen betrifft?
..., das Verhältnis von Männern und Frauen im Strafvollzug 25 : 1 beträgt?
..., zwei Drittel der Notfall-Patienten Männer sind?"

Die NOCM konstatiert, daß viele Männer gezwungen sind zu erkennen, daß die offizielle Männlichkeit negative Folgen hat:
„Exzessives Arbeitsengagement; Angst, verletzlich zu sein oder unkontrolliert; begrenzte Selbstwahrnehmung der emotionalen Bedürfnisse und des eigenen Potentials; hohe Raten bei Alkoholismus, Drogenmißbrauch und Selbstmord; Isolation von anderen Männern und gefühlsmäßig Nächsten; Gewalthandlungen; Angst, als nicht heterosexuell wahrgenommen zu werden; hohe Unfall- und Todeszahlen aufgrund unnötiger Risikobereitschaft."

Der gegenwärtig bekannteste amerikanische Männerforscher, Herb Goldberg kommentiert: „Innerhalb dieser Entwicklung endet der Mann als das einsamste Wesen auf Erden und seine 'Erfolge' erweisen sich als zunehmend bedeutungslos. So ist er letztlich zur Depression und/oder Flucht durch Selbstzerstörung verurteilt. Je männlicher ein Mann heute ist, desto zutreffender ist das alles für ihn."

Text: „Gut gemeinte Ratschläge" (Einheit 5)

- **Geh' nicht unbekleidet aus**
  das regt Männer an.

- **Geh' nicht bekleidet aus**
  irgendwelche Kleidungsstücke regen immer Männer an.

- **Geh' abends nicht alleine aus**
  das regt Männer an.

- **Geh' niemals alleine aus**
  irgendwelche Situationen regen immer Männer an.

- **Geh' nicht mit einer Freundin aus**
  einige Männer werden durch mehrere Frauen angeregt.

- **Geh' nicht mit einem Freund aus**
  einige Freunde können auch vergewaltigen, oder Du triffst einen Vergewaltiger, der erst Deinen Freund angreift und dann Dich.

- **Bleib' nicht zu Hause**
  Eindringlinge und Verwandte sind potentielle Täter.

- **Sei' niemals Kind**
  einige Täter werden durch die ganz Kleinen gereizt.

- **Sei' nie alt**
  einige Vergewaltiger stürzen sich auf alte Frauen.

- **Verzichte auf Nachbarn**
  die vergewaltigen häufig Frauen.

- **Verzichte auf Vater, Großvater, Onkel und Bruder**
  das sind die Verwandten, die Frauen am häufigsten vergewaltigen.

- **Heirate nie**
  Vergewaltigung in der Ehe ist legal.

- Um sicher zu gehen - verzichte ganz auf Deine
  EXISTENZ...

Text: „Prävention - einmal anders..." (Einheit 5)

- Bewege Dich in Deiner Umwelt **bewußt**!
- **Vertraue** auf Dein Gefühl!
- Deine „persönliche Distanzschwelle" ist die Linie, wo Du Dich in der Nähe einer anderen Person nicht mehr wohl fühlst.
- Du mußt **entschlossen** sein, diese Linie zu verteidigen.
- Benenne das Verhalten, das Dir nicht gefällt. Sage genau, **was** Dir nicht gefällt.
- Sage genau, **was** Du willst. Sage genau, **was** der andere jetzt tun soll.
- Spreche mit ruhiger, klarer Stimme. **Nimm' Dir Zeit.**
- Halte Augenkontakt. Wenn es Dir nicht möglich ist, direkt in die Augen zu schauen, richte Deinen Blick auf die Nasenwurzel.
- Sei' in Deinem Körperausdruck **offensiv** (was soviel bedeutet, wie den „Angriff bevorzugend")
- Laß Dich auf keine Diskussion ein. Entscheide selbst, ob Du in der Situation **bleibst** oder **gehst**.
- Nimm alle verbalen Drohungen ernst.
- **Kämpfen** oder **nicht kämpfen** - sind beides **aktive** Entscheidungen, die **Du** alleine triffst.
- Indem Du Dich zum Opfer machen läßt, festigst Du die Rolle des Angreifers. Wähle eine **positive Rolle** für Dich.
- Angst und Wut lösen einen Adrenalinstoß im Körper aus. Deine Kraft wird dadurch gesteigert. **Nutze dies aus, indem Du handelst.**
- **Dein Körper ist Deine beste Waffe.** Reagiere, sobald Du einen Angriff erkennst.
- Schlage in einer Notsituation sofort mit all Deiner Kraft zu.
  Höre nicht auf zu kämpfen, bevor die Konfrontation vorbei ist.
- Jeder Angriff ist anders. Hänge nicht am Modell, das Du im Training geübt hast.
- Funktioniert eine Technik nicht, benutze eine andere - sofort danach.
- Ziele stets durch den Angreifer hindurch.
  Denke an Deine Folgen, nicht an die für den Angreifer.

- Du kannst keinen Kampf gewinnen, wenn Du glaubst Du verlierst.
- **Man gibt zuerst im Kopf auf.**
- **Sieh' Dich als Siegerin!**

Text: „Vergewaltigt - Betroffene berichten ..." (Einheit 7/9)

„... und mich zu seiner Lust degradierte, ohne jede menschliche Achtung, mich einfach wie einen Konsumartikel benutzte ... Ich fühlte mich wie eine Prostituierte, degradiert und total erniedrigt ... ich kam mir vor wie ein Stück Vieh ... ich fühlte mich vollkommen leer ... "

„... mich überfiel überdimensional große Angst ... ich war wie gelähmt, als stünde ich unter Hypnose ... ich sah nur noch seine muskulösen, durchtrainierten Oberarme und seine blinde Lüsternheit, die einer Tollwut glich. Gedankenfetzen rasten durch meinen Kopf ... Sexualmorde gerade an Frauen, die sich bis zuletzt gewehrt hatten. Da beschloß ich innerlich, trotz Ekel und Widerwillen, lieber meinen Körper hinzuhalten. Wußte, ich würde alles tun, was er wollte, denn ich wollte nicht umgebracht werden. Das war die totale Selbstentfremdung. Ich konnte einfach nicht anders reagieren, die Angst war übermächtig ... „

„... ich habe dann ziemlich lange die Füße zusammengekrampft, er lag auf mir und versuchte, zwischen meine Beine zu kommen. Als der Krampf so schlimm wurde, blieb mir keine andere Wahl ... „

„... diese Attacke war unvermutet und heftig, und wie gesagt, ich habe gestrampelt und habe gekämpft, aber war nach einer Weile ... die erfolgreiche Gegenwehr ist selten ... Ich hatte so Pumps an ... es ist mir geglückt, mich zu bücken, und dann habe ich dem Mann quer übers Gesicht einen Schlag versetzt - dann ist er davongelaufen ..."

„... für mich war alles sehr eklig ... mein Ekel ihm gegenüber wurde immer stärker, zuletzt bestand ich nur noch aus Ekel ... ich hatte einen wahnsinnigen Ekel vor seiner Zunge, seinem Schwanz und vor ihm ... „

„... ja, meine Erfahrung liegt schon lange zurück ... sie macht mir im nachhinein aber immer noch zu schaffen, da ich mit niemanden darüber reden konnte, außer mit dem Pfarrer und dem Ehemann, aber da bin ich bei beiden hereingefallen ... das belastet mich noch heute ... „

„... meiner Mutter kann ich's nicht sagen, meinem Vater auch nicht, meinem Bruder nicht ... von denen erwarte ich irgendwie Abscheu ... also, ich könnte wörtlich wiedergeben, was meine Mutter dazu gesagt hätte ... was machst du denn für einen Blödsinn und steigst in das Auto ein ... „

„... der ganze Bekanntenkreis hat's nicht geglaubt, bis auf ein paar Ausnahmen ... die meinten dann: Naja, der hat dich doch wohl nur ein bißchen angefallen, der wollte dir nur mal zwischen die Beine greifen ... kann ich ja verstehen, wenn man betrunken ist ... „

Text: „Mögliche Ursachen sexueller Gewalt“ (Einheit 9)

Was sind das für Männer, die in solch erniedrigenden Akten der Gewalt die emotionale, physische und rationale Integrität einer Frau bewußt und vorsätzlich verletzen? Und warum tun sie es? Welche Frauen werden zum Opfer und warum?

Empirische Betrachtungen im Bezug auf das Täterbild

Die meisten Täter kommen aus dem Verwandten- und Bekanntenkreis, darunter 90 Prozent der gewalttätigen und 75 Prozent der drohenden. Die Warnungen vor Spaziergängern im Dunkeln und vor fremden Männern sind zwar prinzipiell nicht falsch, sie wiegen sie jedoch in eine falsche Sicherheit, wenn sie mit vertrauten Personen zusammen sind. Zumindest genauso wichtig ist die Warnung vor dem Bruder, Vater, Onkel, Verwandten, Nachbarn, Lehrer, Schulkameraden, Chef, Arbeitskollegen, Priester, Arzt und Trainer.

Fast die Hälfte der Taten geschieht in der Wohnung des Opfers oder des Täters. Befragungen haben ergeben, daß über 70 Prozent der Täter verheiratet sind oder in anderen Beziehungen leben. Zwei Drittel wurden als Kind selbst sexuell mißbraucht und/oder litten unter anderen Formen der Gewalt. 83 Prozent hatten zum Vater und 64 Prozent zur Mutter ein feindschaftliches, distanziertes Verhältnis.

In den meisten Fällen war die Mutter der dominierende Elternteil. Viele Täter hatten keine älteren Geschwister, an denen sie ihr soziales Verhalten lernen konnten und die ein Ausgleich hätten sein können, zu ihren oft streitenden Eltern, von denen sie ungerecht behandelt wurden und die für sie unberechenbar waren.

Typischerweise nennen die Täter immer wieder als bevorzugte sexuelle Aktivitäten: Konsum von Pornographie, übertriebenes Masturbieren, Fetischismus (= krankhaftes Übertragen des Geschlechtstriebes auf Gegenstände) und Voyeurismus (= Befriedigung durch das Zuschauen bei sexuellen Handlungen anderer). Alles einseitige Aktivitäten ohne Einbeziehung eines Partners.

Der Geschlechtsakt - Form der Aggression und Zeichen der Dominanz

Die Aggressionsbereitschaft von Männern Frauen gegenüber hängt von mehreren Faktoren ab. Man muß sich vor Augen führen, daß der Mensch - biologisch gesehen - immer noch ein einfaches Säugetier aus der Familie der Primaten ist, zu denen auch die Affen und Halbaffen gehören. In Primatenkreisen sind die Kopulation, der Geschlechtsakt und das demonstrative Zeigen der männlichen

Geschlechtsteile Akte der Dominanz und somit Formen der Aggression. Sie sollen zeigen, wer hier die Macht hat und wer der Stärkere ist.

Durch unsere Flexibilität, Lern- und Anpassungsfähigkeit haben wir in ein paar hunderttausend Jahren - eine relativ kurze Zeit aus anthropologischer Sicht - unsere gesellschaftlichen Lebensbedingungen grundlegend geändert. In manchen unserer Verhaltensweisen kommt jedoch noch unsere Verwandtschaft mit den Primaten zum Vorschein.

Der Verhaltensforscher Dr. Desmond Morris beschreibt zehn Funktionen der Sexualität. Eine von ihnen nennt er „Status Sex". Hier geht es um die Demonstration der Dominanz und nicht etwa um den Genuß der Lust. Hier baut der Mann sein Ego auf. Er zeigt seine Macht . Er erhöht sich, indem er die Frau erniedrigt.

Der Koitus ist hierbei ein aggressiver Akt des Mannes und dient zur Ableitung seiner Aggressivität. Würde er diese aufgestaute Aggressivität gegen andere richten, die ihm gesellschaftlich bzw. körperlich überlegen sind, könnte ihm das gefährlich werden. Die Frau dient ihm somit als Blitzableiter. Sie ist lediglich Mittel zum Zweck, sie wird benutzt.

Der Mann hat 'Macht', die Frau fühlt sich ohn'mächtig'.´

Je größer die Notwendigkeit der Aufwertung des männlichen Egos, desto verzweifelter werden die Maßnahmen, erniedrigender und gewalttätiger die Handlungen, bis hin zu sadistischen Praktiken und zur Tötung.

Eine andere Variante ist die „visuelle Notzucht", der Exhibitionismus. Hier wird kein körperlicher Kontakt gesucht. Das Ziel ist vielmehr, durch das Zeigen der Genitalien, wie bereits erwähnt eine Dominanzhandlung, Scham und Verwirrung beim Opfer zu erzeugen.

Sexualität im Konflikt zwischen Verlangen und Hemmungen

Neurotiker (= Leidende) haben eine hohe und unkontrollierte Libido (= Begierde, Trieb, Geschlechtstrieb), aber gleichzeitig Schuldgefühle in bezug auf ihre Sexualität. Sexualität wurde in ihrem Elternhaus als etwas Negatives dargestellt und sie haben manchmal das Gefühl ihren Partner erniedrigen zu müssen. Zur Erklärung sei gesagt, daß Neurosen auf einem Konflikt zwischen Verlangen und ebenso starken Hemmungen beruhen.
Studien an Vergewaltigern zeigen einen Mangel an persönlichen Erfahrungen mit Mädchen in ihrer Adoleszenz (= 17. - 20. Lebensalter) und ein asexuelles Zuhause. Viele haben ihre Eltern nie nackt gesehen. Über Sexualität wurde nie gesprochen und für das Anschauen von Erotika wurden sie streng bestraft.

Vergewaltigern fällt es schwer, über Sexualität zu reden. Aus ihren Berichten ist zu schließen, daß sie sexuelle Beziehungen weniger genießen als Männer, die keine Gewalt anwenden. Die Mentalität von Sexualstraftätern hat vieles gemeinsam mit der von extrem schüchternen Männern, die alle Frauen und die Intimität und die Nähe menschlicher Sexualität fürchten. Der Mann wird brutal, weil er nicht zärtlich sein kann. Ähnlich wie der Vandale, der Objekte, die er nicht mag oder nicht haben kann, zerstört, so zerstört der Täter die Integrität der Frau.

Gewalt als Mittel zur Konfliktlösung - Falsche Erziehung als Ursache?

Die Erziehung formt das spätere Aggressionsverhalten. Unangepaßte Aggressivität führt zu einer erhöhten Aggressionsbereitschaft, d.h. der Mensch, hier der Mann, reagiert auf kleinste Eingriffe mit überzogenen Aggressionen oder er versucht, Konflikte gewaltsam zu lösen. Zum anderen verwirklichen sich dann die Aggressionstendenzen wegen der nicht gelernten sozialen Anpassung und nicht ausgebildeten Hemmungsmechanismen in schädliche Aggressionsformen wie Gewaltakten.

Die bedeutenste Phase in der Erziehung eines Kindes ist die Zeit von der Geburt bis zur Einschulung. In dieser Zeit werden alle wichtigen Erfahrungen gemacht und Verhaltensmuster gelernt. Später werden sie nur noch variiert, wiederholt und bestätigt. Dabei werden nicht nur die Maßstäbe und das Verhalten der Eltern verinnerlicht und zu den eigenen gemacht, sondern auch Maßstäbe und Verhaltensweisen von anderen Autoritäten. Dazu zählen auch Medien wie Fernsehen, Videos und Hörspielkassetten, Videospiele und Comics. Hier lernt das Kind, daß Gewalt eine sehr erfolgversprechende Verhaltensstrategie ist. Es macht aus den Erfahrungen, die es in dieser Zeit gemacht hat, ein Konzept für sein Verhalten, das das ganze Leben beibehalten wird und ohne psychotherapeutische Arbeit nicht geändert werden kann. Wie schon gesagt, wird das Verhalten von Erwachsenen durch Erfahrungen im Kindesalter und in der frühesten Jugend bestimmt.

Der sexuelle Gewalttäter drückt aus der Kindheit stammende Gefühle des Ärgers und der Frustration aus. Vernachlässigte Kinder fühlen sich unsicher und unglücklich. Die meisten Täter erzählen, nie von ihren Eltern in den Arm genommen worden zu sein, nie Liebe erfahren zu haben.

Eltern, die ihre Kinder ihren Streß und ihre Überforderung fühlen lassen, können bei ihnen Haßgefühle hervorrufen. Werden Kinder ohne einen Grund, der für sie nachvollziehbar ist, bestraft, kann für sie Gewalt leicht ein Mittel der Kommunikation werden. Sie sind der Ansicht, Gewalt sei etwas ganz Normales und akzeptabel, um sich durchzusetzen.

Aber auch in scheinbar gewaltlosen Familien, lernen Jungen und junge Männer, daß Mädchen einen niedrigeren Status haben als sie selbst, verfügbar und zu ihrem Vergnügen da sind. Sie machen diese Erfahrung auch in einem Haushalt, in dem ausschließlich der Vater das Sagen hat, keinen Finger rührt und seine Frau und Töchter die häuslichen Pflichten allein zu erledigen haben, während sie als Sohn selbstverständlich mit ihren Freunden zusammen sind.

Wir alle kennen die mehr oder weniger jungen Männer, die zum Beweis ihrer „Männlichkeit" damit prahlen, wieviele Mädchen sie „aufgerissen" oder „flachgelegt" haben. Sie sind aufgewachsen mit der Vorstellung, daß Mädchen und

Frauen zu ihrer freien Verfügung da sind. Man braucht sie nur zu nehmen. Und wenn der jedem Mann eigene, natürliche Charme nicht wirkt, dann hilft ein bißchen überzeugender Nachdruck. „Das ist die Sprache, die sie verstehen!"

Text: „Plädoyer einer Staatsanwältin" (USA) (Einheit 9)

entnommen aus:
„Schau Dich nicht um", Joy Fielding, Goldmann Verlag, 5/95, ISBN 3-442-43087-9

Jeden Tag werden in den Vereinigten Staaten 1.871 Frauen vergewaltigt. Das heißt, daß etwa alle 46 Sekunden eine erwachsene Frau vergewaltigt wird, was sich im Laufe eines Jahres zu 683.000 Vergewaltigungen summiert.

Manche Frauen werden auf der Straße überfallen; andere in der eigenen Wohnung. Manchen wird von dem viel zitierten Wildfremden in einer dunklen Gasse Gewalt angetan, weit häufiger jedoch werden **Frauen von Menschen vergewaltigt, die sie kennen:** von einem wütenden abgewiesenen Verehrer, einem Freund, dem sie vertraut haben, einem Bekannten. Vielleicht, wie Erica Barnowski , von einem Mann, den sie in einer Bar kennengelernt haben.

Es trifft Frauen jeden Alters und jeder Hautfarbe, jeder Konfession und jeder Bildungsstufe. Das einzige, was sie **alle gemeinsam haben, ist ihr Geschlecht.** Es geht also um Sexualität, sollte man meinen, aber so ist es nicht. Vergewaltigung ist ein **Gewaltverbrechen**. Da geht es nicht um Leidenschaft. Es geht um **Macht**. Es geht um **Herrschaft** und **Unterdrückung**. Um **Erniedrigung**. Um das **Zufügen von Schmerz**. Die Vergewaltigung ist ein **Akt der Wut**, ein **Akt des Hasses**. Mit Sexualität hat sie nichts zu tun. Die Sexualität benutzt sie nur als Waffe.

Die Verteidigung möchte Sie etwas anderes glauben machen. Die Verteidigung möchte Sie glauben machen, daß das, was sich zwischen Douglas Phillips und Erica Barnowski abspielte, ein Geschlechtsakt war, der mit dem Einverständnis der Klägerin vollzogen wurde. Die Verteidigung hat Ihnen berichtet, daß Douglas Phillips Erica Barnowski am Abend des 13. Mai 1992 in der Singles-Bar „Red Rooster" kennenlernte und sie zu mehreren Drinks einlud. Wir haben mehrere Zeugen gehört, die aussagten, die beiden zusammen gesehen zu haben, trinkend und lachend, wie sie sagten, und die unter Eid bezeugt haben, daß Erica Barnowski aus freien Stücken und ganz ohne Zwang die Bar gemeinsam mit Douglas Phillips verließ. Erica Barnowski selbst hat das bei ihrer Vernehmung zugegeben.

Aber die Verteidigung möchte Sie nun weiter glauben machen, daß das, was sich zwischen den beiden zutrug, nachdem sie die Bar verlassen hatten, ein **Akt überwältigender Leidenschaft** zwischen zwei erwachsenen Menschen war. Douglas Phillips behauptet, die Blutergüsse an Armen und Beinen der Klägerin seien die bedauerlichen Nebenwirkungen des Geschlechtsverkehrs in einem kleinen Auto europäischer Herkunft. Die nachfolgende Hysterie des Opfers, die von mehreren Leuten auf dem Parkplatz wahrgenommen und später von Dr. Robert Ives im Grand Hospital beobachtet wurde, tut er schlicht als **Tobsuchtsanfall einer Frau ab, der es nicht paßte, nach Gebrauch weggeworfen zu werden, wie ein „benutztes Kleenex".**

Die Schnitte an der Kehle der Klägerin zu erklären, bereitete ihm etwas mehr Mühe. Er habe sie nicht verletzen wollen, behauptete er jetzt. Es sei ja nur ein kleines Messer gewesen, gerade mal zehn Zentimeter lang. Und er habe es ja nur zum Spaß herausgezogen. Er habe den Eindruck gehabt, daß es sie errege, hat er Ihnen erzählt. Er glaubte, ihr gefiele das. Woher hätte er wissen sollen, daß sie nicht das gleiche wollte wie er? **Woher hätte er wissen sollen, was sie wollte?** War sie nicht schließlich in die Kneipe gekommen, weil sie einen Mann suchte? Hatte sie sich nicht von ihm einladen lassen? Hatte sie nicht über seine Witze gelacht und sich von ihm küssen lassen? Und vergessen Sie nicht, meine Damen und Herren, sie hatten keinen Schlüpfer an!

Die Verteidigung hat die Tatsache, daß Erica Barnowski keine Unterwäsche trug, als sie an jenem Abend in das „Red Rooster" ging, ungeheuer hochgespielt. Eine **eindeutige Aufforderung**, möchte sie Sie glauben machen. Stillschweigendes Einverständnis. Einer Frau, die ohne Höschen in eine Aufreißerkneipe geht, **geschieht es nur recht, wenn ihr das Schlimmste widerfährt**. Erica Barnowski wollte etwas erleben, behauptet die Verteidigung, und der Wunsch ist ihr erfüllt worden. Na schön, kann sein, daß das Erlebnis ein bißchen krasser war, als sie es sich vorgestellt hatte, aber **das hätte sie doch besser wissen müssen.**

Gut, vielleicht hätte sie es tatsächlich besser wissen müssen. Vielleicht war es wirklich nicht sehr klug von Erica Barnowski, in eine Kneipe wie das „Red Rooster" zu gehen und ihren Schlüpfer zu Hause zu lassen. Aber glauben Sie doch bitte ja nicht, daß **mangelnde Klugheit des einen anderen das Recht gibt, seine Menschenwürde mit Füßen zu treten**. Glauben Sie ja nicht, daß Douglas Phillips die Signale mißverstanden hat. Lassen Sie sich nicht einreden, daß dieser Mann, der von Berufs wegen Computer repariert, der keinerlei Schwierigkeiten hat, komplizierte Softwareterminologie zu dechiffrieren, unfähig ist, zwischen einem einfachen **Ja** und **Nein** zu unterscheiden. **Was** an einem Nein ist für einen erwachsenen Mann so schwer zu verstehen? Nein heißt schlicht und einfach Nein!

Und Erica Barnowski hat an jenem Abend laut und deutlich Nein nicht nur gesagt, sondern sie hat Nein geschrien. Sie hat es so laut und so oft geschrien, daß Douglas Phillips ihr ein Messer an die Kehle halten mußte, um sie zum Schweigen zu bringen.

Es liegt mir fern zu behaupten, ich würde mich auskennen, was Männer angeht, aber es fällt mir ausgesprochen schwer zu glauben, daß ein Mann, der einer Frau ein Messer an die Halsschlagader halten muß, ehrlich davon überzeugt ist, sie wolle mit ihm schlafen.

Ich behaupte hingegen, daß selbst in unserem angeblich so aufgeklärten Zeitalter die doppelte Moral blüht und gedeiht. Der beste Beweis dafür ist das Bemühen der Verteidigung, Ihnen einzureden, daß Erica Barnowskis Versäumnis, an jenem Abend Unterwäsche zu tragen, weit verwerflicher sei als die Tatsache, daß Douglas Phillips ihr ein Messer an die Kehle hielt.

Douglas Phillips behauptet, er habe geglaubt, Erica Barnowski sei einverstanden und wolle den Geschlechtsverkehr genau wie er. Aber ist es nicht Zeit, daß wir aufhören, die **Vergewaltigung aus der Perspektive des Täters** zu sehen? Ist es nicht Zeit, daß **wir aufhören zu akzeptieren, was Männer glauben, und endlich anfangen, auf das zu hören, was Frauen sagen?** Einvernehmen erfordert beiderseitige Zustimmung. Das, was am Abend des dreizehnten Mai zwischen Erica Barnowski und Douglas Phillips geschah, geschah entschieden nicht in beiderseitigem Einvernehmen.

Erica Barnowski mag einer Fehleinschätzung der Lage schuldig sein. Douglas Phillips ist der Vergewaltigung schuldig.

Im Buch sprechen die Geschworenen, trotz des eindringlichen Plädoyer der Staatsanwältin, den Täter frei.

Hier spiegelt sich leider die immer noch existierende, mit allzuvielen Vorurteilen und eingefahrenen Wertvorstellungen geprägte öffentliche Meinung wider.

Text: „Im Schatten der Lawine ..." (Einheit 9)

Ein Schauspiel über Gewalt und Vergewaltigung und unseren Umgang damit!
Kurze Hintergrundinformation zur Handlung:

An einer Schule wurde eine Schülerin vergewaltigt und anschließend mit dem Messer erstochen. Aus diesem Grund wurde von der Direktorin Frau Dr. Berger ein Elternabend einberufen. Diesen gilt es jetzt vorzubereiten. Die einzelnen Lehrkräfte werden angehalten, ein paar „einfühlsame" Worte zu sprechen. Frau Berger versucht sich, nun in Gedanken (Bildern) die einzelnen Redner vorzustellen und eine günstige Reihenfolge festzulegen...

Jetzt wäre es natürlich gut, wenn die Vertrauenslehrerin der Schüler und Schülerinnen sprechen würde, aber Bild 4 fällt aus. Die Kollegin rief mich vor zwei Tagen spätabends zu Hause an und meinte, sie könne nicht. Sie wisse auch nicht, ob sie am nächsten Tag zum Unterricht kommen könne. Sie habe eben eine Entdeckung gemacht. Mehr war am Telefon nicht zu erfahren. Mein Mann meinte: „Hilde, Du mußt zu ihr hinfahren".
Das ist sehr ungewöhnlich, aber ich tat es. Und so erfuhr ich nach und nach folgendes:

Im Juli 1946 war - ich will sie Christa nennen - eben 7 Jahre alt. Ihre Mutter hatte einen Magendurchbruch und mußte für mehrere Wochen ins Krankenhaus.

Für diese Zeit kam Christa nach Lüneburg zu Onkel Franz und Tante Gerti, der Schwester der Mutter. Tante Gerti hatte Glück und eine Stelle in der Küche des englischen Offizierskasinos bekommen. Onkel Franz, eigentlich Jurist, versuchte sich im Fahrradhandel und bastelte den ganzen Tag im Hof vor seiner Garage an verkohlten Schrotteilen 'rum, die - wie er behauptete - wieder Fahrräder geben sollten. Onkel Franz war Christa's Lieblingsonkel. Er konnte nicht nur freihändig radfahren, sondern mit Abstand die besten Geschichten erzählen.

Die Toilette war über den Hof, wurde von allen Mietern des Hauses gemeinsam benutzt, und so roch sie auch. Christa ging nur ungern hin, eben weil es so stank und Unmengen Fliegen dort waren. Das Klo selber war so hoch, daß sie kaum hochkam, und der Klositz so groß, daß sie 'reinzufallen drohte. So mußte sie immer einer begleiten. Wenn Tante Gerti zur Arbeit war, tat das Onkel Franz.

Auf einem dieser Klogänge juckte es Christa an der Muschi und Onkel Franz rief sofort: „Flöhe, Hilfe Flöhe!"

Die Kopfläuse hatte Christa schon gehabt, zusammen mit der ganzen Klasse. Die Prozedur war schrecklich gewesen. Jetzt auch noch Flöhe, nein! So sagte sie: „Ich habe keine Flöhe". Und Onkel Franz: „Wenn es da juckt, sind das Flöhe".

„Meinst du?" „Wenn ich es dir doch sage, ich kenn' mich doch aus mit Flöhen. Aber keine Angst. Wenn ein Floh da ist, werde ich ihn fangen. Man nennt mich Franz, der Flohschreck." „Und wenn's eine Fliege war?" „Fliegen jucken nicht."

Christa wurde auf den Klodeckel gestellt, und Franz der Flohschreck begann mit der Suche. Auf dem Bauch, auf dem Po, in der Poritze, nichts. Der Floh mußte sich in der Muschi versteckt haben. Ein ganz raffinierter Kerl. „Hast du ihn schon?" „Nein, noch nicht, aber gleich. Mach die Beine auseinander, damit ich ihn besser sehen kann."

Und er suchte eifrig weiter. Christa war das unangenehm und peinlich. Der Floh und überhaupt alles. Plötzlich tat es ihr sehr weh in der Muschi und sie rief: „Aua, du tust mir weh, laß mich los, ich will runter". Und Onkel Franz: „Jetzt, wo ich ihn fast habe. Sei ruhig, gleich kriegen wir ihn. Da. Da ist er!" Onkel Franz warf den Floh zu Boden und zertrat ihn. „War das wirklich ein Floh?" „Ja, und ein ganz gerissener dazu, aber er konnte mir doch nicht entkommen. Nur, ein Floh kommt nie allein, wahrscheinlich ist da noch einer oder zwei."

Christa erschrak. „Noch zwei? Ich will keinen Floh mehr." Und sie heulte los. Onkel Franz nahm sie auf den Arm, streichelte sie, tröstete sie: „Ist ja gut. Ist ja auch ein Schreck, so 'n Floh. Aber sag' um Himmels Willen nur nicht Tante Gerti, daß du Flöhe hast. Bei Ungeziefer wird Tante Gerti rabiat. Die bindet dich bis zum Hals in einen Sack voll Flohpulver, und läßt dich da acht Tage lang drin. Und die ganze Zeit darfst du dich in dem Sack nicht bewegen. Das ist zwar wirkungsvoll, aber ich will nicht, daß Tante Gerti meine kleine Christa quält."

So erfuhr Tante Gerti also nichts von Christa's Flöhen, die Franz der Flohschreck immer wieder suchte.

Christa's Muschi brannte und tat weh. Aber das war doch immer noch besser als Tante Gertis Flohpulversack. Dann kam ein Brief von Christa's Papa. Mama werde in zwei Tagen aus dem Krankenhaus entlassen, und am Sonntag komme er und hole seine kleine Tochter, die ihm so sehr fehle, heim.

Am Sonntagabend, also am Abend davor, war ein großes Essen im englischen Kasino, und Tante Gerti mußte länger arbeiten. Christa und Onkel Franz spielten lange „Mensch-Ärger-Dich-Nicht", und meistens gewann Christa.

Dann lag sie im Bett, und als sie schon eingeschlafen war, wurde sie wach davon, daß Onkel Franz zu ihr ins Bett kam. Wenn sie morgen ginge, müsse er heute noch den letzten Floh fangen. Sie habe bestimmt keinen Floh mehr, und Christa versuchte, ihren Onkel aus dem Bett zu schieben. Außerdem sei es ja ganz finster, wie wollte er denn dann den Floh überhaupt sehen. Franz der Flohschreck mache das schon. Er kenne sich so gut aus, das werde sicherlich klappen.

Und er suchte. - Christa schubste ihn weg, aber er hielt sie so fest. Sie weinte, und er redete ihr freundlich und beruhigend zu. Und es mußte sehr anstrengend sein, denn Onkel Franz schnaufte so laut, und plötzlich war er ganz ruhig.

Schlagartig wurde der kleinen Christa klar: Onkel Franz hatte ins Bett gemacht. Sie heulte wieder, Onkel Franz tröstete sie. Sie spürte, daß er zitterte. „Ist dir kalt?" Und Onkel Franz meinte, es sei alles gut, und er erzählte ihr die Geschichte vom kleinen, rosa Frosch, der sich in eine Kuh verliebte. Und dann sagte er noch, er werde sie niemals verraten. Niemals werde irgendein Mensch ein Sterbenswörtchen darüber erfahren, daß sie die Flöhe gehabt habe. Und auch sie solle ihm versprechen, hoch und heilig, es niemals jemanden zu sagen, denn sonst erfahre es Tante Gerti, und die werden dann schrecklich böse mit ihm sein, daß er ihr das mit den Flöhen in ihrem eigenen Haus nicht gesagt habe.

Christa versprach es ihm und war froh, als Onkel Franz endlich ging. Sie ekelte sich vor seinem Pißfleck und rückte ganz nah an die Wand, weg von dem Fleck und konnte lange nicht einschlafen. Irgendwas war blöd. Sie weinte.

Am nächsten Tag kam Papa, nahm seine kleine Tochter auf den Arm und fragte, wie es ihr gehe. Und Christa sagte: „Gut". Und Papa bedankte sich bei Tante Gerti und Onkel Franz für die gute Pflege. Christa und Papa fuhren Zug. Papa streichelte seiner kleinen Tochter über das Haar, aber sie mochte es nicht.

Plötzlich sagte sie: „Ich werde nie heiraten". „Aha, und warum denn nicht?" „Weil ich denke, daß das irgendwie blöd ist." „Und was bin denn dann ich, dein Papa?" „Naja, auch doof, also ein bißchen.." Und Papa lachte, und Christa lachte auch. Aber sie fand es gar nicht komisch.

Nach mehr als 40 Jahren Vergessen fiel der Kollegin diese Geschichte wieder ein. Also wird sie nichts sagen ... können. Kann ich verstehen.

Text: „Ich werd' angemacht - na und ... ?" (Einheit 10)

Es wäre falsch, die nachfolgenden „Äußerungen" jetzt auswendig zu lernen und auf den geeigneten Moment ihres Einsatzes zu warten. Nein - den Frauen soll vielmehr bewußt werden, daß es durchaus Mittel und Wege gibt, sich „verbal" zur Wehr zu setzten. Daß sie es eigentlich selbst sind, die „sich anmachen lassen". Das Gefühl, welches sie nach der „Anmache" im Bauch hat, das beeinflußt sie selbst: Ist sie betroffen oder interessiert sie die Äußerung überhaupt nicht? Das muß allerdings jede Frau für sich selbst entscheiden, da gibt es keine Verhaltensregeln. „Hört auf euer inneres Gefühl, schluckt nicht länger eueren Ärger und Frust hinunter, sondern handelt!"

Übrigens - ein „Hinterherpfeifen" oder eine „deftige" Bemerkung über euer Aussehen - kann auch 'mal als Kompliment aufgefaßt werden. Deshalb - laßt euch nicht über einen Kamm scheren, sondern „handelt" nur dann, wenn ihr es für euch und euer Befinden notwendig und erforderlich haltet. Laßt euch keinesfalls absichtlich zu irgendwelchen „Äußerungen" provozieren, denn dann seid ihr erneut das „Objekt" und nicht die „Handelnde".

Wir können lediglich Anregungen und Vorschläge bringen, ihren eigenen „Weg" muß jede Frau für sich ganz alleine finden!

Szene 1:
Ich fahre mit dem Fahrrad und werde an einer Ampel von einem Autofahrer angesprochen: „Na Kleine, deine Bluse ist aber ganz schön durchsichtig!"

- „Super nicht? So kann ich selbst dem kleinen Mann auf der Straße eine Freude machen."
- „Ist das ein Problem für Sie?"
- „Ganz tief durchatmen und bei Grün weiterfahren!"
- „Ist das zuviel für sie?"
- „Einen schönen Menschen entstellt nichts!"
- „Interessant, was Sie da sagen. Wir machen gerade eine Untersuchung über 'Das Verhalten des kleinen Mannes auf der Straße'. Nennen Sie mir bitte zuerst einmal Ihr Alter ..."
- „Machen Sie ihr Fenster zu - es zieht!"

Szene 2:
Sie sitzen an der Theke, ein Mann spricht sie an und unterhält sich mit ihnen. Plötzlich legt er seine Hand auf ihr Knie.

- Ich frage mit lauter Stimme: „Was macht denn Ihre Hand da auf meinem Knie?"

Beim „Angrapschen" das Verhalten des Mannes öffentlichmachen. Andere sollen aufmerksam werden. Für den Mann wird es peinlich.

Szene 3:
Ich sitze im Ruheraum in der gemischten Sauna alleine mit einem Mann. Ich merke, wie er mich andauernd fixiert und abschätzend mustert.

- „Möchten Sie ein Foto von mir haben?"
- Ich schaue dem Mann direkt in die Augen - falls ich dies nicht kann, auf seine Nasenwurzel. Er ist verunsichert und schaut meist weg.

Szene 4:
Eine Gruppe Jugendlicher kommt auf mich zu. Ich merke, daß sie sich über mich lustig wollen.

- Ich gehe zielstrebig auf den Anführer zu, blicke ihm in die Augen und frage mit kräftiger Stimme: „Was willst Du?" - „Was hast Du gesagt?"

Das resolute Auftreten signalisiert: „Mit mir nicht!". Indem man sich dem Anführer zuwendet, drängt man diesen aus der Gruppe - alleine ist er meist schwach und hilflos. Wichtig ist es, daß man sich nur auf einen konzentriert, dabei jedoch dennoch die übrigen im Auge behält.

Szene 5:
Ich werde zum wiederholten Male angerufen und mit obszönen Reden belästigt.

- Ich lege mir eine Trillerpfeife neben das Telefon. Beim nächsten Anruf wird ihm das Trommelfell platzen!

Szene 6:
Mein Auto steht geparkt am Straßenrand. Inzwischen hat hinter mir, ziemlich nah an meinem, ein anderes Auto geparkt. Leider hat dessen Hintermann/-frau auch keinen Abstand gehalten, so daß er jetzt Mühe hat aus der Parklücke herauszukommen. Er sieht, daß ich Autoschlüssel in der Hand habe und ruft mir ärgerlich zu: „Jetzt 'mal ein bißchen flotter. Fahr Dein Auto weg, ich komm' nicht aus der Parklücke!"

- Ich schwanke zwischen Zorn und Amüsiertheit und überlege, ob ich mich auf eine Diskussion einlasse. Schließlich sage ich kurz: „Junge, 'mal langsam! Wenn ich so angesprochen werde, passiert erst einmal gar nichts! Wie wär's denn mit einem freundlichen 'Bitte'?"

Szene 7:
Ich sehe für mein Alter verhältnismäßig jung aus und werde des öfteren mit „Fräulein" angesprochen.

- „Ich bin nicht 'sachlich, sondern 'weiblich'!"

- „Möchten sie, daß ich sie mit 'Männlein' oder besser mit 'Herrlein' anrede?"

Hier sind wir nun an einem Punkt angekommen, wo sozusagen die Gemüter auseinandergehen. Mich persönlich z.B. freut es, wenn ich für jünger gehalten werde als ich eigentlich bin und fasse es einfach als indirektes Kompliment auf. Gut, nicht jeder Mensch hat gleiche Ansichten. Deshalb - wenn es eine Frau stört, soll sie sich entsprechend dagegen „zur Wehr setzen".

Szene 8:
Als Abgeordnete erhalte ich häufig Briefe, die sich an den „Sehr geehrten Herrn Abgeordneten" richten.

- Ich schicke die Briefe ungelesen mit einem freundlichen Begleitschreiben zurück. „Sehr geehrte Damen und Herren, Ihren Brief vom ... habe ich erhalten, jedoch nicht gelesen. Ich bin erst dann bereit, von Ihrem Anliegen Kenntnis zu nehmen, wenn Sie bereit sind zu erkennen, daß es auch weibliche Abgeordnete gibt."

(In 99 von 100 Fällen erhalte ich eine artige Anwort!)

Szene 9:
Aus welchen Gründen auch immer, erhalte ich öfters Post, in der die Anrede „Sehr geehrter Herr" verwendet wurde.

- "Sehr geehrte Damen und Herren, ich bin erstaunt über Ihren Brief vom ... Da sich auf dem Briefumschlag mein Name und meine Anschrift befanden, fühlte ich mich zuerst angesprochen. Dann aber stellte ich fest, daß Sie an mir als Person (oder: Kundin, Wählerin, Bürgerin, etc.) offensichtlich nicht interessiert sind; denn Sie benutzen in ihrem Schreiben ausschließlich die männliche Anrede. Da ich zu einer Geschlechtsumwandlung in nächster Zeit nicht bereit bin, müssen Sie mich schon als „Frau" ansprechen. Mit freundlichen Grüßen ..."

Szene 10:
Während einer Diskussion bekomme ich plötzlich den Satz: „Sie sind ja eine Emanze!" an den Kopf geworfen.

- „Vielen Dank für ihren konstruktiven Einwand! Ich fasse dies als Kompliment auf, da der Begriff 'Emanzipation' für Freiheit, Unabhängigkeit, Verständigung und Gleichstellung steht. Meiner Ansicht nach sollten wir jetzt jedoch zu unserem eigentlichen Thema zurückkehren!"

Szene 11:
Hin und wieder wird in Diskussionen die rein rhetorische Frage gestellt: „Ihr wollt doch nicht so werden wie die Männer, oder?!"

- „Lassen Sie mich kurz ihre Frage beantworten - wenn ich in diesem speziellen Fall einmal für 'alle' Frauen sprechen darf, auf die sich ihre Fragestellung sicherlich bezogen hat. Die positiven Seiten des 'Mannseins', wie z.B. bessere, berufliche Möglichkeiten, mehr gesellschaftliche Anerkennung, mehr Respekt und Achtung, mehr Mitspracherecht, werden wir Frauen natürlich sehr gerne in Anspruch nehmen. Ansonsten ist es unser Ziel, ohne gesellschaftliche und rollenspezifische Einschränkungen ein 'weiblicher Mensch' sein zu können. Ich hoffe, Ihre Frage damit ausreichend beantwortet zu haben."

Szene 12:
Gerade in öffentlichen Diskussionen oder Reden gilt die subtile Diskriminierung von Frauen als ein 'Kavaliersdelikt'. Was können Frauen tun, wenn sie somit das Ziel einer öffentlichen mehr oder weniger offensichtlichen Beleidigung sind?

- Extrem ruhig und sachlich antworten.
- Feststellen: „Das ist eine Beleidigung!"
- Ganz nah an den Redner herangehen und ihn freundlich auffordern: „Wiederholen Sie das bitte noch einmal!"
- Unflätige Angriffe in konkrete Fragen umformulieren oder den Angriff mit der Frage kontern: Können Sie das mal als Antrag formulieren?"
- In einer Runde von Frauen und Männern, in der nur in der 'männlichen' Form diskutiert wird, laut fragen, ob das Gesagte auch für Frauen gilt, da Frauen nicht angesprochen werden.
- Bei männlicher Ansprache (z.B. „Liebe Kollegen, ...") weiblich reagieren („Wie meine Kollegin soeben ausführte, ...").

Und auch hier gilt folgender Grundsatz:

"Die Gedanken steuern das eigene Verhalten und die Wirkung auf andere!"

Die inneren Zweifel, das fehlende Selbstbewußtsein, drücken sich durch den Körper unbewußt aus. Diejenige Frau, die glaubt, das schaffe ich nicht, wird es auch nicht schaffen; die Frau, die glaubt unterlegen zu sein, wird unterlegen bleiben; die Frau, die sich aufgibt, hat bereits verloren.

DESHALB:

DU KANNST KEINEN KAMPF GEWINNEN, WENN DU GLAUBST DU VERLIERST. MAN GIBT ZUERST IM KOPF AUF. - SIEH DICH ALS SIEGERIN!

Wichtig ist es, in einer Situation zu **agieren**, nicht zu **reagieren**, d.h. aktiv die Situation mit gestalten und nicht warten bis etwas passiert.

Wenn wir jedoch gezwungen werden zu reagieren, dann sollten wir **genau das machen, was der Mann von uns in dieser Situation gerade nicht erwartet, womit er nicht rechnet.**

Werden wir beispielsweise verfolgt, laufen wir nicht weg, sondern drehen uns um, gehen auf den Mann zu und fragen ihn: „Was soll das, was wollen Sie von mir!“ oder „Was soll der Quatsch?“

Die Ausstrahlung, der Gang, die Körperhaltung, der Blick und die Stimme verraten dem Mann, ob er eine Chance hat oder nicht!

Text: „Sexuelle Belästigung am Arbeitsplatz - ein Kavaliersdelikt!? (Einheit 12)

Sexuelle Belästigung am Arbeitsplatz ist kein neues Thema. Oder ist es vielleicht lediglich das Phantasieprodukt einiger überempfindlicher Frauen?

... und manchmal möchte ich alles 'rausschreien ...

„Bitte habt Verständnis dafür, daß ich euch den Namen des Kaufhauses, in dem ich noch meine Ausbildung als Einzelhandelskauffrau mache, nicht nennen möchte - auch keine Namen. Ich habe Angst, und dabei würde ich am liebsten meine Wut laut rausschreien. Jedem ins Gesicht sagen, wie mich diese Anmache kaputtmacht, wie sie mich demütigt und erniedrigt.

Zugegeben - ich laß mich leicht verunsichern durch Pfiffe oder durch blöde Bemerkungen über meine Kleidung. Das hängt damit zusammen, daß ich nicht sehr selbstsicher bin - ein abschätzender Blick, und ich fange an zu zittern. Wenn am Nachbartisch Kollegen so schmutzige Witze reißen und extra laut reden, daß ich sie mitanhören muß, werde ich total verlegen. Sie gucken dann zu mir rüber, um meine Reaktion zu testen. Wenn sie dann sehen, daß ich rot werde, drehen sie erst recht auf. Manchmal hab' ich mein Essen dann einfach stehen lassen und bin 'rausgegangen. Andere Frauen können mitlachen und sie sagen, das gehöre einfach dazu, sei normal. Ich find' das widerlich - vielleicht weil ich empfindlicher bin seit damals ...

Ich bin ein Mensch, der Vorgesetzten Respekt und Achtung entgegenbringt - so habe ich das zu Hause gelernt; dem Chef nicht widersprechen und tun, was er anordnet, denn im Zweifel hat er immer recht.

Mein Abteilungsleiter war von Anfang an immer väterlich beschützend zu mir gewesen - im großen und ganzen nett. Wenn er mir was zu erklären hatte, berührte er mich manchmal am Arm. Ich hab' erst geglaubt, es wäre Zufall und bin dann einen Schritt zurückgegangen. Doch dann hat er mal den Arm um mich gelegt, nicht nur so flüchtig, sondern mit seiner Hand richtig meine Schulter umklammert. Ich war wie erstarrt, konnte mich nicht mehr bewegen, nichts mehr sagen.

In meinem Kopf hämmerte alles kreuz und quer durcheinander:

- Es ist Dein Chef! Er mag dich, du gefällst ihm, freu dich darüber! – und
- Was erlaubt der sich, mich einfach anzufassen, wenn ich das gar nicht will? Er nutzt seine Vorgesetztenrolle aus, er nutzt mich aus!

Ich wurde damit nicht fertig - ich wollte deshalb alles am liebsten vergessen. Was sollte ich auch machen? Die Lehrstelle wechseln kam nicht in Frage. Erstens hatte ich trotz einer sehr guten mittleren Reife über ein Jahr nach einer Lehre gesucht, und zweitens sind Lehrjahre keine Herrenjahre - und doch ist es ein „Herr“, der sie für mich unerträglich macht...

Es kam noch schlimmer. An jenem Tag ließ er mir kurz vor Feierabend durch die Substitutin ausrichten, ich solle zum Sortieren ins Warenlager kommen. Ich begann am ganzen Körper zu zittern und bat Frau X, doch bitte jemanden anders zu schicken, da ich noch eine Kundin bedienen müßte. Ich mußte trotzdem hochgehen. Er war schon da, kam auf mich zu und zupfte an meiner Kette ‘rum, murmelte etwas von schönem Anhänger. Und plötzlich griff er mir an die Brust, grinste schleimig und meinte: Na, meine Süße - hier sind wir ganz alleine. Als sein Gesicht mit diesem widerlichen Ausdruck dicht an meines kam, hab’ ich wie von Sinnen um mich geschlagen und bin abgehauen. Irgendwas wie „Blöde Ziege, wirst schon sehen, was Du davon hast“ hat er mir noch hinterhergerufen. Ich bin gelaufen, wie noch nie in meinem Leben. Ich habe mich auf dem Klo dann eingeschlossen, mir war kotzübel. Wie ich an diesem Tag nach Hause gekommen bin, weiß ich nicht mehr. Ich hab’ nur noch Ekel in mir gespürt und mich gleichzeitig geschämt - auch für ihn geschämt, so als ob ich die Schuldige wäre!!!

Ich mußte etwas unternehmen und hab’ am nächsten Tag die Substitutin - ganz vorsichtig - gefragt, ob ich es mir gefallen lassen müßte, wenn ein Kunde oder auch Kollegen mich betatschen (was auch wirklich schon öfters vorgekommen ist), und wie ich mich dagegen wehren kann - so auf höfliche Art! Ihr seht, ich hab’ längst nicht den Mut gehabt, ihr alles zu erzählen, weil ich mich so geschämt habe. Sie lachte nur und meinte, daß ich mich darüber nicht wundern dürfe. Wenn man einigermaßen gut aussehe, passiere das eben. Und ich müßte mich doch geschmeichelt fühlen und über das, was über das „Normale“ hinausgehe, müsse ich einfach hinwegsehen.

Das hat mir überhaupt nicht geholfen, im Gegenteil. Ich bin damit nicht fertig geworden und hab’ morgens Tabletten geschluckt vor lauter Angst, in die Abteilung zu kommen.

Ich bin ihm aus dem Weg gegangen und habe immer darauf geachtet, daß noch jemand in der Nähe war, wenn er durch die Abteilung ging. Ich konnte ihn nicht mehr angucken und habe auch nicht mehr gegrüßt. Darüber hat er sich bei der Substitutin beschwert, die mich deshalb zur Rede gestellt hat.

Das müßt Ihr Euch vorstellen: So schamlos bringt er das!

Seitdem bring' ich kein Bein mehr auf den Boden. Er schwärzt mich nicht nur beim Erstverkäufer und der Substitutin an, sondern macht mich im ganzen Haus schlecht. Für keine Drecksarbeit bin ich ihm zu schade: ob es um Bügelputzen geht oder darum, die Wühltische zum x-ten Male zu legen, immer werde ich dazu eingeteilt.

So sieht mein Ausbildungsalltag aus. Manchmal bin ich so verzweifelt, daß ich alles heulend hinwerfen möchte und manchmal so voller Wut, daß ich alles rausschreien möchte ... und bin doch nicht sicher, ob mich jemand hört."

A

B

D

E

F

G

H

I

K

L

M

N

O

P

R

S

T

U

V

W

Z

QUELLENVERZEICHNIS

„Deutsche Polizei“
... so zerstört der Täter die Integration der Frau und die Schönheit der Liebe.“
Ausgabe: 10/93, D 2267 E
Zeitschrift

„Spiegelbilder“
Reflexionen über Gewalt und eine sanfte Art, sie zu meistern.
von Gerti Senger, Hrsg. Weißer Ring
Broschüre

„Mach mich nicht an!“
Vorschläge zum konstruktiven Umgang mit alltäglicher Diskriminierung
Broschüre

„Ju-Jutsu - Theoretische Grundlagen für die Frauenselbstverteidigung“
Cornelia Tietjen, Bremen, DDK-Bundesgruppe JJ

„Schau Dich nicht um“
Joy Fielding, Goldmann-Verlag,
ISBN 3-442-43087-9

„(Ver)Gewalt(igung) gegen Frauen“
Wilma Wirtz-Weinrich, Verlag an der Ruhr, Bonn, 1988
ISBN 3-924884-98-6

„Information, Rat und Hilfe für sexuell mißbrauchte Frauen und Kinder“
Bayerische Staatsministerium für Arbeit, Familie und Sozialordnung, München, 1992

„(K)ein Kavaliersdelikt?“
Sexuelle Belästigung im Arbeitsleben
Bundesministerium für Frauen und Jugend, Bonn, 1993

„Gewalt gegen Frauen“
Information zu und Hilfe bei Vergewaltigung
Gleichstellungsstelle für Frauen, Stadt Würzburg, 1993

„Vergewaltigt“
Psychologie für Polizeibeamte, Band 7, Boorberg-Verlag, Stuttgart, 1990
ISBN 3-415-01517-3

„Der Schatten der Lawine“
Ein Stück über Gewalt und Vergewaltigung und unseren Umgang damit
Lilly Walden, Theater Wilde Mischung Berlin, Textheft

„Mit mir nicht!“
Sunny Graff, Orlanda Frauenverlag, Berlin, 1995,
ISBN 3-929823-26-8

„Mentale Trainingsformen in der Praxis"
Ein Handbuch für Trainer und Sportler
Prof. Dr. Hans Eberspächer, Sportinform, Oberhaching, 1990
ISBN 3-89284-218-3

"Die Selbstverteidigung der Frau"
Praktische und psychologische Schulung
M. Conroy/E. Ritvo, Pietsch-Verlag, Stuttgart, 1986
ISBN 3-613-50029-9